I Grandi Pensatori
57

Sigmund Freud

CASI CLINICI 2

Signorina Anna O.

Traduzione di Carlo Federico Piazza

L'uomo dei topi

Osservazioni su un caso di nevrosi ossessiva

Traduzione di Renata Colorni e Mauro Lucentini

L'uomo dei lupi

Dalla storia di una nevrosi infantile

Traduzione di Mauro Lucentini e Renata Colorni

Bollati Boringhieri

Prima edizione ne «I Grandi Pensatori» 2013
Quarta ristampa aprile 2024

Titoli originali *Kronkengengeschichten: Beobachtung I. Frl. Anna O...* (1895)
Bemerkungen über einen Fall von Zwangsneurose (1909)
Aus der Geschichte einer infantilen Neurose (1914)

Torino, corso Vittorio Emanuele II, 86
Gruppo editoriale Mauri Spagnol

ISBN 978-88-339-2415-1

www.bollatiboringhieri.it

Stampato in Italia dalla Rotolito S.p.A., Seggiano di Pioltello (Mi)

FSC www.fsc.org MISTO
Carta da fonti gestite in maniera responsabile
FSC® C005461

Indice

Signorina Anna O.

Signorina Anna O.

Avvertenza

Nove volumetti, di questa piccola biblioteca freudiana, saranno dedicati ai quattordici maggiori casi clinici descritti da Freud nell'arco trentennale della sua esperienza terapeutica.[1]

Il caso della signorina Anna O. e quello della signora Emmy von N. sono i primi compresi negli Studi sull'isteria *(1892-95), l'opera composita di Breuer e Freud pubblicata nel maggio 1895 con il titolo* Studien über Hysterie *presso l'editore Franz Deuticke (Lipsia e Vienna).*

Nelle lettere alla fidanzata Martha Bernays scritte tra il 1882 e il 1886[2] *Freud menziona spesso, con espressioni di devota riconoscenza, il suo amico e protettore di allora Josef Breuer (1842-1925), un illustre fisiologo e internista viennese che gli fu prodigo di consigli e aiuti anche materiali nei primi passi della sua non facile carriera scientifica e professionale. Così Freud si rivolge a Breuer in una lettera il cui testo è sottoposto all'approvazione della fidanzata il 16 gennaio 1884: "...Se penso al mio rapporto con Lei e Sua moglie, trovo che debbo esserLe grato soprattutto per la stima riposta nella mia persona, stima che mi innalza molto al di sopra del mio stato*

[1] I volumetti dei "casi clinici" sono i seguenti: 1. Anna O. e Emmy von N. (1895); 2. *Lucy R.*, Katharina e Elisabeth von R. (1895); 3. Dora (1901); 4. *Il piccolo Hans* (1908); 5. L'uomo dei topi (1909); 6. Il presidente Schreber (1910); 7. L'uomo dei lupi (1914); 8. Paranoia e omosessualità in due storie di donne (1915-20).

[2] Freud, Lettere alla fidanzata 1882-1886 (Boringhieri, Torino 1963).

attuale, e con la quale forse Lei o è in anticipo sugli altri o rimarrà solo."[3] E ancora a Martha il 2 febbraio 1886: "...Sai che cosa mi ha detto una sera Breuer? Ne fui così commosso, che subito dopo gli confidai il segreto del nostro fidanzamento. Disse che aveva scoperto che in me, dietro un'apparente timidezza, si nascondeva un carattere smisuratamente temerario e impavido. L'ho sempre creduto, solo non mi sono sentito di dirlo ad alcuno. Molte volte mi sono sentito come se avessi ereditato lo spirito di sfida e la passione dei nostri avi quando difesero il loro tempio, come se potessi sacrificare con gioia la mia vita per una grande causa."[4]

Le premesse perché l'amicizia – venata di timore reverenziale – si trasformasse in sodalizio scientifico furono poste intorno al 1883, quando Breuer mise al corrente Freud dei lusinghieri risultati da lui ottenuti, fra il 1880 e il 1882, sottoponendo al trattamento "catartico" una giovane, affascinante e intelligentissima paziente di nome Bertha Pappenheim, affetta da una grave forma di psiconevrosi caratterizzata da una vasta gamma di sintomi isterici.

Il procedimento terapeutico adottato da Breuer, e narrato tredici anni dopo, consisteva nell'eliminare uno per uno i sintomi della paziente assecondando e incoraggiando la sua inclinazione a raccontare durante lo stato ipnotico le singole occasioni in cui i sintomi le si erano presentati per la prima volta. Tale inconsueto impiego della suggestione ipnotica aveva consentito di far rivivere con grande intensità affettiva alcune penosissime reminiscenze patogene, che una volta "raccontate" avevano provocato la scomparsa permanente dei sintomi corrispondenti, e con ciò la completa risoluzione dell'isteria.

In numerose occasioni, ma soprattutto e più distesamente nella prima delle Cinque conferenze sulla psicoanalisi (1909) e in Per la storia del movimento psicoanalitico (1914), Freud

[3] *Ibid.*, p. 83.
[4] *Ibid.*, pp. 178 sg.

riconoscerà che questo caso, diventato celeberrimo nella letteratura psicoanalitica con il nome di Anna O., ha svolto una funzione decisiva nella vicenda storica che ha dato origine alla psicoanalisi; tuttavia egli si decise solo parecchi anni dopo (circa dal 1888 in poi) a impiegare con alcune sue pazienti isteriche lo stesso metodo di terapia e di indagine usato da Breuer e, con la prima di esse, la signora Emmy von N., ricavò "esperienze che coincidevano perfettamente con le sue".[5]

Freud fu indotto da tale concordanza di vedute con Breuer a concepire il progetto di elaborare e pubblicare congiuntamente con lui un più vasto studio sull'isteria nel quale fossero rese esplicite le ipotesi teoriche che sulla natura e il significato dei sintomi isterici si potevano formulare in base ai risultati clinici ottenuti con il nuovo metodo. Nacque così una vera e propria collaborazione scientifica fra il membro dell'Accademia austriaca delle scienze e l'oscuro e "impavido" medico viennese; ma tale collaborazione non riuscì a spingersi oltre la redazione in comune – nel dicembre del 1892 – di una Comunicazione preliminare: Sul meccanismo psichico dei fenomeni isterici, pubblicata a nome di entrambi in due riviste a Berlino e a Vienna,[6] e fatta oggetto contemporaneamente – l'11 gennaio 1893 – di una conferenza tenuta da Freud alla Società medica viennese.

Nella lettera del 18 dicembre 1892 indirizzata a Wilhelm Fliess in cui gli comunicava l'imminente pubblicazione dell'articolo, Freud aveva aggiunto: "È stata necessaria una lunga battaglia col mio collaboratore",[7] evidentemente riferendosi agli elementi di dissenso che già in quell'occasione erano

[5] Vedi la prima delle *Cinque conferenze sulla psicoanalisi* (1909).

[6] Con il titolo *Über den psychischen Mechanismus hysterischer Phänomene, Vorlaüfige Mitteilung*, l'articolo uscì nel "Neurologisches Centralblatt", vol. 12 (1), 4-10, e (2), 43-47 (gennaio 1893) e nei "Wiener medizinische Blätter", vol. 16 (3), 33-35, e (4), 49-51 (gennaio 1893).

[7] Freud, *Le origini della psicoanalisi: lettere a Wilhelm Fliess 1887-1902* (Boringhieri, Torino 1968) p. 70.

emersi fra lui e Breuer. Negli Studi sull'isteria, di cui la "Comunicazione preliminare" viene a costituire il primo capitolo e l'unica parte effettivamente collettiva, il dissenso si rispecchia nella stessa struttura dell'opera, costituita da una serie antologica di contributi clinici e teorici per ciascuno dei quali uno dei due autori si assume la paternità.[8]

Basta confrontare il materiale clinico costituito dai quattro casi firmati da Freud con l'unica storia clinica descritta da Breuer per rendersi conto che era davvero impossibile per i due autori procedere oltre un certo limite lungo la stessa strada. Gran parte dei successi ottenuti da Breuer erano dovuti all'eccezionale sensibilità e creatività terapeutica della stessa Anna O., che spontaneamente manifestava a tratti uno stato di coscienza analogo a quello in cui aveva vissuto i lontani episodi traumatizzanti che avevano dato origine alla sua malattia. Per ottenere lo stesso risultato liberatorio e purificatore, Freud fu indotto a modificare anche sostanzialmente il metodo catartico di Breuer, nonché a tentare strade nuove con le sue pazienti isteriche che manifestavano in qualche caso notevoli difficoltà a ricordare o a lasciarsi trasporre in ipnosi.

Da questa ricerca paziente ed emozionante è nato il metodo delle associazioni libere, impiegato per la prima volta, accanto ad altri procedimenti terapeutici, nel caso della signora Emmy von N. Esso è diventato in seguito la più importante prescrizione terapeutica dell'analisi, alla quale Freud ha dato il nome di "regola psicoanalitica fondamentale".[9]

Ma ciò che soprattutto allontanò Breuer dalla strada imboccata dal suo collaboratore, e nella quale non si sentiva

[8] Gli *Studi sull'isteria* contengono oltre al primo capitolo collettivo (la "Comunicazione preliminare"), un secondo capitolo di "Casi clinici" che comprende il caso di Anna O. di Breuer e i quattro casi di Freud, un terzo capitolo di "Considerazioni teoriche" firmato da Breuer, e l'ultimo capitolo "Per la psicoterapia dell'isteria" firmato da Freud.

[9] Vedi la terza delle *Cinque conferenze sulla psicoanalisi* (1909) e, negli scritti di *Tecnica della psicoanalisi* (1911-12): *Consigli al medico nel trattamento psicoanalitico*.

assolutamente di seguirlo, fu il convincimento di Freud — già adombrato nelle sue ricerche sull'isteria e destinato a costituire il nucleo di una delle scoperte rivoluzionarie della psicoanalisi — che una grande importanza nell'etiologia delle nevrosi doveva essere attribuita agli episodi attinenti alla vita sessuale dei malati.

Freud tornò in seguito a considerare la storia di Anna O. alla luce delle nuove scoperte da lui fatte, e si rese conto che Breuer aveva interrotto bruscamente la cura e ne aveva dato una descrizione a lieto fine che non corrispondeva alla verità, proprio a causa del suo profondo rifiuto a valutare correttamente i fenomeni della vita sessuale e ad affrontare un conflitto affettivo della sua paziente che lo aveva turbato.[10]

Ma quando Freud avanzò questa interpretazione, la vicenda della psicoanalisi era ormai in pieno svolgimento. Breuer d'altronde era da tempo consapevole della distanza che lo separava dal suo giovane e "temerario" allievo. Fin dall'estate del 1895 aveva scritto a Fliess: "Freud è nel pieno vigore del suo intelletto. Ormai lo scorgo in lontananza, come la gallina il falco."[11]

[10] Vedi *Per la storia del movimento psicoanalitico* (1914) e la lettera a Stefan Zweig del 2 giugno 1932 in Freud, *Lettere 1893-1939* (Boringhieri, Torino 1960).

[11] La lettera è citata in nota, nella introduzione di Ernst Kris al volume *Le origini della psicoanalisi* cit., p. 24.

SIGNORINA ANNA O.

Breuer

La signorina Anna O., di ventun anni all'epoca della malattia (1880), sembra presentare tare nevropatiche di non eccessivo rilievo, costituite da alcune psicosi verificatesi nella sua numerosa famiglia; i genitori sono sani di nervi. Lei stessa era stata prima sempre sana, senza alcun fatto nervoso durante l'età dello sviluppo; è di intelligenza notevole, dotata di intuizione acuta e di una sorprendente capacità di afferrare le relazioni fra le cose. Questo vigoroso intelletto avrebbe avuto la possibilità di alimentarsi di un valido nutrimento spirituale, di cui avrebbe avuto bisogno, ma che invece non ha più ricevuto dopo la fine della scuola. Il suo ricco talento poetico e fantastico era controllato da uno spirito critico molto acuto che la rendeva anche del tutto insuggestionabile; soltanto argomenti, mai pure affermazioni avevano su lei un'influenza. La sua volontà era energica, tenace e costante, giungendo talora fino all'ostinazione, e rinunciava alla propria meta soltanto per bontà, per far piacere agli altri.

Fra i tratti essenziali del suo carattere erano la bontà e la simpatia umana; la cura e l'assistenza di taluni ammalati poveri le furono di grande aiuto nella sua malattia, consentendole di soddisfare un forte suo impulso naturale. I suoi stati d'animo avevano sempre una leggera tendenza all'esagerazione, sia nell'allegria che nella tristezza; ne derivava anche una certa lunaticità. L'elemento sessuale era sorprendentemente poco sviluppato; la paziente, la cui vita divenne per me così trasparente come di rado la vita di un essere umano lo può essere per un altro, non aveva mai avuto un amore; e in tutta la congerie di allucinazioni della sua malattia non è mai emerso questo elemento della vita psichica.

Questa giovane dalla esuberante vitalità intellettuale conduceva, nella sua famiglia di mentalità puritana, un'esistenza estremamente monotona, che essa tuttavia si abbelliva in una maniera che è stata probabilmente decisiva per la sua malattia. Coltivava sistematicamente i sogni a occhi aperti, che essa chiamava il suo "teatro privato". Mentre tutti la credevano presente, alimentava la sua mente di fiabe; tuttavia, quando le veniva rivolta la parola, reagiva sempre a tono, sicché nessuno si accorgeva di nulla. Durante le sue attività casalinghe, che svolgeva alla perfezione, questo lavorio mentale l'accompagnava quasi incessantemente. Più avanti dovrò riferire come questo fantasticare abituale della persona sana si sia direttamente trasformato in malattia.

Il decorso della malattia presentò più fasi ben distinte, e precisamente:

A) L'incubazione latente: da metà luglio 1880 fino a circa il 10 dicembre. In genere la fase di incubazione si sottrae alla conoscenza del medico. La peculiarità del caso presente ne ha invece permesso una visione così completa, che già solo per questo ritengo che il suo interesse patologico non sia di lieve conto. Esporrò questa parte della storia più avanti.

B) La malattia manifesta: una psicosi particolare, parafasia, strabismo convergente, gravi disturbi della vista, paralisi da contrattura, completa nell'arto superiore destro e nei due arti inferiori, incompleta nell'arto superiore sinistro, paresi della muscolatura della nuca. Graduale riduzione della contrattura agli arti destri. Lieve miglioramento, interrotto da un grave trauma psichico (morte del padre) nell'aprile, cui segue:

C) Un periodo di sonnambulismo persistente, che poi si alterna a stati più normali; persistenza di una serie di sintomi permanenti fino al dicembre 1881.

D) Graduale scomparsa degli stati patologici e dei fenomeni fino al giugno 1882.

Nel luglio 1880 il padre della paziente, che ella amava appassionatamente, si ammalò per un ascesso peripleuritico, che non si risolse e lo portò a soccombere nell'aprile 1881. Durante i primi mesi di questa malattia, Anna si dedicò all'assistenza del malato con tutta l'energia della sua natura, e nessuno si meravigliò molto che in tal modo essa a poco a poco deperisse assai. Nessuno, forse nemmeno la paziente stessa, sapeva che cosa stesse accadendo in lei; con l'andare del tempo però le sue condizioni di debolezza, di anemia, di ripugnanza per il cibo peggiorarono, tanto che essa, con suo grandissimo dolore, fu allontanata dal malato che stava assistendo. L'occasione immediata fu una tosse particolarmente intensa, per la quale fui chiamato per la prima volta a visitarla. Era una tipica tosse nervosa. Presto si delineò un particolare bisogno di riposo nelle ore pomeridiane, a cui si collegavano, la sera, uno stato simile al sonno e poi una forte eccitazione.

Ai primi di dicembre si manifestò lo strabismo convergente. Un oculista lo spiegò (erroneamente) come dovuto alla paresi di uno degli abducenti. L'11 dicembre la paziente fu costretta a letto e vi rimase fino al 1° aprile.

In rapida successione si sviluppò tutta una serie di gravi disturbi, *apparentemente* del tutto nuovi. Dolore all'occipite sinistro; strabismo convergente (diplopia) che si accentuava notevolmente per emozioni; impressione di vedersi crollare addosso la parete (affezione dell'obliquo); disturbi della vista difficilmente analizzabili; paresi dei muscoli anteriori del collo, tanto che alla fine la testa poteva essere mossa solo se la paziente la premeva all'indietro fra le spalle alzate, con un movimento di tutto il dorso. Contrattura e anestesia dell'arto superiore destro e, dopo qualche tempo, dell'arto inferiore destro, questo completamente disteso, addotto e ruotato all'interno; in seguito la stessa affezione si è presentata all'arto inferiore sinistro e in ultimo al braccio sinistro, restando tuttavia alquanto mobili le dita. Anche le articolazioni delle spalle, su ambedue i lati, non erano del tutto rigide. Il massimo della contrattura riguardava i muscoli dell'avambraccio; così pure del resto, anche in seguito, quando l'anestesia poté essere meglio esaminata, la regione del gomito risultò la più insensibile. All'inizio della malattia l'esame dell'anestesia fu insufficiente per la resistenza della paziente, derivante da sentimenti di angoscia.

In questo stato io presi in cura la paziente e potei ben presto rendermi conto della grave alterazione psichica. Vi erano due stati di coscienza del tutto distinti, che spesso e repentinamente si alternavano e che nel corso della malattia si venivano sempre più nettamente separando. In uno stato, la paziente conosceva ciò che la circondava, era triste e angosciata, ma relativamente normale; nell'altro stato allucinava, era "cattiva", vale a dire imprecava, buttava i cuscini addosso alle persone (quando e nella misura in cui la contrattura glielo permetteva) e con le dita rimaste mobili strappava i bottoni dalla biancheria da letto e personale, o faceva altre cose del genere. Se durante questa fase era stato cambiato qualcosa nella stanza, oppure se qualcuno era entrato o era uscito, essa si lamentava che le veniva a mancare il tempo e rilevava dei vuoti nel corso delle sue rappresentazioni coscienti. Poiché si cercava di contraddirla e di tranquillizzarla quando sosteneva di diventare pazza, essa, dopo ogni lancio di cuscini, si lamentava di quel che le facevano, del disordine in cui la lasciavano, e così via.

Queste assenze erano già state osservate quando non era ancora costretta a letto; in quelle occasioni s'interrompeva a mezzo di un discorso ripetendo le ultime parole, per continuare poco dopo. A poco a poco i sintomi si svilupparono sino ad assumere le dimensioni descritte, e durante l'acme della malattia, quando la contrattura si era estesa anche al lato sinistro, essa durante il giorno era seminormale soltanto per pochissimi minuti. I disturbi però incidevano anche sui momenti di coscienza relativamente lucida; repentini cambiamenti d'umore da un estremo all'altro, gaiezza del tutto passeggera, oppure grave senso d'angoscia, ostinata opposizione contro tutti i provvedimenti terapeutici, paurose allucinazioni di serpenti neri, ché tali le apparivano i propri capelli, nastri e simili. Continuava tuttavia a dire a sé stessa di non essere così sciocca, che si trattava solo dei suoi capelli eccetera. Negli istanti del tutto lucidi si lamentava della profonda oscurità nella sua testa, di non riuscire a pensare, di diventare cieca e sorda, di avere due Io, il suo Io reale e un Io cattivo che la spingeva al male eccetera.

Nel pomeriggio giaceva in una sonnolenza che durava fino a circa un'ora dopo il tramonto, poi si svegliava lamentandosi che qualcosa la tormentava, o piuttosto continuava a ripetere l'infinito del verbo: "tormentare, tormentare". Contemporaneamente con l'insorgere delle contratture, infatti, si era manifestata una profonda disorganizzazione funzionale del linguaggio. Dapprima si vide che le mancavano le parole, fenomeno che andava gradualmente aggravandosi. Poi, il suo discorso venne a mancare di ogni grammatica e ogni sintassi, della coniugazione completa del verbo, e infine adoperava solo verbi all'infinito, formati erroneamente, perlopiù da un participio preterito della coniugazione debole; né adoperava articoli. Nel decorso ulteriore vennero a mancarle quasi del tutto anche le parole; le ricercava faticosamente raccogliendole insieme da quattro o cinque lingue e diventava pressoché incomprensibile. Quando cercava di scrivere (all'inizio, fino a quando la contrattura non glielo impedì del tutto), scriveva lo stesso gergo. Per due settimane fu di un mutismo completo, e nonostante tentativi continui e faticosi di parlare non riuscì a emettere alcun suono. Ora qui per la prima volta apparve chiaro il meccanismo psichico del disturbo. Come io sapevo, si era sentita molto offesa per qualcosa e aveva deciso di non dirne nulla. Quando indovinai ciò e la costrinsi a parlarne, scomparve l'inibizione che prima aveva reso impossibile anche qualsiasi altra espressione.

Ciò coincise col ritorno della mobilità agli arti del lato sinistro, nel marzo 1881; la parafasia scomparve, ma la paziente ora parlava soltanto inglese, sebbene apparentemente senza rendersene conto; litigava con l'infermiera che naturalmente non la capiva; solo parecchi mesi più tardi riuscii a convincerla di essersi messa a parlare inglese. Capiva però ancora le persone attorno a lei che parlavano tedesco. Soltanto in momenti di grande angoscia il linguaggio le mancava del tutto oppure mescolava i più svariati idiomi. Nelle sue ore migliori, più libere, parlava francese o italiano. Fra tali periodi e quelli in cui parlava inglese, esisteva l'amnesia più completa. A questo punto anche lo strabismo cominciò o diminuire, per riapparire alla fine soltanto con le forti agitazioni, e riusciva nuovamente a tenere alzata la testa. Il 1° aprile lasciò il letto per la prima volta.

Il 5 aprile morì il padre da lei adorato che, mentre era malata, aveva visto solo assai di rado e per breve tempo. Fu il trauma psichico più grave che potesse colpirla. A una violenta agitazione seguì un profondo stato di ebetismo che durò due giorni circa e dal quale emerse in stato molto cambiato. In un primo tempo era molto più tranquilla e il sentimento di angoscia era nettamente diminuito. La contrattura del braccio e della gamba del lato destro perdurava, così pure la loro anestesia, non profonda. Vi era un alto grado di restringimento del campo visivo. Di un mazzo di fiori, che le procurava molta gioia, riusciva sempre solo a vedere un fiore per volta. Si lamentava di non riconoscere le persone. Una volta, poteva riconoscere le facce senza particolare fatica; adesso, invece, in questo faticoso *recognising work* [in inglese: lavoro di riconoscimento], doveva dire a sé stessa: il naso è così, i capelli così, e quindi deve trattarsi di questo o di quello. Tutte le persone le diventavano come figure di cera, senza alcuna relazione con lei. Le era molto penosa la presenza di alcuni parenti prossimi, e questo atteggiamento negativo andava crescendo. Se nella stanza entrava qualcuno che un tempo aveva visto volentieri, lo riconosceva, era presente per breve tempo, poi di nuovo sprofondava nel suo rimuginare e per lei la persona era scomparsa. Io solo ero sempre riconosciuto quando entravo, e rimaneva anche sempre presente e desta fintantoché parlavo con lei, salvo le assenze allucinatorie che intervenivano sempre in modo del tutto improvviso.

Parlava ora soltanto inglese e non capiva quello che le si diceva in tedesco. Le persone attorno a lei dovevano parlare in inglese; perfino l'infermiera imparò quel tanto per farsi capire in qualche modo. Leggeva però il francese e l'italiano; se doveva leggere ad alta voce, ne rendeva con sorprendente facilità e fluidità un'eccellente traduzione estemporanea inglese.

Ricominciò a scrivere, ma in modo curioso; scriveva con la mano sinistra ancora capace di articolazione, ma in stampatello latino [anziché gotico], secondo un alfabeto che aveva tratto dalla sua edizione di Shakespeare.

Se già prima si nutriva pochissimo, adesso si rifiutava completamente di mangiare, però si lasciava imboccare da me, così che il suo stato di nutrizione migliorava. Si rifiutò però sempre di mangiare pane. Dopo il pasto non tralasciò però mai di lavarsi la bocca anche se per qualche motivo non aveva mangiato nulla; segno, questo, di quanto fosse assente nel farlo.

La sonnolenza del pomeriggio e il profondo sopore al tramonto perduravano. Se poi si era sfogata col parlare (di questo dovrò trattare più da vicino in seguito), appariva lucida, tranquilla, serena.

Questo stato relativamente sopportabile non durò a lungo. Circa dieci giorni dopo la morte di suo padre venne chiamato a consulto un altro medico, che essa, come tutti gli estranei, ignorò assolutamente mentre io gli venivo dimostrando tutte le stranezze di lei. "That's like an examination" [in inglese: Questo è come un esame], disse ridendo, quando le feci leggere ad alta voce in inglese un testo francese. L'altro medico interloquì cercando di farsi notare da lei: invano. Era la vera e propria "allucinazione negativa", che da allora è stata tante volte prodotta sperimentalmente. Finalmente gli riuscì di infrangerla soffiandole il fumo in faccia. Allora, improvvisamente essa vide un estraneo, si precipitò verso la porta per toglierne la chiave e cadde sul pavimento priva di sensi; seguì poi un breve accesso d'ira, indi un grave accesso d'angoscia, che calmai con grande fatica. Sfortunatamente dovetti partire la sera stessa, e quando ritornai dopo diversi giorni trovai la paziente molto peggiorata. Si era astenuta dal cibo completamente per tutto il tempo, era piena di sensazioni angosciose, e le sue assenze allucinatorie erano popolate da figure terrorizzanti, teschi e scheletri. Poiché essa, vivendo queste cose, in parte le declamava come una tragedia, le persone attorno a lei perlopiù conoscevano il contenuto di tali allucinazioni.

Nel pomeriggio sonnolenza, verso il tramonto la profonda ipnosi, per la quale aveva inventato il termine tecnico di *clouds* (nuvole [in inglese]). Se riusciva tuttavia a narrare le allucinazioni di quel giorno, si ridestava lucida, tranquilla, serena; si metteva a lavorare, disegnava o scriveva per tutta la notte, del tutto ragionevole; verso le quattro del mattino andava a letto e il giorno dopo ricominciava la stessa scena di quelli precedenti. Era molto singolare il contrasto fra la paziente incapace di ragionare, perseguitata dalle allucinazioni, durante il giorno, e la fanciulla perfettamente lucida intellettualmente, di notte.

Nonostante questa euforia notturna, lo stato psichico andava però sempre più peggiorando; si manifestarono intensi impulsi al suicidio che fecero apparire sconsigliabile la dimora a un terzo piano. Perciò l'ammalata venne portata, contro la sua volontà, in una casa di campagna nelle vicinanze di Vienna (7 giugno 1881). Questo allontanamento da casa, di cui aveva orrore, io non glielo avevo mai minacciato, ma lei stessa, facilmente, l'aveva atteso e temuto. Anche in questa occasione apparì chiaro in che misura l'angoscia dominasse il disturbo psichico. Così come dopo la morte del padre era intervenuto uno stato di tranquillità, così anche ora essa si calmò una volta accaduta la cosa temuta. Tuttavia non senza che il trasferimento fosse immediatamente seguìto da tre giorni e tre notti assolutamente senza sonno e senza cibo, con numerosi tentativi di suicidio (invero non pericolosi, nel giardino), rottura di vetri e così via, allucinazioni senza assenza e che essa distingueva molto bene dalle altre. Poi andò calmandosi, accettò cibo dall'infermiera e persino, la sera, il cloralio.

Prima di continuare il racconto del decorso ulteriore, devo tornare indietro ancora una volta per descrivere una peculiarità del caso, che fin qua ho soltanto menzionato di sfuggita. È stato già osservato che in tutto il decorso precedente, ogni giorno, nel pomeriggio, la paziente veniva colta da una sonnolenza che verso il tramonto si trasformava in sonno più profondo (*clouds*). (A vero dire è plausibile spiegare questa periodicità semplicemente con le circostanze dell'assistenza a un malato cui si era sobbarcata per mesi. Di notte vegliava presso il malato o giaceva nel proprio letto in ascolto e piena di ansia, sveglia fino al mattino; nel pomeriggio si metteva a riposare per qualche tempo, come fanno quasi sempre le infermiere, e questa abitudine di veglia notturna e di sonno pomeridiano certamente venne poi assunta nella sua malattia, continuando anche molto tempo dopo che il sonno era stato sostituito da uno stato ipnotico.) Quando il sopore era durato per circa un'ora, essa diventava inquieta, continuando a rivoltarsi nel letto e a ripetere: "tormentare, tormentare", sempre con gli occhi chiusi. D'altra parte si era notato che nelle assenze durante il giorno evidentemente lei si costruiva sempre qualche situazione o storia del cui carattere davano un'idea poche parole da lei mormorate. Ora avvenne, dapprima per caso, poi intenzionalmente, che qualcuno tra le persone attorno a lei pronunciasse una di tali parole, mentre la paziente si lamentava del "tormentare"; subito la paziente prese a discorrere, e cominciò a descrivere una situazione o a narrare una storia, in principio a fatica e nel suo gergo parafasico, ma via via più speditamente, sinché alla fine parlava un tedesco del tutto corretto (questo, nel primo periodo, prima cioè di servirsi esclusivamente dell'inglese). Le storie, sempre tristi, erano in parte molto graziose, sul tipo dell'*Album senza figure* di Andersen, e probabilmente formate sul modello di queste. Di solito, lo spunto iniziale o centrale della situazione era una fanciulla in ansia, seduta al capezzale di un malato; ma venivano anche elaborati motivi del tutto differenti. Alcuni istanti dopo il compimento del racconto ella si svegliava, era evidentemente calmata o, come lei si esprimeva, "agevole" (a suo agio). Durante la notte, poi, ridiventava molto inquieta e al mattino, dopo due ore di sonno, era evidentemente di nuovo in un'altra sfera di rappresentazioni. Se, per qualche ragione, nell'ipnosi serale non poteva raccontarmi la storia, alla sera non poteva tranquillizzarsi e il giorno dopo doveva raccontarne due per potersi calmare.

L'essenziale del fenomeno descritto, l'accumulo e la condensazione delle sue assenze nell'autoipnosi serale, l'efficacia dei prodotti della fantasia come stimolo psichico, e la facilitazione e l'abolizione dello stato di stimolo per effetto dello sfogo parlato nell'ipnosi, rimasero costanti per tutta la durata, un anno e mezzo, dell'osservazione.

Dopo la morte del padre, i racconti naturalmente diventarono ancora più tragici, ma soltanto col peggioramento del suo stato psichico, seguìto all'infrazione violenta nel suo sonnambulismo già descritta, le narrazioni serali andarono perdendo il carattere di creazione poetica più o meno libera, per trasformarsi in una serie di allucinazioni terrorizzanti e terribili, che si potevano intuire però in precedenza, durante la giornata, dal comportamento della paziente. E, del resto, ho già descritto quanto fosse completa la liberazione della sua psiche dopo che, agitata da orrore e paura, aveva riprodotto ed espresso a viva voce tutte quelle immagini terrificanti.

In campagna, dove non potevo visitare l'ammalata giornalmente, la situazione si sviluppò come segue: Giungevo di sera, quando sapevo che essa era nella sua ipnosi, e la liberavo di tutta la provvista di fantasmi che aveva accumulato dopo la mia precedente visita. Ed era necessario che questa liberazione fosse completa per ottenere un buon risultato. Allora, essa era del tutto calma, e il giorno seguente era gentile, mansueta, diligente, e perfino serena; ma il giorno dopo, sempre più lunatica, ribelle, sgradevole, e il terzo giorno la situazione peggiorava ancora. In tale stato d'animo, sia pure nell'ipnosi, non era sempre facile indurla a sfogarsi col discorso, procedura, questa, per la quale essa aveva trovato il termine felice e serio di *talking cure* ([in inglese:] cura parlata) e quello umoristico di *chimney-sweeping* (spazzare il camino). Ella sapeva che dopo aver parlato avrebbe perduto tutta la sua "energia" e ribellione, e quando (dopo intervalli prolungati) era di cattivo umore, rifiutava di parlare e io la dovevo costringere con insistenze e suppliche e con taluni artifici, come quello di pronunciare una formula introduttiva stereotipa dei suoi racconti. Sempre però parlava soltanto dopo che, avendo tastato accuratamente le mie mani, si era convinta della mia identità. Nelle notti in cui non si era calmata con la conversazione, si doveva ricorrere al cloralio. Io lo avevo già esperimentato alcune volte, ma ero costretto a darle cinque grammi, e il sonno era preceduto da un'ebbrezza di alcune ore che, in mia presenza, era euforica, ma in mia assenza si presentava con stati di angosciosa eccitazione, assai sgradevoli. (Sia detto per inciso, questa grave ebbrezza non modificava per nulla la contrattura.) Avevo potuto evitare i narcotici perché lo sfogo del parlare portava almeno tranquillità se non il sonno. In campagna le notti intercorrenti fra i sollievi ipnotici erano talmente insopportabili da dover comunque ricorrere al cloralio. La dose però diminuiva gradualmente.

Il sonnambulismo permanente non ricomparve; per contro, perdurava l'alternanza fra i due stati della coscienza. A mezzo della conversazione essa allucinava, correva via, tentava di salire su un albero e così via. Se la si tratteneva, dopo brevissimo tempo riprendeva a parlare dalla frase interrotta, senza sapere nulla di ciò che era intervenuto. Ma nell'ipnosi, poi, tutte queste allucinazioni comparivano nel racconto.

In complesso le sue condizioni miglioravano; la nutrizione era possibile e facile; la paziente si lasciava imboccare dall'infermiera, tuttavia chiedeva il pane, ma lo rifiutava appena le toccava le labbra; la paresi di contrattura della gamba diminuì sensibilmente; inoltre, la paziente poté formulare un giudizio corretto e sviluppò un grande attaccamento per il medico che la visitava, il mio amico dottor B. Fu di grande aiuto un cane di Terranova che le avevano regalato e che essa amava appassionatamente. Fu quindi uno spettacolo magnifico vedere come, una volta, questo suo beniamino attaccò un gatto, la debole fanciulla afferrò una frusta con la mano sinistra, e fustigò la bestia enorme per salvare la sua vittima. Tempo dopo, assistette alcuni malati poveri, e ne ebbe gran giovamento.

La dimostrazione più chiara dell'effetto irritante, patogeno, dei complessi di rappresentazioni prodotti nelle assenze, nella sua *condition seconde*, e della loro eliminazione per effetto dello sfogo parlato in ipnosi, la ebbi al mio ritorno dalle ferie trascorse in un viaggio durato alcune settimane. Durante questo tempo, non era stata effettuata alcuna *talk-*

ing cure, perché la paziente non si lasciava persuadere a parlare con altri che non fossi io, nemmeno col dottor B., per il quale tuttavia provava forte affetto. La trovai in uno stato morale triste, pigra, disobbediente, lunatica, perfino malvagia. Dai racconti serali risultò che la sua vena fantastico-poetica stava evidentemente esaurendosi; i racconti diventavano sempre più relazioni sulle sue allucinazioni e su ciò che nei giorni precedenti l'aveva contrariata, narrazioni di forma fantastica ma sempre più espresse solo in formule fantastiche fisse, anziché elaborate in espressione poetica. Uno stato sopportabile venne raggiunto soltanto quando feci tornare la paziente in città per una settimana, e sera per sera le estorsi da tre a cinque storie. Quando ebbi finito, era stato elaborato tutto ciò che si era accumulato nelle settimane della mia lontananza. E soltanto allora si ristabilì quel ritmo della sua condizione psichica, per cui il giorno dopo uno sfogo parlato era amabile e serena, l'indomani più irritabile e più sgradevole, e il terzo giorno veramente "antipatica". Il suo stato morale era una funzione del tempo trascorso dall'ultimo sfogo parlato, perché ogni prodotto spontaneo della sua fantasia e ogni fatto afferrato dalla parte malata della sua psiche continuavano ad agire come stimolo psichico fino a che non venivano raccontati nell'ipnosi, e quindi spogliati completamente della loro efficacia.

Quando la paziente nell'autunno venne di nuovo in città (in un'abitazione diversa da quella in cui si era ammalata), il suo stato era sopportabile, sia fisicamente che intellettualmente, inquantoché venivano elaborate a stimoli psichici in modo morboso solo poche esperienze, in particolare solo quelle veramente determinanti. Speravo in un miglioramento progressivo e continuo ove mediante regolari sfoghi discorsivi si fosse potuto evitare di gravare sulla psiche di lei con nuovi stimoli. In un primo tempo fui deluso. Nel dicembre il suo stato psichico peggiorò nettamente, essa era nuovamente eccitata, triste, turbata e irritabile e ben di rado aveva ancora dei "giorni del tutto buoni", anche se non si poteva rilevare nulla di "nascosto" in lei. Alla fine di dicembre, nel periodo natalizio, fu particolarmente inquieta e per tutta la settimana, alla sera, non raccontò nulla di nuovo, solo i fantasmi che, sotto il dominio di forti affetti d'angoscia, aveva elaborato giorno per giorno nell'epoca delle feste del 1880. Alla fine della serie, fu molto sollevata.

Era così passato un anno da che, separata dal padre, si era messa a letto, e da allora in poi le sue condizioni si chiarirono e si sistemarono in modo assai particolare. I due stati della coscienza, che sussistevano in alternanza, – sempre in modo che, iniziando dal mattino e col progredire del giorno, le assenze, vale a dire le manifestazioni della *condition seconde*, si facevano vieppiù frequenti fino a dominare esclusivamente la sera, – questi due stati non differivano soltanto, come in passato, per il fatto che in uno stato (il primo) essa era normale e nel secondo era alienata; bensì viveva nel primo stato come tutti noi nell'inverno 1881-82, nel secondo stato invece, nell'inverno 1880-81, avendo dimenticato completamente tutte le cose accadute dopo. Solo del fatto che il padre fosse morto sembrava avere sempre piena coscienza. Il suo riportarsi all'anno decorso aveva un'intensità tale da farle allucinare, nella nuova abitazione, la sua stanza di una volta, e quando voleva andare alla porta urtava con forza contro la stufa, che, rispetto alla finestra, occupava la stessa posizione della porta nella stanza del vecchio appartamento. La conversione da uno stato nell'altro avveniva spontaneamente, ma poteva essere anche provocata con la massima facilità per mezzo di una qualche impressione sensoria che le ricordasse vivamente l'anno precedente. Bastava presentarle un'arancia (suo nutrimento principale durante il primo periodo della sua malattia), per buttarla indietro dall'anno 1882 nell'anno 1881. Questo ritorno al tempo passato però non avveniva in modo generico, indeterminato: essa riviveva giorno per giorno il precedente inverno. Avrei potuto soltanto sospettarlo, se nell'ipnosi serale non si fosse liberata giornalmente a parole di quel che nel giorno corrispondente del 1881 l'aveva emozionata e se un diario segreto della madre, dell'anno 1881, non avesse fornito la prova irrefutabile della veridicità dei fatti in questione. Questo rivivere dell'anno decorso perdurò sino alla conclusione definitiva della malattia nel giugno 1882.

Ed era inoltre molto interessante vedere come anche questi stimoli psichici riviventi si ripercuotessero dal secondo stato nel primo più normale. Accadeva che la malata al mattino mi dicesse ridendo di non sapere cosa avesse, di essere arrabbiata con me; grazie al diario sapevo di che si trattava e che cosa puntualmente nell'ipnosi serale si sarebbe riprodotto: un anno prima, nel 1881, proprio in quella sera, avevo molto irritato la mia paziente. Oppure diceva che aveva qualcosa agli occhi, che vedeva i colori sbagliati; sapeva che il suo vestito era marrone, però lo vedeva azzurro. Si accertò subito che era capace di distinguere correttamente e nettamente tutti i colori di una prova di percezione visiva e che il disturbo riguardava solo la stoffa del suo vestito. Il motivo era che nei giorni corrispondenti del 1881 si era molto occupata di una vestaglia per il padre, fatta della stessa stoffa, ma azzurra. Spesso era chiaro anche un preannunciarsi, negli effetti, di questi ricordi che andavano emergendo: la perturbazione dello stato normale era già manifesta, mentre il ricordo si ridestava soltanto gradualmente, per la *condition seconde*.

L'ipnosi serale si era già dunque ulteriormente caricata, dato che si dovevano liberare con la parola non solo i fantasmi di fresca produzione ma anche le esperienze e le *vexations* [in inglese: contrarietà] del 1881 (i fantasmi del 1881 fortunatamente glieli avevo eliminati già allora), quando la mole di lavoro che la paziente e il medico dovevano sopportare aumentarono ulteriormente in misura enorme a causa di una terza serie di disturbi isolati, che pure si dovevano superare in modo analogo, e cioè gli *eventi psichici dell'incubazione della malattia* dal luglio al dicembre 1880, che avevano prodotto tutti i fenomeni isterici e con la cui esposizione orale i sintomi scomparvero.

Quando, per la prima volta, in seguito a un suo discorso casuale, non provocato, nell'ipnosi serale, scomparve un disturbo che durava già da lungo tempo, fui molto sorpreso. Eravamo in estate, vi era stato un periodo di caldo intenso, e la paziente aveva sofferto parecchio per la sete; infatti, senza che sapesse indicare un motivo, bere le era diventato tutto a un tratto impossibile. Prendeva in mano il bicchier d'acqua agognato, ma non appena lo avvicinava alle labbra, lo respingeva come un'idrofoba. Evidentemente, in quei pochi secondi, era in preda a un'assenza. Viveva soltanto di frutta, di meloni ecc., per mitigare la sete tormentosa. Questo durava da circa sei settimane, quando avvenne che una volta in ipnosi ragionasse della sua dama di compagnia inglese, che non amava, e raccontò allora, visibilmente inorridita, che una volta era entrata nella sua stanza, e aveva visto il suo cagnolino, quella bestia ripugnante, bere da un bicchiere. Non aveva detto niente perché voleva essere gentile. Dopo avere poi ulteriormente sfogato energicamente la rabbia che le era rimasta dentro, chiese da bere, bevve senza inibizione una grande quantità di acqua e si svegliò dall'ipnosi col bicchiere alle labbra. Il disturbo con ciò era scomparso per sempre. Così pure scomparvero delle fisime strane e ostinate dopo che era stata raccontata l'esperienza alla quale risalivano. Un grande passo fu compiuto quando, nella stessa maniera, scomparve, quale primo dei sintomi permanenti, la contrattura della gamba destra, che invero era andata mitigandosi notevolmente già prima. Da queste esperienze, dal fatto cioè che i fenomeni isterici in questa malata scomparissero non appena nell'ipnosi venisse riprodotto l'evento che aveva posto in atto il sintomo, si sviluppò un metodo tecnico-terapeutico che nulla lasciava a desiderare quanto a consequenzialità logica e applicazione sistematica. Ogni singolo sintomo di questa intricata sindrome venne esaminato per suo conto; tutte le circostanze nelle quali si era manifestato vennero raccontate in ordine di successione inverso, cominciando coi giorni precedenti la degenza della paziente, andando a ritroso fino alle circostanze del primo manifestarsi. Se questo veniva narrato, il sintomo veniva eliminato per sempre.

Così le paresi di contrattura e le anestesie, i più svariati disturbi della vista e dell'udito, le nevralgie, la tosse, i tremori e simili, e infine anche le turbe linguistiche, vennero "sfogate a parole". Tra i disturbi della vista vennero per esempio eliminati isolatamente: lo strabismo convergente con diplopia; la deviazione dei due occhi verso destra, per cui la mano che voleva afferrare un oggetto si dirigeva sempre alla sinistra di esso; la restrizione del campo visivo; l'ambliopia centrale; la macropsia; la visione di un teschio in sostituzione del padre; l'incapacità di leggere. A questa analisi rimasero sottratti soltanto singoli fenomeni che si erano sviluppati durante la degenza, come l'estendersi della paresi di contrattura al fianco sinistro, e che verosimilmente non avevano neppure una causa psichica diretta.

Risultò assolutamente impraticabile accorciare il lavoro cercando di evocare direttamente nella sua memoria la prima causa dei sintomi. Non la trovava, si confondeva, e le cose andavano ancora più a rilento che quando la si lasciava dipanare tranquillamente ma sicuramente, a ritroso, la matassa dei ricordi. Tuttavia, siccome nell'ipnosi serale si procedeva con troppa lentezza, perché la malata era affaticata e distratta dallo "sfogo" delle altre due serie, e certamente anche perché i ricordi avevano bisogno di tempo per svilupparsi con piena vivezza, si andò elaborando il seguente metodo. Io andavo a trovarla al mattino, la ipnotizzavo (si erano trovati empiricamente alcuni metodi d'ipnosi molto semplici) e poi la interrogavo, concentrandone i pensieri sul sintomo appena trattato, sulle occasioni in cui si era manifestato. La paziente allora descriveva in rapida sequenza con brevi parole caratterizzanti queste circostanze esteriori, che io annotavo. Nell'ipnosi serale poi, aiutata dalla successione annotata, raccontava abbastanza compiutamente i fatti. Un esempio potrà mostrare in qual modo, esauriente da tutti i punti di vista, ciò avvenisse. Era sempre capitato che la paziente non udisse quando le si rivolgeva la parola. Questo passeggero non sentire si differenziava come segue:

a) non udire, per distrazione, che qualcuno è entrato: 108 casi singoli dettagliati di questo fenomeno; indicazione delle persone e delle circostanze, spesso della data; primo esempio: essa non aveva udito entrare suo padre;

b) non capire quando parlano più persone; 27 volte, la prima volta ancora il padre e un conoscente;

c) non udire quando è sola e le si rivolge la parola direttamente; 50 volte; origine: il padre le aveva chiesto invano del vino;

d) sordità indotta da scosse (in carrozza o simili); 15 volte; origine: il suo fratello più giovane l'aveva scossa con violenza, litigando con lei, avendola sorpresa a origliare alla porta del malato;

e) sordità indotta da spavento per un rumore; 37 volte; origine: un attacco di soffocamento del padre per aver inghiottito di traverso;

f) sordità in profonda "assenza"; 12 volte;

g) sordità indotta da lungo e attento ascoltare e origliare, cosicché poi non udiva la parola rivoltale; 54 volte.

Naturalmente tutti questi fatti in gran parte sono identici in quanto si possono ricondurre alla distrazione-assenza o a emozione di spavento. Nella memoria della paziente, però, erano così chiaramente distinti l'uno dall'altro che, quando le capitava di sbagliarsi nell'ordine di successione, si doveva ripristinare, correggendolo, l'ordine giusto, altrimenti la narrazione s'arrestava. Gli eventi narrati, privi d'interesse e d'importanza com'erano, e la precisione del racconto non facevano sorgere il sospetto che fossero inventati. Molti di questi fatti, in quanto pure esperienze interiori, si sottraevano al controllo. Di altri fatti o delle circostanze che li accompagnavano, si ricordavano i familiari della paziente.

Avveniva anche qui ciò che si poteva osservare regolarmente quando veniva "sfogato a parole" un sintomo: questo sintomo particolare si manifestava con aumentata intensità, nel mentre veniva narrato. Così la paziente durante l'analisi del non-udire era talmente sorda che io in parte dovevo intendermi con lei per iscritto. Di solito la prima causa determinante era uno spavento particolare da lei esperito durante l'assistenza al padre, una trascuratezza da parte di lei o qualcosa di simile.

Non sempre era facile il ricordare e talvolta la paziente doveva compiere sforzi enormi. Così una volta tutto il processo per qualche tempo rimase interrotto perché c'era un ricordo che non voleva riemergere; era un'allucinazione assai terrificante per l'ammalata: mentre assisteva il padre, lo aveva visto con la testa da morto. Essa e i suoi familiari rammentavano che una volta, apparentemente ancora in salute, in visita da una parente, aveva aperto la porta ed era improvvisamente caduta a terra priva di sensi. Per superare l'ostacolo, ritornò ora in quel luogo e di nuovo, nell'entrare nella stanza, cadde priva di sensi sul pavimento. Nell'ipnosi serale, l'ostacolo venne superato: entrando, nello specchio di faccia alla porta aveva scorto il proprio pallido volto, ma non aveva visto sé stessa, bensì suo padre con la testa da morto. Abbiamo osservato spesso che il timore di un ricordo, come nel caso citato, ne inibisce il riaffiorare, che deve essere imposto dalla paziente o dal medico.

Come fosse ferrea la logica dei fatti, lo mostrò, fra altri, il seguente episodio. In quell'epoca, come già osservato, la paziente si trovava durante la notte sempre nella sua *condition seconde*, cioè riviveva l'anno 1881. Una volta si svegliò di notte, affermò di essere stata nuovamente portata via da casa, e raggiunse un tale stato di eccitazione da allarmare tutta la casa. Il motivo era semplice. La sera precedente, grazie alla *talking cure*, era scomparso il suo disturbo della vista, e ciò anche agli effetti della *condition seconde*. Quando durante la notte si svegliò, si ritrovò in una stanza a lei sconosciuta, perché la famiglia aveva traslocato già dalla primavera del 1881. Questi incidenti abbastanza sgradevoli vennero evitati con il mio chiuderle sempre gli occhi (pregato da lei), la sera, con la suggestione di non poterli aprire finché non glieli avessi aperti io la mattina dopo. Solo una volta l'allarme si ripeté, quando la paziente, avendo pianto nel sonno, aveva aperto gli occhi svegliandosi.

Dato che questa laboriosa analisi dei sintomi si riferiva ai mesi estivi del 1880, durante i quali la malattia si era andata preparando, ottenni una visione completa dell'incubazione e della patogenesi di questa isteria, che ora voglio esporre in breve.

Nel luglio 1880 il padre della paziente si era ammalato gravemente in campagna di un ascesso subpleurale; Anna e sua madre si dividevano il compito dell'assistenza. Una volta si svegliò nella notte in grande angoscia al pensiero del malato con la febbre molto alta e nella tensione dell'attesa perché da Vienna doveva giungere un chirurgo per l'operazione. La madre si era allontanata per qualche tempo e Anna sedeva al letto del malato, il braccio *destro* appoggiato sullo schienale della sedia. Cadde in uno stato di dormiveglia e vide una biscia nera strisciare dalla parete avvicinandosi al malato per morderlo (è assai verosimile che nel prato dietro la casa ci fossero davvero delle bisce che avevano già in passato spaventato la fanciulla e che ora fornivano il materiale all'allucinazione). Essa voleva respingere la bestia, ma si sentì come paralizzata; il suo braccio destro, pendendo dallo schienale della sedia, si era "addormentato", era diventato anestetico e paretico, e nell'osservarlo le dita le si trasformarono in serpentelli con tanti teschi (le unghie). È probabile che abbia cercato di scacciare le bisce con la mano destra, paralizzata, e che quindi l'anestesia e paralisi di questa si associassero con l'allucinazione dei serpenti. Quando la biscia scomparve, nel suo terrore cercò di pregare, ma ogni linguaggio le si rifiutava, non riusciva a parlare nessuna lingua, finché non trovò un versetto infantile inglese e poté allora pensare, e pregare, in tale idioma. Il fischio della locomotiva, che portava il medico atteso, interruppe le apparizioni.

Quando, il giorno seguente, stava per prendere un cerchio dal cespuglio in cui era caduto durante il giuoco, un ramo curvo richiamò l'allucinazione dei serpenti e contemporaneamente il braccio destro le si tese, rigido. E questo ora andava sempre ripetendosi ogniqualvolta un oggetto assomigliante più o meno a una serpe provocava l'allucinazione. Quest'ultima però, come pure la contrattura, si manifestava solo nelle brevi assenze che, da quella notte in poi, si fecero sempre più frequenti (la contrattura divenne stabile solo nel dicembre, quando la paziente, completamente crollata, divenne incapace di abbandonare il letto). In una occasione particolare, di cui non trovo annotazione e che non rammento, alla contrattura del braccio si aggiunse quella della gamba destra.

D'ora in avanti la sua tendenza alle assenze autoipnotiche risulta fissata. Nel giorno che seguì a quella notte, nell'attesa del chirurgo cadde in una tale assenza mentale che egli si trovava già nella stanza senza che lo avesse sentito entrare. La sua costante angoscia le impediva di mangiare, producendo con l'andar del tempo un forte senso di nausea. A parte ciò, tutti i singoli sintomi isterici insorgevano in stati affettivi. Non è del tutto certo che in questi casi si verificasse sempre un'assenza momentanea completa, ma è verosimile perché la paziente quando era desta nulla sapeva di ciò che era successo.

Taluni sintomi però sembrano insorti non nell'assenza, ma solo nello stato affettivo, da sveglia; epperò poi si ripetevano nella stessa maniera. Così i disturbi della vista vennero tutti ricondotti a singole occasioni, più o meno chiaramente determinanti, per esempio del tipo di questa: la paziente, le lacrime agli occhi, seduta al capezzale del padre malato, si sentì improvvisamente domandare da questi che ora fosse, ed ella, non vedendo bene, dovette fare uno sforzo, avvicinando l'orologio agli occhi e vedendo quindi il quadrante molto grande (macropsia e strabismo convergente); oppure si faceva forza per reprimere le lacrime, perché il malato non le vedesse.

Un diverbio, nel quale represse la sua risposta, le causò un crampo alla glottide che da allora si ripeté in ogni occasione consimile.

La parola le venne meno: a) per angoscia, da quando ebbe la prima allucinazione notturna; *b*) da quando le capitò un'altra volta di reprimere qualcosa che stava per dire (inibizione attiva); c) da quando una volta venne sgridata ingiustamente; *d*) in tutte le occasioni analoghe (mortificazione). La tosse si verificò per la prima volta quando durante la veglia al capezzale del malato, sentendo venire da una casa vicina il suono di una musica da ballo, le venne un crescente desiderio di essere là, e fu sommersa da autorimproveri. Da allora, per tutta la durata della sua malattia, ad ogni musica fortemente ritmata reagiva con una tosse nervosa.

Non deploro troppo che l'incompletezza dei miei appunti renda impossibile di ricondurre qui tutti i sintomi isterici alle loro occasioni prime. La paziente lo faceva con tutti, salvo l'eccezione sopra menzionata, e ogni sintomo, come ho già descritto, scompariva dopo la narrazione della *prima* occasione in cui si era presentato.

In questo modo si concluse anche tutta l'isteria. La paziente stessa aveva fatto il saldo proponimento che tutto fosse finito per l'anniversario del suo trasferimento in campagna. Pertanto, ai primi di giugno, si dedicò alla *talking* cure con la maggior energia. L'ultimo giorno, aiutandosi con il disporre la stanza così come era stata la stanza di degenza di suo padre, riprodusse l'allucinazione d'angoscia sopra raccontata che era stata la radice di tutta la malattia e nella quale aveva potuto pensare e pregare solo in inglese; immediatamente dopo, parlò in tedesco e fu oramai libera da tutti gli innumerevoli singoli disturbi che prima aveva presentato. Poi lasciò Vienna per un viaggio, le ci volle tuttavia ancora parecchio tempo prima di ritrovare del tutto il suo equilibrio psichico. Da allora gode perfetta salute.

Per quanti dettagli non privi di interesse io abbia anche soppresso, pure la storia della malattia di Anna O. è diventata più voluminosa di quanto sembrerebbe meritare una malattia isterica di per sé non insolita. Ma la narrazione del caso era impossibile senza entrare nei dettagli, e mi sembra che le peculiarità di esso rivestano un'importanza che dovrebbe far perdonare la prolissità della relazione. Anche le uova degli echinodermi non sono importanti per l'embriologia perché l'echinoderma è un animale particolarmente interessante, ma perché il loro protoplasma è trasparente e da quel che si può vedere in essi si possono trarre illazioni su quel che dovrebbe accadere anche nelle uova con plasma torbido. È nella grandissima trasparenza ed esplicabilità della sua patogenesi che mi sembra risieda soprattutto l'interesse di questo caso.

Troviamo nella fanciulla ancora perfettamente sana due peculiarità psichiche che la dispongono alla malattia isterica:
1) l'eccedenza di mobilità e di energia psichica non utilizzata nella vita familiare monotona e priva di una corrispondente attività intellettuale, la quale si scarica in una costante attività della fantasia, e che
2) produce l'abituale sognare a occhi aperti ("teatro privato"), col quale si pone il fondamento per la dissociazione

della personalità intellettuale.

Tuttavia anche questa rimane ancora nei limiti del normale; il fantasticare, come la meditazione durante un'occupazione più o meno meccanica, di per sé non comporta ancora alcuna scissione patologica della coscienza, perché ogni perturbazione di quel "sognare", per esempio ogni chiamata, ne ripristina l'unità normale; e, verosimilmente, non sussiste amnesia. Ma in tal modo in Anna O. venne preparato il terreno nel quale, nel modo descritto, l'affetto d'angoscia e di attesa mise radici, dopo aver trasformato il sognare abituale in un'assenza allucinatoria. È curioso con quale perfezione, in questa prima manifestazione della malattia ai suoi inizi, già si delineassero i tratti principali che poi rimasero costanti per quasi due anni: l'esistenza di un secondo stato di coscienza, il quale, manifestandosi dapprima come assenza transitoria, più tardi si organizzava in *double conscience*; l'inibizione della parola, determinata dall'affetto angoscioso, con il casuale discarico dovuto a una poesiola infantile inglese; in seguito, parafasia e perdita della lingua materna, sostituita da un ottimo inglese; infine la casuale paralisi da compressione del braccio destro, che in seguito si sviluppa in paresi di contrattura del lato destro e anestesia. Il meccanismo di formazione di quest'ultima affezione corrisponde perfettamente alla teoria di Charcot dell'isteria traumatica: uno stato ipnotico nel quale si verifica un lieve trauma.

Ma, mentre la paralisi isterica prodotta sperimentalmente da Charcot si stabilizzava immediatamente, e mentre nei colpiti da nevrosi traumatica la paralisi prodotta da un grave trauma di spavento compare ben presto, il sistema nervoso della nostra giovane oppose una vittoriosa resistenza per ben quattro mesi. La contrattura e così gli altri disturbi che gradualmente andavano aggiungendosi, si presentavano solo nelle assenze momentanee nella *condition seconde*, lasciando la paziente durante lo stato normale nel pieno possesso del suo corpo e dei suoi sensi, cosicché né lei stessa ne sapeva niente né vedeva alcunché la gente attorno a lei, la cui attenzione, del resto, era concentrata sul padre gravemente ammalato, e quindi distolta da lei.

Siccome però, dopo quella prima autoipnosi allucinatoria, le assenze con complete amnesie e fenomeni isterici concomitanti diventavano sempre più frequenti, aumentavano le occasioni per la formazione di nuovi sintomi analoghi, mentre quelli già formati si rinsaldavano nella frequente ripetizione. Per giunta, gradualmente si arrivò al punto che ogni improvvisa emozione penosa agiva al pari dell'assenza (a meno che non creasse forse, ogni volta, un'assenza momentanea); le coincidenze casuali formavano associazioni patologiche, turbe sensoriali o motorie, che da allora in poi riapparivano insieme con l'emozione. Sempre momentaneamente, tuttavia, transitoriamente; prima che la paziente diventasse incapace di lasciare il letto, aveva già sviluppato tutta la grande collezione di fenomeni isterici senza che nessuno ne sapesse niente. Soltanto quando l'ammalata, estremamente indebolita dall'inanizione, dall'insonnia e dal persistente affetto angoscioso, era completamente crollata, quando si trovava per più tempo nella *condition seconde* che non nello stato normale, i fenomeni isterici si estesero anche a quest'ultimo, trasformandosi, da fenomeni manifestantisi come attacchi, in sintomi permanenti.

Si deve ora sollevare la questione, in che misura ci si debba fidare di indicazioni della malata, e in che misura i fenomeni abbiano avuto realmente la genesi e il motivo occasionale da essa segnalati. Per quel che riguarda gli eventi più importanti e fondamentali, la veridicità del resoconto per me è fuori questione. Non faccio appello, a questo riguardo, alla scomparsa dei sintomi dopo che erano stati "sfogati a parole": si potrebbe spiegare anche con la suggestione. Ho però sempre riscontrato che la paziente era fedelissima alla verità e fidata; le cose narrate erano intimamente connesse con ciò che c'era per lei di più sacro; tutto ciò che era accessibile a un controllo da parte di terzi, veniva sempre perfettamente confermato. Nessuna fanciulla, anche la più dotata, sarebbe certo in grado di elaborare un sistema di dati con una così grande logica interiore qual è la storia dell'evoluzione della sua malattia qui esposta. Non si può invece respingere a *priori* l'eventualità che appunto per la consequenzialità di questa logica ella potesse avere attribuito (sempre in buona fede) a più di un sintomo un motivo che in realtà non esisteva. Io ritengo però che anche questa supposizione non sia giustificata. Proprio il carattere insignificante di tanti motivi, l'irrazionale di tanti nessi, stanno in favore della loro realtà. Per la malata era incomprensibile come mai la musica da ballo la facesse tossire. È cosa troppo insensata per una costruzione arbitraria. Io invero potevo immaginare che ogni scrupolo di coscienza le causasse il noto crampo alla glottide e che gli impulsi motori da lei risentiti (il ballo le piaceva molto) trasformassero questo crampo della glottide in una tosse nervosa. Considero quindi le indicazioni della malata assolutamente veridiche e credibili.

In che misura è ora giustificata la supposizione che anche in altri malati lo svilupparsi dell'isteria sia analogo, qualche cosa di simile accada anche dove non si organizza una *condition seconde* così nettamente distinta? Vorrei a tale proposito rilevare come tutta questa storia dello sviluppo della malattia, anche nel caso della nostra paziente, sarebbe rimasta del tutto ignota, tanto a lei quanto al medico, se ella non avesse avuto la peculiarità di ricordarsi nell'ipnosi, come si è descritto, e di raccontare ciò che ricordava. Da sveglia, nulla sapeva di tutto ciò. Come stiano le cose per gli altri, quindi, dall'esame del malato sveglio non si può mai apprendere, perché con la migliore buona volontà la persona sveglia non può fornire alcuna informazione. E quanto poco le persone dell'ambiente potevano osservare di tutto quel che avveniva, l'ho già osservato più sopra. Come stessero le cose con altri ammalati, lo si poteva quindi riconoscere soltanto per mezzo di un procedimento consimile a quello suggerito nel caso di Anna O. dalle autoipnosi. In un primo tempo era giustificata soltanto la supposizione che fenomeni consimili potessero essere più frequenti di quanto ci aveva fatto supporre la nostra ignoranza del meccanismo patogeno.

Quando la paziente fu obbligata a rimanere a letto e la sua coscienza continuava a oscillare fra lo stato normale e lo stato "secondo", la legione dei sintomi isterici singolarmente originati e fin là latenti si manifestò come sintomi permanenti; a questi si aggiunse un altro gruppo di fenomeni apparentemente di diversa origine: la paralisi di contrattura degli arti sinistri e la paresi degli spleni. Li distinguo dagli altri fenomeni perché, una volta scomparsi, non ricomparvero più, nemmeno come accessi o per accenni e nemmeno nella fase conclusiva e di guarigione, nella quale tutti gli altri sintomi, dopo un prolungato letargo, rivivevano. Corrispondentemente, non comparivano mai neppure nelle analisi ipnotiche e non vennero ricondotti a motivi occasionanti, affettivi o fantastici. Vorrei pertanto ritenere che non dovevano la loro esistenza allo stesso processo psichico, al pari degli altri sintomi, ma al diffondersi secondario di quello stato ignoto che costituisce la base somatica dei fenomeni isterici.

Durante tutto il decorso della malattia i due stati di coscienza sussistevano in parallelo, il primario, in cui la paziente era psichicamente del tutto normale, e lo stato "secondo", che ben possiamo paragonare al sogno, per la sua ricchezza di fantasmi, allucinazioni, le grandi lacune della memoria, la mancanza di inibizioni e di controllo nelle idee. In questo secondo stato la paziente era alienata. L'aver accertato la dipendenza totale dello stato psichico della malattia dalla penetrazione di questo secondo stato in quello normale, mi sembra offrire una buona prospettiva sull'assenza di almeno un tipo di psicosi isterica. Ogni ipnosi serale forniva la prova che la malata era completamente lucida, ordinata e normale nel suo sentire e volere quando nessun prodotto del secondo stato agiva nell'"inconscio" quale stimolo; l'evidente psicosi durante ogni intervallo prolungato in questa procedura di sfogo, dimostrava in quale misura proprio quei prodotti influenzassero i processi psichici dello stato "normale". È difficile evitare di esprimersi dicendo che l'ammalata si era scissa in due personalità, delle quali una psichicamente normale e l'altra pazza. Io penso che la netta distinzione fra i due stati nella nostra paziente rendeva solo evidente un comportamento che anche in molte altre isteriche è causa di tanti enigmi. In Anna O. colpiva particolarmente la misura in cui i prodotti dell'"Io cattivo", come la paziente stessa lo chiamava, influenzassero il suo abito morale. Se non fossero stati continuamente eliminati, si sarebbe avuta in lei un'isterica del tipo maligno, ribelle, indolente, sgarbata, malvagia; mentre così dopo l'eliminazione di quegli stimoli, ricompariva ogni volta e subito il suo vero carattere, che era il contrario di tutto ciò.

Per quanto netta però fosse la separazione fra i due stati, non solo lo "stato secondo" penetrava nel primo, ma – perlomeno spesso e anche nelle peggiori condizioni della paziente – in qualche angolo del suo cervello risiedeva, come essa si esprimeva, un osservatore acuto e tranquillo che contemplava le follie. Questa esistenza continuata del pensiero lucido durante il predominio della psicosi assunse un'espressione curiosissima; quando la paziente, dopo la conclusione dei fenomeni isterici, si trovava in una depressione transitoria, tra altri timori puerili e autoaccuse formulò anche quella di non essere stata affatto ammalata e che tutto era stato simulato. Come è noto, cose simili si sono già viste parecchie volte. Quando, dopo il decorso della malattia, i due stati di coscienza sono nuovamente confluiti in uno solo, i pazienti retrospettivamente si vedono come la singola personalità non divisa che aveva saputo di tutto quel non senso, e pensano che avrebbero potuto impedirlo se avessero voluto, quasi avessero intenzionalmente commesso gli eccessi. Tale persistenza del pensiero normale durante lo stato secondo, del resto, potrebbe avere avuto fortissime oscillazioni quantitative, oltre a venire meno del tutto.

Il fatto sorprendente che, dall'inizio fino alla conclusione della malattia, tutti gli stimoli provenienti dallo stato secondo e le loro conseguenze fossero stati eliminati permanentemente mediante l'espressione verbale nell'ipnosi, è stato già da me descritto e nulla ho da aggiungervi se non l'assicurazione che non si trattava affatto di una mia invenzione suggerita da me alla paziente; ne ero per contro straordinariamente sorpreso e soltanto dopo tutta una serie di superamenti spontanei ho potuto svilupparne una tecnica terapeutica.

Alcune parole merita ancora la guarigione finale dell'isteria. Essa avvenne, nel modo descritto, con notevole agitazione della paziente e peggioramento del suo stato psichico. Se ne ricavava senz'altro l'impressione che la quantità di prodotti del secondo stato, già assopiti, ora le si affollassero nella coscienza, venissero ricordati, sia pure in un primo tempo ancora nello stato secondo, ma gravando sullo stato normale e inquietandolo. Sarà da considerare se anche in altri casi la psicosi in cui termina un'isteria cronica non abbia la stessa ragione.

L’uomo dei topi

Avvertenza

Le Osservazioni su un caso di nevrosi ossessiva, una delle più celebri storie cliniche di Freud, furono redatte, in un mese, durante l'estate del 1909 e pubblicate nello stesso anno nello Jahrbuch für psychoanalytische und psychopathologische Forschungen, l'organo ufficiale dell'Associazione allora diretto da Jung, con il titolo Bemerkungen über einen Fall von Zwangsneurose. Già prima, tuttavia, Freud ne aveva parlato, durante le sedute del 30 ottobre e del 6 novembre 1907 della Società psicoanalitica di Vienna,[1] mentre il trattamento analitico era ancora in corso, e, per ben cinque ore, al primo Congresso internazionale di psicoanalisi di Salisburgo il 27 aprile 1908. Nelle due occasioni, e in particolare al Congresso, Freud aveva avuto modo di riferire più particolari sul caso; maggiori dettagli figurano anche negli appunti presi da Freud durante le sedute col paziente, o subito dopo, appunti che sono stati trovati, dopo la morte di Freud, fra le sue carte, e che sono stati pubblicati in italiano, nel loro testo integrale, solo di recente.[2] Il confronto fra il testo degli appunti e il caso pubblicato permette di comprendere meglio l'andamento dell'analisi e la tecnica

[1] Vedi *Dibattiti della Società psicoanalitica di Vienna (1906-1908)*, (Boringhieri, Torino 1973) verbale 28.

[2] Con il titolo *Appunti di lavoro del 1907-1908*, le note originali redatte da Freud durante il trattamento compaiono in "Appendice" al caso clinico dell'uomo dei topi in *Opere di Sigmund Freud*, vol. 6, pp. 76-124.

analitica di Freud; esso supplisce inoltre ad alcune reticenze di Freud, di cui egli si rammarica, necessarie, ma non gradite, in occasione della redazione del caso destinato alla pubblicazione.

L'uomo dei topi (così il caso venne subito chiamato) è la storia di un'analisi di una nevrosi ossessiva. Il paziente, che mostra di rivolgersi a Freud perché ha letto alcune pagine della Psicopatologia della vita quotidiana (1901), soffre di rappresentazioni ossessive, di divieti, di impulsi coatti e di timori che gli impediscono di condurre un'esistenza normale e di proseguire nella carriera. In particolare, la gravità delle sue ossessioni si è accentuata durante gli ultimi mesi e sembra aver avuto come occasione "scatenante" un episodio occorso mentre il paziente partecipava alle manovre militari: la perdita di un pince-nez e la quasi parallela narrazione, da parte di un superiore, di un supplizio inflitto in Oriente che consiste nel far penetrare nell'ano del condannato uno o più topi. Una tortura, questa, che era stata oggetto di una descrizione molto particolareggiata in un romanzo di successo, apparso proprio in quegli anni (Le jardin des supplices, del romanziere francese Octave Mirbeau, 1850-1917, fonte probabile, seppure non menzionata da Freud, della storia narrata dal militare).

La perdita del pince-nez provoca nel paziente una serie di assurdi divieti e propositi, che Freud riferisce nello stile dell'ossessione, in una prosa che corrisponde alla concitazione del narratore e ne segue le contraddizioni e le incongruenze; e la narrazione della tortura suscita in lui la "grande idea ossessiva": il timore — e insieme il desiderio, commenta Freud — che un simile supplizio potesse essere inflitto a due persone a lui care, il padre, morto da tempo, e una signora da lui ammirata.

L'analisi che Freud conduce e di cui riferisce nell'Uomo dei topi, permetterà al paziente di risalire alle origini di parte, almeno, delle proprie idee ossessive, mettendole in relazione con situazioni della sua vita affettiva infantile in cui divieti e rimproveri si erano connessi con propositi e desideri di natura sessuale. Vi avranno gran parte il padre, le sorelle, alcune domestiche (una, in particolare, dal cognome maschile), per una serie di associazioni spesso originate dalle parole tedesche Ratten-Raten (ratti, topi, rate). Il vastissimo materiale associativo che Freud utilizza in questo caso clinico (e che negli Appunti di lavoro era ancora più ampio), rivela la possibilità di porre le idee ossessive in una certa relazione temporale con esperienze del paziente sempre più remote nel tempo, e di comprendere quale sia la particolare logica che le soccorre: la conflittualità (sempre riconducibile a due impulsi antagonistici primari: amore e odio) che si manifesta nell'esecuzione di azioni coatte volte a soddisfare in tempi diversi un desiderio e il suo contrario.

L'analisi, inoltre, permetterà di illustrare la fecondità del metodo adottato da Freud nei suoi casi clinici, e in questa occasione con uno spicco particolare: il paziente deve poter dare libero corso alla sua esposizione senza che l'analista intervenga a porre in un ordine e in un rilievo qualsivoglia il nesso fra le diverse associazioni.

Alla narrazione della vicenda, sia pure di frequente interrotta da interventi di carattere dottrinale, Freud fa seguire, nel caso dell'uomo dei topi, una parte teorica. Qui egli in parte riprende, in parte corregge le riflessioni già da lui ripetutamente dedicate alla nevrosi ossessiva a partire dal 1894. È questa, infatti, una delle forme di patologia nervosa che più hanno occupato l'indagine di Freud, e della quale, nel corso delle sue opere egli ha sempre cercato di perfezionare l'etiologia e gli intimi meccanismi. È forse qui da riconoscersi un'attenzione particolare di Freud il quale, come racconta Jones, "disse a Jung che se mai avesse dovuto andare incontro a una nevrosi, si sarebbe trattato di una nevrosi ossessiva... Ciò significa una profonda ambivalenza fra le emozioni dell'amore e dell'odio".[3]

Caratteri peculiari della nevrosi ossessiva, indicati da Freud nell'uomo del topi (ma già rilevati nella lettera a

[3] Vedi E. Jones, Vita e opere di Freud, trad. it. A. e M. Novelletto (Il Saggiatore, Milano 1962) vol. 2, p. 504.

Fliess del 22 dicembre 1897 e nella Minuta teorica K, di poco precedente) sono da una parte la presenza di tormentosi sensi di colpa e autorimproveri i quali, invece di esser connessi all'evento che li rende effettivamente legittimi, sono riferiti a fatti insignificanti; dall'altra il particolare tipo di correlazione che si instaura fra le rappresentazioni ossessive con indice affettivo molteplice o ambivalente e le parole ambigue che le portano a espressione. Le parole a più significati (è il caso di Ratten) permettono, per così dire, alla spinta affettiva di cogliere due risultati nello stesso tempo, e di corrispondere al proposito di soddisfare, con un falso nesso o con un compromesso, la duplicità intima dell'ossessione. I conflitti, infatti, nella nevrosi ossessiva, non sono indipendenti l'uno dall'altro ma sono saldati per coppie. Tuttavia, ancora più addentro alla struttura conflittuale, sarebbe da riconoscere, come carattere distintivo della nevrosi ossessiva, una sorta di logica aberrante, una logica anch'essa duale, dove alla verità delle premesse consegue la falsità delle conseguenze, mentre i tempi delle une e delle altre non sono i tempi cronologici delle azioni corrispondenti. Inoltre, alla scissione fra premesse e conseguenze consegue una scissione fra realtà e pensiero, per cui chi soffre di nevrosi ossessiva non è più capace di distinguere i due ordini di fenomeni, e scambia per reali i pensieri, mentre il loro valore di realtà è limitato all'immaginazione. (Questo tema, che è quello dell'"onnipotenza dei pensieri", sarà ampiamente sviluppato in Totem e tabù (1912-13) come una delle più vistose concordanze fra pensiero ossessivo e pensiero dei primitivi.) Da qui deriverebbe l'isolamento del malato che, non potendo più soddisfare, nelle conseguenze, le proprie pretese mentali, si rifugia nell'incertezza e finisce per ridurre la sua progettazione intellettuale in un campo di verità in cui incertezza e dubbio siano, per così dire, giustificati (come, ad esempio, la discendenza dal padre, la durata della vita, la vita dopo la morte); del resto, anche nel campo dell'agire egli si protegge frapponendo coattivamente all'azione "liberatoria" una serie di misure intellettuali protettive o preparatorie.

I temi della nevrosi ossessiva – per il grande rilievo che ad essi Freud attribuì sempre nell'indagine sull'inconscio – saranno ulteriormente ampliati e sviluppati in Totem e tabù (1912-13), nella Disposizione alla nevrosi ossessiva (1913), nel caso dell'Uomo dei lupi (1914), in Al di là del principio di piacere (1920), e infine in Inibizione, sintomo e angoscia (1925).

OSSERVAZIONI
SU UN CASO DI NEVROSI OSSESSIVA

[*Premessa*]

Il contenuto delle pagine che seguono è duplice: in primo luogo il resoconto frammentario della storia clinica di un caso di nevrosi ossessiva, caso che per durata, conseguenze dannose e valutazione dello stesso soggetto poteva essere annoverato tra quelli piuttosto gravi, e il cui trattamento, protrattosi per un anno circa, condusse alla restaurazione piena della personalità del paziente, e alla scomparsa delle sue inibizioni. In secondo luogo, in diretto riferimento a questo, ma sulla base di altri casi analizzati in precedenza, verranno fornite – sulla genesi e sul più delicato meccanismo dei processi psichici ossessivi – singole nozioni aforistiche destinate a sviluppare ulteriormente le prime osservazioni da me pubblicate sull'argomento nel 1896.[1]

Un programma di questo genere sembra a me per primo esigere una giustificazione, a evitare che si pensi che io ritenga questo tipo e modo di esposizione ineccepibili ed esemplari; in realtà non faccio che tener conto di ostacoli esterni o intrinseci al caso, e avrei volentieri detto di più, se solo avessi avuto il diritto e la possibilità di farlo. Quel che non posso fornire è cioè una relazione completa di come si è svolto il trattamento, poiché ciò esigerebbe l'addentrarsi nei particolari della vita del mio paziente. L'attenzione fastidiosa con cui

[1] *Nuove osservazioni sulle neuropsicosi da difesa* (1896) § 2: "Essenza e meccanismo della nevrosi ossessiva".

questa grande città segue in modo tutto particolare la mia attività medica mi impedisce una fedele descrizione del caso; d'altra parte, mi vado sempre più convincendo che le deformazioni a cui si è soliti ricorrere in queste circostanze sono inefficaci e riprovevoli. Se esse sono irrilevanti, non raggiungono lo scopo di proteggere il paziente dalla curiosità indiscreta; se sono considerevoli, esigono un sacrificio troppo grande, poiché distruggono l'intelligibilità delle situazioni legate per l'appunto alle piccole cose della vita reale. Da quest'ultima circostanza deriva il paradosso che ci si può permettere con ben maggiore tranquillità di svelare pubblicamente i segreti più intimi di un paziente, che comunque non lo rendono riconoscibile, che di rendere note le caratteristiche più innocenti e più banali della sua persona, per le quali è conosciuto da tutti e che lo renderebbero da tutti identificabile.

Se quanto precede giustifica la drastica abbreviazione da me apportata alla storia della malattia e a quella del trattamento, ragioni ancora più convincenti possono essere addotte a spiegazione del perché mi sia limitato a riferire solo risultati singoli della ricerca psicoanalitica sulle nevrosi ossessive. Confesso che non sono ancora riuscito a penetrare per intero la complicata trama di un caso grave di nevrosi ossessiva, e che non sarei in grado, nel riprodurre l'analisi, di rendere ad altri visibile, attraverso le sovrapposizioni del trattamento, quel tanto che di questa struttura l'analisi è riuscita a riconoscere o supporre. Le resistenze del malato e le forme in cui esse si esprimono rendono questo compito difficilissimo; bisogna comunque ammettere che capire una nevrosi ossessiva non è di per sé cosa facile, ma anzi ben più ardua che capire un caso d'isteria. In verità ci si dovrebbe attendere il contrario. Il linguaggio della nevrosi ossessiva – i mezzi con cui esprime i suoi pensieri segreti – è, per così dire, solo un dialetto del linguaggio isterico, ma un dialetto in cui dovrebbe esser più facile immedesimarsi, poiché è più affine che non il linguaggio isterico al modo d'esprimersi del nostro pensiero cosciente. Soprattutto esso non contiene quel salto dallo psichico all'innervazione somatica — la conversione isterica — di cui non riusciamo mai a farci un concetto.

Forse è dovuto soltanto alla nostra scarsa familiarità con la nevrosi ossessiva se tale previsione non è confermata dai fatti. I sofferenti di nevrosi ossessiva grave si sottopongono al trattamento analitico molto più raramente degli isterici. Essi dissimulano il loro stato anche nella vita di ogni giorno fin quando è possibile, e spesso si rivolgono al medico solo quando il male ha raggiunto uno stadio tanto avanzato che, se si trattasse per esempio di tubercolosi, non verrebbero più ammessi in sanatorio. Adduco tuttavia questo paragone perché proprio come avviene nella malattia infettiva cronica succitata, possiamo annoverare tutta una serie di brillanti successi terapeutici in casi lievi o gravi di nevrosi ossessiva, purché affrontati in tempo.

In queste circostanze non mi resta che esporre le cose nel modo incompiuto e imperfetto in cui mi sono note e in cui mi è lecito comunicarle. I frammenti di conoscenza faticosamente raccolti e offerti in queste pagine possono essere in sé poco soddisfacenti, ma potranno costituire il punto di partenza per ricerche ulteriori, e lo sforzo comune potrà conseguire esiti che per la persona singola è forse troppo arduo raggiungere.

1. *Dalla storia della malattia*

Un uomo piuttosto giovane, di cultura universitaria, viene a consultarmi e dichiara di soffrire, fin dall'infanzia, di rappresentazioni ossessive, che si sono fatte tuttavia più intense negli ultimi quattro anni. Il contenuto essenziale del male consiste in *timori* che qualcosa possa accadere a due persone che gli sono molto care, il padre e una signora di cui è ammiratore. Inoltre il paziente avverte *impulsi ossessivi*, come ad esempio quello di tagliarsi la gola con un rasoio, e si fabbrica dei *divieti* che si riferiscono anche a cose insignificanti. Egli ha perduto anni a lottare contro le sue idee ed è perciò rimasto indietro nella vita. Nessuna delle cure tentate gli ha giovato fuorché un trattamento idroterapico in un istituto presso **; e questo probabilmente solo perché in quel luogo aveva fatto una conoscenza che era sfociata in una relazione sessuale regolare. Qui gli mancano simili opportunità, ha contatti sessuali rari e a intervalli irregolari. Le prostitute gli ripugnano. In generale la sua vita sessuale è stata misera; ha praticato pochissimo la masturbazione, verso i sedici o diciassette anni. Considera normale la sua potenza; ha avuto il primo coito a ventisei anni.

Mi fa l'impressione di una mente limpida e acuta. Interrogato da me su che cosa l'abbia indotto a parlarmi innanzitutto della sua vita sessuale, risponde che dipende da ciò che sa delle mie teorie. Veramente non ha letto nessuno dei miei scritti, ma recentemente, sfogliando un mio libro,[1] la spiegazione ivi trovata di certi strani nessi verbali gli aveva talmente ricordato i propri "lavorii mentali" attorno alle sue idee che aveva deciso di affidarsi alle mie cure.

a. *Inizio del trattamento*

Dopo che il giorno seguente gli ebbi esposto l'unica condizione a cui la cura lo avrebbe impegnato, quella di dire tutto ciò che gli passasse per la mente, per *sgradevole* che fosse, per *non pertinente* o *assurdo* gli sembrasse, e dopo che lo ebbi lasciato libero di scegliere il tema con cui iniziare le sue comunicazioni, esordisce così:[2]

Ha un amico che stima enormemente. A lui si rivolge sempre quando è tormentato da un impulso delittuoso, e gli chiede se lo disprezzi come un delinquente. L'amico lo conforta assicurandogli che è un'ottima persona, e che forse si è abituato sin da ragazzo a vedere la sua vita sotto una simile luce. Un influsso analogo aveva avuto su di lui in precedenza un'altra persona, uno studente diciannovenne che aveva preso a voler bene a lui quattordicenne o quindicenne, e aveva talmente esaltato la sua stima di sé che egli aveva finito per credersi un genio. Divenuto più tardi suo precettore, costui cambiò improvvisamente atteggiamento, trattandolo da imbecille. Finalmente si rese conto che lo studente s'interessava a una delle sue sorelle e aveva stabilito rapporti con lui soltanto per introdursi in casa sua. Fu il primo grave colpo della sua vita.

Egli procede poi senza apparente soluzione di continuità.

[1] *Psicopatologia della vita quotidiana* (1901).

[2] Ciò che segue è redatto sulla base degli appunti presi la sera, dopo la seduta, e riproduce il più fedelmente possibile le parole del paziente. — Sconsiglio di annotare ciò che il paziente dice durante le sedute, perché ciò distoglie l'attenzione del medico; il danno che ne consegue al malato è superiore al vantaggio di una maggiore precisione del resoconto sul suo caso clinico.

b. *Sessualità infantile*

"La mia vita sessuale è cominciata assai presto. Ricordo un fatto di quando avevo quattro o cinque anni (i miei ricordi sono completi dai sei anni in poi) tornatomi chiaramente alla memoria anni dopo. Avevamo una governante molto bella e giovane, la signorina Peter.[3] Una sera ella stava sdraiata a leggere sul divano, vestita di un abito leggero; io, che ero disteso vicino a lei, le chiesi il permesso di infilare la mano sotto la gonna. Acconsentì a patto che non lo dicessi a nessuno. Aveva ben poco addosso, le toccai i genitali e il ventre che mi fece un effetto strano. Da allora mi rimase una curiosità cocente e assillante di vedere il corpo femminile. Ricordo ancora con che agitazione aspettavo (a quell'epoca mi permettevano ancora di andare al bagno con le mie sorelle e con la signorina) che la governante si spogliasse per entrare in acqua. Rammento di più dai sei anni in poi. Avevamo allora un'altra governante, anch'essa giovane e carina. Soffriva di ascessi alle natiche e la sera aveva l'abitudine di spremerli. Io aspettavo con impazienza quel momento per soddisfare la mia curiosità. Lo stesso accadeva al bagno, sebbene la signorina Lina fosse più riservata dell'altra. — Rispondendo a una mia interruzione disse: — Generalmente non dormivo nella sua camera, ma in quella dei genitori. Ricordo un'altra scena di quando dovevo

[3] Il dottor Alfred Adler, un tempo analista, sottolineò una volta, in una riunione privata, la particolare importanza delle *primissime* comunicazioni dei pazienti. Eccone una prova. Le parole con cui esordisce il paziente pongono in rilievo l'influenza che hanno su di lui gli uomini e l'importanza che ha avuto per lui la scelta oggettuale omosessuale, lasciando subito dopo intravedere un secondo "motivo" che più tardi assumerà gran valore, cioè il conflitto e il contrasto d'interessi tra uomo e donna. In tale contesto va considerato anche il fatto che il paziente ricordi la prima, bella governante col suo cognome, che per caso è un nome maschile. Nella borghesia viennese è più comune chiamare una governante per nome, ed è quindi con il suo nome che di solito viene ricordata. — [Nella versione originale le prime parole di questa nota erano: "Il mio collega dottor Alfred Adler...", cambiate nella forma attuale nel 1913.]

avere sette anni circa.[4] Una sera eravamo seduti insieme, la signorina, la cuoca, un'altra domestica, io e mio fratello, minore di me di un anno e mezzo. Colsi al volo dalla conversazione delle ragazze una frase di Lina: 'Col più piccolo si potrebbe fare benissimo, ma Paul — io — è troppo balordo, non ce la farebbe di certo.' Non capii bene che cosa volesse dire, ma mi sentii umiliato e mi misi a piangere. Lina cercò di consolarmi e mi raccontò che una domestica che aveva fatto una cosa simile con un bambino a lei affidato era stata messa in prigione per parecchi mesi. Non credo che Lina facesse nulla di male con me, però mi potevo prendere su di lei molte libertà. Quando andavo nel suo letto, la scoprivo e la toccavo e lei lasciava fare tranquillamente. Non era molto intelligente e, evidentemente, aveva forti bisogni sessuali. A ventitré anni aveva già avuto un bambino, il cui padre più tardi la sposò, sicché oggi è *Frau Hofrat*.[5] La incontro ancora spesso per la strada."

"Già a sei anni soffrivo di erezioni e ricordo che una volta andai a lagnarmene dalla mamma. Mi ricordo anche che per farlo dovetti vincere una certa esitazione, perché intuivo il nesso con le mie rappresentazioni e la mia curiosità, e in quel periodo avevo da tempo l'idea morbosa che *i genitori conoscessero i miei pensieri*, cosa *che mi spiegavo immaginandomi di averli detti* a voce *alta senza però sentire le mie parole*. Io considero questo come l'inizio della mia malattia. Vi erano certe persone, ragazze, che mi piacevano molto e che desideravo ardentemente *vedere nude*. In relazione a questi desideri *provavo però un sentimento perturbante, come se dovesse succedere qualcosa se ci pensavo e dovessi fare di tutto per impedirlo.*"

(Richiesto di fornire un esempio di questi timori, risponde: "*Eccone uno: che mio padre morisse.*") "Pen-

[4] Il paziente ammise in seguito che questo fatto era probabilmente avvenuto uno o due anni più tardi.

[5] ["Consorte del consigliere aulico." Il titolo onorifico di *Hofrat* era conferito in Austria a medici illustri, avvocati, docenti universitari, funzionari statali ecc.]

sieri sulla morte di mio padre hanno occupato la mia mente fin da quando ero piccolo e per molto tempo, rattristandomi assai."

In questa occasione apprendo con stupore che il padre, pur essendo *tuttora* oggetto dei timori ossessivi del malato, è morto da parecchi anni.

Gli avvenimenti descritti dal paziente nella prima ora di trattamento relativi al sesto o settimo anno di età non costituiscono soltanto, com'egli pensa, l'inizio della malattia, ma sono già la malattia stessa. Si tratta di una nevrosi ossessiva completa, alla quale non manca alcun elemento essenziale essendo al tempo stesso il nucleo e il modello del male di cui egli soffrirà in seguito; ci troviamo di fronte a una sorta di organismo elementare il cui studio soltanto può consentirci di accedere alla complessa organizzazione della malattia odierna. Abbiamo visto che il bambino era dominato da una componente pulsionale sessuale, il piacere di guardare, che dava luogo al ricorrente e intenso desiderio di vedere nude persone di sesso femminile che gli piacevano. Questo desiderio corrisponde all'idea ossessiva di poi; se esso non possiede ancora il carattere coattivo, è perché l'Io non si è ancora posto in opposizione completa ad esso, non lo avverte ancora come estraneo. Tuttavia un'opposizione affiora già da qualche parte contro questo desiderio giacché al suo emergere si accompagna regolarmente un affetto penoso.[6] Nella psiche del piccolo libertino si agita chiaramente un conflitto; accanto al desiderio ossessivo, vi è un timore ossessivo intimamente legato ad esso; ogni volta che gli vengono quei pensieri, non può fare a meno di temere che accada qualcosa di terribile. Questo qualcosa di terribile assume già un'indeterminatezza caratteristica, che dopo di allora non mancherà mai nelle manifestazioni della nevrosi. Tuttavia in un bambino non è difficile scoprire ciò che si nasconde dietro tale indeter-

[6] E dire che si è tentato di spiegare le ossessioni senza tener conto dell'affettività!

minatezza. Se si riesce a venire a conoscenza di un esempio preciso, in luogo della vaga genericità caratteristica della nevrosi ossessiva, si può presumere con sicurezza che quell'esempio è precisamente ciò che di originario e autentico doveva restare celato attraverso la generalizzazione. Il senso del timore ossessivo si ricostruisce dunque così: "Se mi verrà il desiderio di vedere una donna nuda, mio padre dovrà morire." L'affetto penoso si colora nettamente di superstizione e di un elemento perturbante, mentre fa già nascere impulsi a fare qualcosa per scongiurare la disgrazia, impulsi che poi si affermeranno nell'adozione di *regole protettive*.

Abbiamo dunque una pulsione erotica e una ribellione contro di essa; un desiderio (non ancora coattivo) e un timore (già coattivo) che gli si oppone; un affetto penoso e una spinta irresistibile a compiere atti difensivi: l'inventario della nevrosi è completo. Anzi, c'è ancora qualcos'altro, vale a dire una specie di *formazione vaneggiante* o *delirante* che ha questo singolare contenuto: i genitori conoscono i suoi pensieri perché egli stesso li dice a voce alta senza sentire le proprie parole. Non saremo lontani dal vero ravvisando in questo infantile tentativo di spiegazione una sorta di presentimento di quei singolari fenomeni psichici che chiamiamo inconsci e da cui non possiamo prescindere nella spiegazione scientifica di uno stato oscuro come questo. "Dico i miei pensieri ad alta voce senza udirli" sembra una proiezione all'esterno di quanto riteniamo noi psicoanalisti, ossia ch'egli ha dei pensieri di cui nulla sa, una sorta di percezione endopsichica del rimosso.

È dunque chiaro che questa nevrosi elementare infantile ha già il suo problema e la sua apparente assurdità come tutte le nevrosi complesse degli adulti. Che cosa significa che il padre deve morire se al fanciullo viene quel desiderio lascivo? Si tratta di una mera assurdità, o v'è modo di intendere questa frase, di interpretarla come risultato necessario di eventi e premesse più lontani nel tempo?

Se applichiamo la conoscenza acquisita altrove a questo caso di nevrosi di un fanciullo, dobbiamo supporre che anche qui, prima dei sei anni, si siano verificate esperienze traumatiche, conflitti e rimozioni, che in quanto tali sono stati coperti da amnesia ma da cui si è serbato, come residuo, il contenuto particolare di quel timore ossessivo. Vedremo poi sino a che punto ci è dato di rintracciare queste esperienze dimenticate o di ricostruirle con qualche certezza. Rileveremo per ora che non è probabilmente dovuto a semplice coincidenza il fatto che l'amnesia infantile del nostro paziente termini proprio all'età di sei anni.

Ho incontrato parecchi altri casi di nevrosi ossessiva cronica iniziatasi nella seconda infanzia con analoghi desideri lascivi accompagnati da inquietanti aspettative e da un'inclinazione ad azioni difensive. Ciò è assolutamente tipico, anche se, probabilmente, non è questo l'unico tipo possibile. Ancora qualche parola sulle più antiche esperienze sessuali del paziente, prima di passare al contenuto della seconda seduta. Non si potrà certo negare che tali esperienze siano state particolarmente considerevoli e dense di conseguenze. Ma la stessa cosa avviene negli altri casi di nevrosi ossessiva che ho potuto analizzare. Contrariamente a quanto accade nell'isteria, non manca mai in questi casi la caratteristica di un'attività sessuale precoce. La nevrosi ossessiva mostra assai più chiaramente dell'isteria che i fattori che formano la psiconevrosi non sono da ricercare nella vita sessuale attuale, ma in quella infantile. La vita sessuale così come si presenta nei nevrotici ossessivi può spesso apparire del tutto normale a un osservatore superficiale; in essa gli aspetti abnormi e i fattori patogeni sono sovente assai meno cospicui che non nel caso che stiamo esaminando.

c. *Il grande timore ossessivo*

"Credo che oggi comincerò con l'esperienza che direttamente mi ha indotto a venire da lei. Fu in agosto, durante le manovre a ***. Prima mi ero sentito male e mi ero tormentato con ogni sorta di pensieri ossessivi, che però durante le esercitazioni presto scomparvero. Mi premeva mostrare agli ufficiali di carriera che gente come me non solo aveva imparato qualche cosa, ma poteva anche dar prova di una certa resistenza. Un giorno facemmo una breve marcia, partendo da *. A una sosta persi il *pince-nez*; avrei potuto ritrovarlo con facilità, tuttavia, per non ritardare la partenza vi rinunciai e telegrafai al mio ottico di Vienna perché me ne mandasse un altro a giro di posta. Durante la stessa sosta mi sedetti tra due ufficiali, uno dei quali, un capitano con un nome cèco, doveva in seguito acquistare grande importanza nella mia vita. Quest'uomo m'ispirava una certa paura, *poiché amava evidentemente la crudeltà*. Non dico che fosse un malvagio, ma alla mensa degli ufficiali si era spesso pronunciato in favore dell'introduzione delle pene corporali, cosicché ero stato costretto a contraddirlo vivacemente. Ora, durante questa sosta, venimmo nel discorso e il capitano raccontò di aver letto di una punizione particolarmente orribile applicata in Oriente..."

Qui il paziente s'interrompe, si alza in piedi e mi prega di risparmiargli la descrizione dei particolari. Lo assicuro che io stesso non ho alcuna propensione per la crudeltà, che certo non mi piace tormentarlo, ma che naturalmente non sono autorizzato a fare questa concessione. Sarebbe come chiedermi la luna. Superare le resistenze è un imperativo della cura a cui non possiamo assolutamente sottrarci. (Al principio di questa seduta gli avevo spiegato il concetto di "resistenza" quando egli mi aveva detto che avrebbe dovuto superare una grande difficoltà interiore per riferirmi ciò che aveva provato.) Aggiunsi che avrebbe potuto limitarsi ad accenni e che io avrei fatto il possibile per indovinare il resto. Si trattava dell'impalatura? "No, non questo; il condannato veniva legato — (si esprimeva così confusamente che lì per lì non capii in che posizione mettessero la vittima), — gli applicavano un vaso sul sedere, in questo venivano introdotti dei *topi*[7] che — si era alzato nuovamente, rivelando tutti i segni dell'orrore e della resistenza — *s'infilavano...*" "Nell'ano", finii la frase.

In tutti i momenti più importanti del racconto osservo sul volto del paziente un'espressione singolarmente composita, che posso spiegare soltanto come *orrore di un proprio piacere a lui stesso ignoto*. Continua con grande difficoltà: "In quel momento mi balenò *l'idea che ciò accadeva a una persona a me cara.*"[8] A una mia domanda diretta, egli specifica che non era lui l'esecutore del supplizio, ma che questo era eseguito più o meno impersonalmente. Dopo breve insistenza, vengo a sapere che la persona a cui quell'"idea" si riferiva era la signora da lui ammirata.

Egli interrompe il racconto per assicurarmi che questi pensieri, di fronte a cui è posto, gli appaiono del tutto estranei e sgraditi, e che tutto ciò che si collega ad essi trascorre nella sua mente con una rapidità straordinaria. Insieme all'"idea" v'è sempre anche la "sanzione", ossia la regola difensiva ch'egli deve seguire acciocché tale fantasia non si compia. Era ancora riuscito, quando il capitano gli aveva parlato dello spaventoso supplizio, facendogli venire in mente quelle idee, ad allontanarle *entrambe* con le sue formule abituali, un "ma!" accompagnato da un gesto di ripulsa della mano e un "che diamine ti viene in mente!".

Il plurale, che il lettore avrà trovato incomprensibile, sorprese anche me. Finora sappiamo di una sola idea, quella che la signora fosse sottoposta al supplizio dei topi. Ora egli deve ammettere che contemporaneamente gli era venuta un'altra idea, ossia che la punizione concernesse anche suo padre. Essendo il padre morto da pa-

[7] [*Ratten*. Rendiamo con *topi* anziché con *ratti* come sarebbe più corretto perché questo caso clinico freudiano è noto e citato nella letteratura psicoanalitica italiana come "caso dell'uomo dei topi".]

[8] Egli dice "idea"; l'espressione più forte e significativa "desiderio" e rispettivamente "timore" è stata evidentemente censurata. Non mi è purtroppo possibile riprodurre qui la peculiare indeterminatezza dei suoi discorsi.

recchi anni, questo timore ossessivo è ancora più assurdo del primo, e quindi egli aveva cercato di esimersi ancora per un po' dall'ammetterlo.

La sera successiva lo stesso capitano gli consegnò un pacchetto arrivato per posta, dicendogli: "Il tenente A.[9] ha pagato l'assegno. Devi restituirglielo." Il pacchetto conteneva il pince-nez ordinato per telegrafo. In quel momento però si formò in lui una "sanzione": *non restituire il denaro* altrimenti succede quella cosa (ossia, la fantasia dei topi si avvera per il padre e la signora). E, secondo uno schema a lui ben noto, la sanzione fu immediatamente controbattuta da un ordine che era quasi un giuramento: "*Tu devi rendere le 3 corone e 80 al tenente A.*", parole ch'egli disse a sé stesso a mezza voce.

Le manovre si conclusero due giorni dopo. Egli passò questi due giorni sforzandosi di rendere la piccola somma al tenente A., ma glielo impedivano difficoltà sempre maggiori e apparentemente di natura oggettiva. Tentò prima di effettuare il pagamento per mezzo di un altro ufficiale che si recava alla posta, ma quando questi, al ritorno, gli riportò il denaro dicendo di non aver incontrato il tenente A. alla posta, ne fu molto lieto, perché non lo soddisfaceva questo modo di adempiere al giuramento senza rispettarne la lettera, che era: "*Tu* devi rendere il denaro al tenente A." Infine incontrò la persona giusta, A., ma questi rifiutò dicendo che non aveva pagato nulla, perché non lui ma il tenente B. si occupava della posta. Fu un colpo per lui non poter adempiere al giuramento, fondato su una falsa premessa. Si dette allora a escogitare espedienti stranissimi: sarebbe andato alla posta con entrambi i signori A. e B., lì A. avrebbe dato alla signorina della posta le 3 corone e 80, la signorina le avrebbe date a B. e lui, poi, avrebbe restituito la somma ad A., secondo la formula del giuramento.

Non mi meraviglierei se a questo punto il lettore ri-

[9] I nomi sono qui di scarsa importanza.

nunciasse a raccapezzarsi, poiché anche la descrizione particolareggiata che mi fece il paziente degli avvenimenti esterni di quei giorni e delle sue reazioni ad essi era piena di contraddizioni e confusa quant'altre mai. Solo durante un terzo racconto riuscii a fargli comprendere quanto fosse stato oscuro, nonché a districare i falsi ricordi e gli spostamenti in cui era incorso. Ometto qui questi particolari, dei quali presto saremo in grado di rintracciare l'essenziale; dirò soltanto che, alla fine di questa seconda seduta, il paziente si comportava come se fosse stordito e confuso. Mi chiamò più volte "signor capitano", probabilmente perché all'inizio dell'ora gli avevo fatto notare che non ero crudele come il capitano M. e che non era mia intenzione tormentarlo inutilmente.

L'unico chiarimento che ottenni ancora da lui in quest'ora fu che fin dall'inizio, in tutte le occasioni precedenti nelle quali aveva avuto timore che sarebbe successo qualcosa alle persone che amava, aveva riferito queste punizioni non solo alla vita presente ma le aveva altresì trasposte all'eternità, all'aldilà. Fino a quattordici o quindici anni era stato profondamente religioso, poi si era gradualmente evoluto fino a divenire il libero pensatore che era oggi. Risolveva la contraddizione [tra le sue convinzioni e le sue ossessioni] dicendo a sé stesso: "Che sai tu della vita dell'aldilà? Che ne sanno gli altri? Siccome non se ne può sapere nulla, non rischi nulla, fallo pure." A quest'uomo, per tanti versi così sagace, l'argomento sembrava incontrovertibile, e in questo modo egli sfruttava l'incertezza della ragione in questo campo a profitto di una concezione religiosa ormai superata.

Nella terza seduta egli conclude il racconto, molto caratteristico, dei suoi sforzi per adempiere al giuramento ossessivo. La sera c'era stata l'ultima riunione tra ufficiali prima della conclusione delle manovre. Era capitato a lui di dove ringraziare dopo che si era brindato ai "signori della riserva". Parlò bene, ma come da sonnambulo, perché nel sottofondo l'assillo del giuramento continuava a tormentarlo. Trascorse una notte orribile, in una ridda di argomenti e controargomenti; l'argomento principale era, naturalmente, la falsità della premessa del suo giuramento, secondo cui sarebbe stato il tenente A. ad anticipare il pagamento. Poi si confortava pensando che non era ancora tutto finito, che l'indomani mattina A. avrebbe cavalcato con lui per un certo tratto alla volta della stazione di P.[10] e che avrebbe perciò avuto tempo di chiedergli il favore di cui aveva bisogno. Ma in realtà non lo fece e lasciò che A. se ne andasse senza di lui. In compenso incaricò il suo attendente di annunciare ad A. una sua visita per il pomeriggio. Egli stesso raggiunse la stazione alle nove e mezzo, depositò i suoi bagagli e fece diverse commissioni nella cittadina, riprometttendosi di andare poi a trovare A. Il villaggio in cui A. era di guarnigione si trovava a circa un'ora di carrozza dalla città di P. Il viaggio in ferrovia verso il luogo in cui si trovava l'ufficio postale avrebbe richiesto tre ore. Egli pensava dunque che avrebbe fatto giusto in tempo a prendere a P. il treno della sera per Vienna, dopo aver attuato il suo complicato progetto. Era combattuto da idee contrastanti: da una parte si diceva che era un vile che voleva solo risparmiarsi l'imbarazzo di chiedere ad A. di fare questo sacrificio e di esser preso per pazzo da lui, e per questo non manteneva il suo giuramento; dall'altra, che sarebbe stata invece una viltà proprio quella di mantenere il giuramento, perché lo avrebbe fatto solo per essere lasciato in pace dalle sue ossessioni. Quando nei suoi ragionamenti trovava argomenti che si controbilanciavano come questi, egli era solito affidare la decisione ad avvenimenti casuali, quasi si trattasse di giudizi di Dio. Perciò, allorché un facchino della stazione gli domandò: "Al treno delle dieci, signor tenente?", la sua risposta fu: "Sì", e partì alle dieci, creando un *fait accompli* che lo sollevò molto. Dall'inserviente del vagone ristorante prese uno scontrino di prenotazione. Ma alla

[10] [Si veda, per meglio seguire questa descrizione, lo schizzo dei luoghi a p. 104.]

prima fermata gli venne improvvisamente in mente che avrebbe ancora potuto scendere, attendere il treno in senso inverso, andare a P. e poi recarsi al luogo dove si trovava il tenente A., fare con lui il viaggio di tre ore fino all'ufficio postale, e così via. Lo trattenne solo l'impegno preso col cameriere; tuttavia non rinunciò al suo proposito, ma ne rimandò l'attuazione a un'altra stazione. Rinviò poi la decisione di stazione in stazione, finché il treno si fermò in un posto dove il paziente ritenne impossibile scendere, perché vi abitavano certi suoi parenti; stabilì allora di arrivare a Vienna, di recarsi dal suo amico, ed esporgli il suo problema e, se questi avesse deciso così, di ritornare ancora a P. col treno della notte. Avendo io espresso il dubbio che la cosa fosse fattibile, mi assicurò che tra l'arrivo del suo treno e la partenza dell'altro avrebbe avuto una mezz'ora di tempo. Arrivato a Vienna, non trovò però il suo amico nel ristorante in cui si aspettava di incontrarlo e lo raggiunse nella sua abitazione solo alle undici di sera: la notte stessa gli raccontò tutta la storia. L'amico si mise le mani nei capelli, sbigottito che l'altro potesse ancora dubitare che la sua era un'ossessione, riuscì a tranquillizzarlo per quella notte e a farlo dormire bene, e l'indomani mattina l'accompagnò alla posta per spedire le 3,80 corone all'ufficio postale dove era arrivato il pacchetto con il pince-nez.

Quest'ultima comunicazione mi offrì lo spunto per iniziare a individuare le deformazioni contenute nel suo racconto. Tornato in sé per merito dell'amico, egli non aveva spedito la piccola somma né al tenente A. né al tenente B., ma direttamente all'ufficio postale; ciò significa che egli sapeva, anzi doveva aver saputo già prima della sua partenza, che non doveva l'assegno *ad altri che alla signorina dell'ufficio postale*. Ed effettivamente risultò che aveva saputo questo fatto già prima della raccomandazione del capitano e del giuramento; ora, infatti, rammentò che qualche ora prima di incontrare il capitano crudele era stato presentato a un altro capitano, che l'aveva informato di come stavano realmente le cose. Udendo il suo nome, costui gli aveva detto che poco prima era stato all'ufficio postale e che la signorina della posta gli aveva domandato se conoscesse il tenente H. (il nostro paziente appunto) per il quale era arrivato un pacchetto contro assegno. Egli aveva risposto di no, l'impiegata allora aveva detto che aveva fiducia in quel tenente sconosciuto e che avrebbe anticipato lei stessa l'importo dell'assegno. In questo modo il paziente era entrato in possesso del pince-nez che aveva ordinato. Il capitano crudele si era sbagliato quando, consegnandogli il pacchetto, gli aveva raccomandato di restituire le 3,80 corone ad A. Il paziente doveva sapere che si trattava di un errore. Eppure, su quell'errore aveva basato il giuramento che sarebbe poi stato il suo tormento. Così facendo aveva soppresso l'episodio dell'altro capitano e l'esistenza della compiacente signorina prima a sé stesso, e poi a me nel racconto. Devo ammettere che dopo questa rettifica il comportamento del paziente diventa ancora più assurdo e incomprensibile di prima.

Lasciato l'amico e tornato dai suoi, egli fu nuovamente assalito dai dubbi. Gli argomenti che erano stati addotti dall'amico non erano poi diversi dai suoi, né egli si faceva illusioni riguardo al fatto che la sua calma passeggera fosse unicamente frutto dell'influsso personale dell'amico. Nella trama del delirio s'inserì sagacemente nel modo seguente la decisione di consultare un medico: si sarebbe fatto rilasciare un certificato medico da cui risultasse che un'azione come quella che aveva meditato di compiere con il tenente A. era necessaria per la sua salute, e questi, di fronte alla dichiarazione del medico, si sarebbe certo lasciato persuadere a prendere le 3,80 corone. Il caso, che proprio allora gli aveva fatto capitare un mio libro tra le mani, fece cadere la sua scelta su di me. Ma da me non si parlò più di certificati; assai comprensibilmente il malato chiese soltanto di essere liberato dalle sue ossessioni. Parecchi mesi dopo, quando le resistenze furono giunte al massimo, il paziente fu tentato ancora una volta di recarsi a P., per cercare il tenente A., e recitare la commedia della restituzione del denaro.

d. *Avvio alla comprensione della cura*

Non aspettatevi di leggere subito quanto ho da dire a chiarimento di queste ossessioni particolarmente assurde (riguardanti i topi). La corretta tecnica psicoanalitica richiede che il medico reprima la sua curiosità e lasci il paziente libero di scegliere l'ordine in cui preferisce che i temi si succedano durante il trattamento. Alla quarta seduta, dunque, ricevetti il paziente con le parole: "Come intende continuare oggi?"

"Ho deciso di riferirle una cosa che ritengo molto importante e che mi ha tormentato sin dall'inizio." Mi racconta quindi diffusamente la storia della malattia del padre, morto nove anni prima d'enfisema. Una sera, pensando che il padre fosse in condizione critica, domandò al medico quando si sarebbe potuto considerare completamente fuori pericolo. "Dopodomani sera", fu la risposta. Al paziente non venne neppure in mente che il padre potesse non sopravvivere fino ad allora. Verso le undici e mezzo di sera si coricò per un'ora, e quando si svegliò, verso l'una, seppe da un medico amico che il padre era morto. Egli si rimproverò allora di non essere stato presente al momento del trapasso, e l'autorimprovero crebbe quando l'infermiera gli disse che una volta, negli ultimi giorni, il padre aveva pronunciato il suo nome e, quando lei si era avvicinata le aveva rivolto la domanda: "Lei... è Paul?" Gli pareva di aver notato che la madre e le sorelle si facessero gli stessi rimproveri, ma senza farne parola. In un primo tempo, tuttavia, il rimprovero non era tormentoso. Per parecchio tempo non riuscì a rendersi conto della morte del padre; gli accadeva continuamente di dirsi, udendo una storiella divertente: "Questa la devo raccontare al babbo." Anche la sua fantasia seguitava a occuparsi del padre, talché spesso, sentendo bussare alla porta, pensava: "C'è il babbo", ed entrando in una stanza si aspettava di trovarlo lì; inoltre, sebbene non avesse mai dimenticato che in realtà il padre era morto, egli attendeva di vederne riapparire lo spirito senza nessuna paura, anzi con grande desiderio. Il ricordo della mancanza commessa si risvegliò nel paziente soltanto un anno e mezzo dopo, e lo perseguitò in modo così tormentoso ch'egli finì per considerarsi un delinquente. Ciò era avvenuto quando era morta la moglie di un suo zio ed egli si era recato in visita di condoglianze. Da quel momento le sue costruzioni mentali cominciarono a estendersi al mondo dell'aldilà. Conseguenza immediata di questa crisi fu una grande menomazione delle sue capacità lavorative.[11] Poiché mi disse che a quell'epoca l'avevano sorretto solo le parole di conforto del suo amico, il quale lo assicurava che i rimproveri che egli faceva a sé stesso erano assolutamente esagerati, colsi quest'occasione per dare al paziente un primo quadro d'insieme sulle premesse della terapia psicoanalitica. Quando v'è sproporzione tra contenuto rappresentativo e affetto (ossia tra l'enormità dell'autorimprovero e il motivo che ad esso ha fornito lo spunto), il profano direbbe che l'affetto è troppo grande — vale a dire esagerato — rispetto al motivo; in questo caso, quindi, che la deduzione tratta dall'autorimprovero di essere un delinquente è falsa. Il medico [analista] invece dice: no, l'affetto ha una sua ragion d'essere, né è il senso di colpa a dover essere criticato; soltanto esso attiene a un altro contenuto, che è ignoto (*inconscio*) e che dev'essere ancora rintracciato. Il contenuto rappresentativo noto è capitato in questo contesto solo a causa di un falso nesso. Il fatto è che non siamo abituati ad avvertire in noi forti affetti senza che ad essi corrisponda un contenuto rappresentativo, e perciò quando il contenuto ci manca ne prendiamo come surrogato un altro più o meno adeguato; un po' come la polizia, che quando non può acchiappare

[11] Una descrizione più precisa di questo episodio permise più tardi di comprendere meglio l'effetto che aveva esercitato. Lamentando la dipartita della moglie, lo zio aveva esclamato: "Ci sono uomini che se ne permettono di tutti i colori; io non ho vissuto che per questa donna!" Il paziente aveva creduto che lo zio alludesse a suo padre e sospettasse della fedeltà coniugale di costui; sebbene lo zio avesse energicamente respinto questa interpretazione delle proprie parole, esse avevano lasciato nel malato una traccia incancellabile.

l'assassino vero ne arresta uno falso al suo posto. Il fenomeno del falso nesso basta da sé a spiegare l'impotenza del lavoro logico contro le rappresentazioni penose. Concludo ammettendo che da questa nuova concezione sorgono subito problemi difficili: infatti come potrà il paziente giustificare l'autorimprovero di essersi comportato come un delinquente nei confronti del padre, se sa di non aver mai commesso in realtà nulla di delittuoso contro di lui?

Nella seduta successiva, pur mostrando il malato grande interesse per le mie spiegazioni, non rinuncia a rendere espliciti alcuni dubbi: come può avere un effetto terapeutico la mia spiegazione riguardo alla ragion d'essere dell'autorimprovero e del senso di colpa? Non è la spiegazione ad avere quest'effetto, ma il ritrovamento del contenuto ignoto, al quale l'autorimprovero pertiene in realtà. — Ecco, proprio a questo si riferiva la sua domanda. — Per illustrargli alcune brevi osservazioni che gli vengo esponendo sulle *differenze psicologiche tra conscio e inconscio*, sull'usura cui soggiace tutto ciò che è conscio, mentre l'inconscio è relativamente inalterabile, gli mostro alcune antichità che si trovano nel mio studio. Sono oggetti qualsiasi trovati in una tomba, che in tanto si sono conservati in quanto sono rimasti sepolti sotto terra. Pompei comincia ad andare in rovina solo adesso, da quando è stata dissotterrata. — Ma vi è qualche garanzia, domanda ancora il malato, riguardo al modo in cui uno si comporterà di fronte al contenuto ritrovato? Un soggetto, egli ritiene, potrebbe riuscire a vincere l'autorimprovero, un altro no. — No, la natura stessa di queste situazioni garantisce che l'affetto sia sempre superato, perlopiù durante lo stesso lavoro analitico. Mentre appunto si fa ogni sforzo per conservare Pompei, di idee tormentose come quelle ci si vuole assolutamente liberare. — Aveva detto a sé stesso che un autorimprovero può nascere soltanto dalla violazione delle proprie, intime leggi morali, non già da quella delle leggi esteriori. (Approvo dicendo che chi infrange queste ultime soltanto, si sente spesso e volentieri un eroe.) Continua dicendo che un evento simile è dunque possibile solo quando preesista già una *disgregazione della personalità*. Sarebbe egli riuscito a ricuperare l'unità della sua personalità? In questo caso ritiene che sarebbe capace di far molto, forse più di tanti altri. – Al che io: sono perfettamente d'accordo su questa scissione della personalità, si tratta solo di fondere questo nuovo contrasto tra la personalità morale e il male con il contrasto precedentemente stabilito tra conscio e inconscio. La personalità morale è il conscio, il male è l'inconscio.[12] – Pur considerandosi una persona morale – egli dice – può ricordarsi molto chiaramente di aver fatto, *da bambino*, cose derivanti da quell'altro lato di sé stesso. – Gli rispondo che con ciò ha incidentalmente scoperto uno dei caratteri fondamentali dell'inconscio, ossia la sua relazione con l'*infantile*. L'inconscio è l'infantile: è quella parte della personalità che a quell'epoca si è separata, non ha seguito l'evoluzione del tutto ed è stata perciò *rimossa*. Le propaggini di questo inconscio rimosso sono gli elementi che sostentano i pensieri involontari che costituiscono la sua sofferenza. Potrebbe ora scoprire ancora un altro carattere dell'inconscio; vorrei che lo facesse da solo. – Lì per lì non trova nulla, esprime invece il dubbio che sia possibile far recedere alterazioni che perdurano da tanto tempo. In particolare, che cosa si può fare contro la sua idea dell'aldilà, che non si può controbattere a fil di logica? – Non contesto la gravità del suo caso e il significato delle sue costruzioni, ma la sua è un'età assai favorevole, e favorevole è altresì l'integrità della sua personalità; a questo punto gli esprimo la buona opinione che mi sono fatta di lui, e questo visibilmente gli fa piacere.

Nella seduta successiva il paziente inizia dicendomi che deve raccontarmi un fatto accadutogli da bambino.

[12] Tutto ciò naturalmente vale solo in modo molto approssimativo, ma è sufficiente per fare il primo passo.

Da quando aveva sette anni, come mi ha già raccontato, egli aveva paura che i genitori indovinassero i suoi pensieri, e questa paura gli era restata d'allora in poi. A dodici anni si era innamorato di una ragazzina, sorella di un suo amico (non sensualmente, precisa rispondendo a una mia domanda, non desiderava vederla nuda, era troppo piccola), la quale però non era affettuosa con lui quanto egli avrebbe desiderato. Gli venne allora l'idea che ella sarebbe stata più amabile se a lui fosse accaduta una disgrazia, e inevitabilmente pensò, come disgrazia, alla morte del padre. Respinse subito questa idea energicamente, e anche ora si rifiuta di ammettere la possibilità che in tal modo si fosse espresso un "desiderio". Era stato solo "un collegamento di pensieri".[13] — Obietto: "se non era un desiderio, perché ribellarvisi?" — Solo per il contenuto dell'idea: la possibilità che mio padre morisse. — Gli faccio osservare ch'egli tratta questa espressione verbale come un enunciato di lesa maestà, per cui, com'è noto, è punibile tanto chi dice: "l'imperatore è un somaro", quanto chi traveste le parole proibite dicendo: "chi afferma che ...,[14] avrà a che fare con me". — Io potrei, senza indugio, inserire questo contenuto rappresentativo che suscita in lui tanta ribellione in un contesto che la escluderebbe, ad esempio: "Se mio padre muore, mi uccido sulla sua tomba." — È scosso, ma non rinuncia alla sua obiezione, talché taglio corto osservando che l'idea della morte del padre non doveva essergli venuta in mente allora per la prima volta: aveva evidentemente un'origine più antica che a suo tempo avremmo rintracciato. — Egli continua raccontandomi che un pensiero analogo gli aveva attraversato per un attimo la mente circa sei mesi prima della morte del padre. Era già innamorato di quella signora,[15] ma ostacoli materiali gl'impedivano di pensare a un'unione. Ed ecco l'idea:

[13] I nevrotici ossessivi non sono gli unici che si mettono l'animo in pace con eufemismi di questo tipo.

[14] [I puntini di sospensione sottintendono l'espressione incriminata "l'imperatore è un somaro".]

[15] Si tratta di dieci anni prima della seduta.

con la morte del padre, forse sarebbe diventato abbastanza ricco da poterla sposare. Per difendersi da quest'idea egli arrivò a desiderare che il padre non lasciasse nulla in eredità, in modo che nessun vantaggio materiale compensasse una perdita tanto tremenda per lui. La stessa idea gli venne per la terza volta, nondimeno in forma molto attenuata, il giorno prima che il padre morisse. Al pensiero "sto forse per perdere la persona più cara" se n'era opposto un altro: "No, c'è un'altra persona la cui perdita mi farebbe soffrire ancora di più."[16] Si meraviglia molto di questi pensieri, perché mai e poi mai la morte del padre avrebbe potuto essere per lui oggetto di desiderio, ma sempre e soltanto di timore. — Dopo queste parole pronunciate con grande forza ritengo opportuno dare al paziente qualche altra spiegazione d'ordine teorico. Gli spiego che secondo la teoria [psicoanalitica] una paura come la sua corrisponde a un antico *desiderio*, ora rimosso, sicché dalle sue proteste è necessario dedurre proprio il contrario. Ciò concorda anche con un'altra esigenza, vale a dire che l'inconscio è precisamente il contrario del conscio. — È molto turbato, molto incredulo e si chiede com'è possibile ch'egli nutrisse un desiderio simile, dal momento che il padre era l'essere che amava di più al mondo: non v'è alcun dubbio che avrebbe rinunciato ad ogni felicità personale se in tal modo avesse potuto salvargli la vita. — Gli rispondo che proprio questo amore così intenso è la condizione della rimozione dell'odio. Nei confronti di persone indifferenti egli avrebbe facilmente potuto lasciar coesistere in sé motivi di moderata simpatia e di altrettanto moderata avversione; se fosse stato un funzionario, per esempio, avrebbe potuto considerare il suo capufficio simpatico come superiore, pedante come giurista e inumano come giudice. Shakespeare fa parlare Bruto in modo simile di Cesare (atto 3, scena 2): "Poiché Cesare mi amava, io lo piango; poiché era felice, io gioisco;

[16] È qui chiaramente indicata una contrapposizione tra le due persone amate, il padre e la "signora".

poiché era valoroso, io lo onoro; ma poiché era avido di dominio, io l'ho ucciso." E già queste parole ci fanno un effetto strano, perché ci eravamo immaginati che il sentimento di Bruto per Cesare fosse più profondo. Continuo osservando che nei confronti di una persona che gli fosse più vicina, per esempio di sua moglie, egli si sforzerebbe di unificare i propri sentimenti, trascurando, com'è umano, i difetti che potrebbero suscitare avversione, chiudendo gli occhi per non vederli. Proprio il suo grande amore, dunque, non permette che l'odio (così definito iperbolicamente), il quale pure deve avere una qualche fonte, rimanga cosciente. Certo è un problema donde provenga questo odio; dal suo racconto sembra che ci si debba volgere all'epoca in cui temeva che i genitori indovinassero i suoi pensieri. D'altra parte ci si potrebbe anche chiedere perché il grande amore non abbia potuto estinguere l'odio, come accade di solito quando si tratta di moti contrastanti. Bisogna supporre che in lui l'odio provenisse da una fonte, fosse legato a una causa che lo rendeva indistruttibile. Dunque, l'odio verso il padre da un lato sussiste in grazia di questo collegamento, dall'altro il grande amore gli impedisce di varcare la soglia della coscienza: a quest'odio non resta che vivere nell'inconscio, da cui però, in determinati momenti, può per un attimo svincolarsi.

Egli ammette che tutto ciò sembra plausibilissimo, e tuttavia naturalmente non v'è in lui traccia di reale convincimento.[17] – E come – se è lecito – si spiegherebbe la discontinuità della sua idea, balenatagli un istante quando aveva dodici anni, poi di nuovo a vent'anni, poi ancora due anni dopo, per non tornare mai più? Egli non ritiene credibile che in quegli intervalli l'ostilità sia venuta

[17] Simili discussioni non si propongono mai di convincere l'ammalato. Esse servono soltanto a portare alla coscienza i complessi rimossi, ad accendere il conflitto attorno ad essi sul terreno dell'attività psichica cosciente e a facilitare l'affiorare di nuovo materiale dall'inconscio. Il convincimento s'instaura soltanto dopo che il malato ha elaborato il materiale riacquisito, materiale che non può considerarsi esaurito fino a quando il convincimento resta vacillante.

meno del tutto; tuttavia nel frattempo non si era manifestata traccia alcuna di autorimprovero. – Al che io: quando qualcuno pone un problema simile significa che ha già pronta la soluzione; basta lasciarlo parlare. – Egli prosegue, apparentemente in modo relativamente sconnesso, affermando di essere stato il miglior amico di suo padre, come questi di lui. Fatta eccezione per quei pochi campi in cui padre e figlio cercano generalmente di evitarsi (che cosa intende di preciso?), la loro intimità era stata maggiore di quella che v'è adesso tra lui e il suo amico più caro. Quanto alla signora per cui nella nota idea egli aveva sacrificato il padre, l'aveva molto amata ma non aveva mai provato nei suoi confronti desideri sensuali veri e propri, come quelli nutriti nell'infanzia. I suoi impulsi sensuali erano stati in generale molto più forti nell'infanzia che all'epoca della pubertà. – A questo punto gli dico che adesso ha dato la risposta che stavamo aspettando, e nello stesso tempo ha scoperto il terzo carattere fondamentale dell'inconscio. La fonte cui l'ostilità verso il padre attingeva la sua indistruttibilità aveva evidentemente la natura degli *appetiti sensuali*, per cui egli deve aver sentito il padre in qualche modo come un *intralcio*. Un tale conflitto tra sensualità e amor filiale è assolutamente tipico. Gli intervalli vi erano stati perché la precoce esplosione della sua sensualità aveva avuto come prima conseguenza di affievolire considerevolmente la stessa. Solo quando desideri erotici intensi si erano nuovamente fatti sentire in lui, questa ostilità era riapparsa per analogia con la vecchia situazione. Mi faccio quindi confermare da lui che non io l'ho indirizzato verso il tema dell'infanzia o verso quello sessuale, ma che vi è giunto per conto suo. – Egli domanda ora perché, all'epoca in cui era innamorato della signora, egli non avesse semplicemente preso l'intima risoluzione che, anche se il padre avesse intralciato il suo amore, l'affetto per lui non sarebbe mai stato messo in discussione. – Rispondo che non è evidentemente possibile giustiziare qualcuno *in absentia*. Quella decisione sarebbe stata possibile solo se il desiderio a cui si opponeva gli si fosse presentato allora per la prima volta; invece, si trattava di un desiderio *rimosso da molto tempo*, di fronte al quale egli non poteva comportarsi diversamente da come aveva fatto allora e che perciò non poteva essere annientato. Il desiderio (di levarsi d'attorno l'intralcio costituito dal padre) doveva essersi formato in un'epoca in cui i rapporti erano ben diversi: o che allora egli non avesse amato il padre più di quanto amava la persona sensualmente agognata, o che fosse stato incapace di prendere una chiara risoluzione; dunque nell'infanzia vera e propria, prima dei sei anni, prima dell'epoca in cui i suoi ricordi diventano continui, e da allora in poi questo stato di cose è rimasto inalterato. – Con questa costruzione si conclude, per il momento, la nostra discussione.

Nella seduta successiva (la settima) egli riaffronta lo stesso tema. Non può credere di aver mai avuto un tale desiderio contro il padre. Rammenta una novella di Sudermann[18] che gli aveva fatto profonda impressione, in cui una donna, al capezzale della sorella malata, si accorge di desiderarne la morte per poter sposare il cognato. Poi si uccide, poiché pensa di non esser degna di vivere dopo tanta ignominia. Egli comprende bene un tal gesto, e riterrebbe perfettamente giusto se i suoi pensieri causassero la sua rovina, poiché non merita sorte migliore.[19] – Gli faccio osservare che ci è ben noto che i malati traggono dalle loro sofferenze una certa soddisfazione e che perciò tutti quanti si oppongono, in una certa misura, alla guarigione. Gli raccomando di non dimenticare che un trattamento come il nostro è accom-

[18] [*Geschwister* (Le sorelle) di Hermann Sudermann (1857-1928).]

[19] Questo senso di colpa è in aperta contraddizione con il suo *no* iniziale, cioè con la dichiarazione di non aver mai avuto un tale desiderio malvagio contro il padre. Si tratta di una reazione tipica di fronte al rimosso che torna cosciente: il *no* con cui il fatto viene inizialmente rifiutato è immediatamente seguito dalla conferma, se pure indiretta all'inizio.

pagnato da *costanti resistenze*, cosa che non mi stancherò di ripetergli.

Adesso, vorrebbe parlare di un'azione delittuosa in cui stenta a riconoscersi, pur ricordando bene di averla commessa. Cita una sentenza di Nietzsche: "*Io ho fatto questo*, dice la mia memoria. *Io non posso aver fatto questo*, dice il mio orgoglio e resta irremovibile. Alla fine... è la memoria ad arrendersi."[20] — "Qui, la mia memoria non si è arresa..." — "Appunto perché Lei trae piacere dai suoi rimproveri come mezzo di autopunizione." — "Con mio fratello minore — ora gli sono davvero amico, e proprio adesso mi dà grandi preoccupazioni perché vuol fare un matrimonio che io considero assurdo, tant'è che mi è venuta l'idea di andare a uccidere quella donna per impedirgli di sposarla — da bambino mi azzuffavo spesso. Allo stesso tempo ci volevamo molto bene ed eravamo inseparabili, ma ero palesemente roso dalla gelosia, perché era più forte, più bello e quindi il beniamino di tutti." — "Mi ha già descritto una simile scena di gelosia a proposito della signorina Lina." — "Ora, dopo un episodio di quel genere (io avevo certo meno di otto anni, perché non andavo a scuola e ho cominciato ad andarci a otto anni), accadde questo. Avevamo dei fucili da bambini, fatti come al solito; io caricai il mio con la bacchetta, gli dissi di guardare nella canna perché avrebbe visto qualcosa, e, mentre egli guardava, premetti il grilletto. La bacchetta lo colpì in fronte e non gli fece nulla, ma io avevo avuto intenzione di fargli molto male. Dopo ero fuori di me, mi gettai per terra domandandomi come avessi potuto fare una cosa simile. Eppure l'avevo fatta." — Colgo l'occasione per perorare la mia causa: se ha serbato il ricordo di un'azione siffatta, che gli è così estranea, non può escludere la possibilità che qualcosa di simile, che ora non ricorda più, sia accaduto in anni ancora precedenti, in rapporto al padre. — Rammenta di aver avuto altri impulsi dettati dalla sete di vendetta proprio contro quella signora che ammira tanto

[20] F. NIETZSCHE, *Al di là del bene e del male*, cap. 4, N. 68.

e del cui carattere dà una descrizione entusiastica. Forse non le è facile amare perché vuole risparmiare tutta sé stessa per l'uomo al quale apparterrà un giorno; dunque non lo ama. Quando se ne era reso chiaramente conto, aveva preso forma una fantasia cosciente: egli sarebbe diventato ricchissimo, avrebbe sposato un'altra donna e insieme a questa sarebbe andato a farle visita, per mortificarla. Qui però la fantasia si arenava, perché doveva confessare a sé stesso che l'altra, la moglie, gli era completamente indifferente; i suoi pensieri s'imbrogliavano e alla fine gli appariva chiaramente che quest'altra sarebbe dovuta morire. Anche in questa fantasticheria, come nell'attentato al fratello, ritrova il carattere della *viltà*, che è per lui così tremendo.[21] – Nel corso della conversazione che segue faccio rilevare al malato ch'egli deve logicamente considerarsi del tutto irresponsabile di tutte queste particolarità del proprio carattere, perché tutti questi impulsi riprovevoli hanno origine nella sua vita infantile, corrispondono a derivati del suo carattere infantile rimasti vivi nell'inconscio e, com'egli sa, non si può parlare di una responsabilità etica del bambino. Dalla somma delle disposizioni del bambino nasce l'uomo moralmente responsabile solo nel corso dello sviluppo.[22] Egli dubita tuttavia che tutti i suoi cattivi impulsi abbiano questa origine. Gli prometto di dimostrarglielo nel corso della cura.

Aggiunge ancora che la sua malattia è enormemente peggiorata dopo la morte del padre. Ne convengo, nel senso che ravviso nel lutto per il padre la fonte principale dell'*intensità* della sua malattia. Il lutto ha trovato in certo qual modo nella malattia un'espressione patologica. Mentre un lutto normale si esaurisce nel giro di un anno o due, un lutto patologico come il suo non ha limiti di durata.

[21] Vedremo più innanzi la spiegazione di ciò.

[22] Adduco simili argomenti solo per provare a me stesso, una volta di più, la loro impotenza. Non so proprio come altri psicoterapeuti possano sostenere che riescono a combattere con successo le nevrosi con armi di questo genere.

Questo è quanto, della storia di questo caso, mi è dato di raccontare distesamente e per ordine, e coincide pressappoco con l'esposizione del trattamento, prolungatosi per oltre undici mesi.

e. *Alcune rappresentazioni ossessive e loro traduzione*

Le rappresentazioni ossessive, com'è noto, appaiono ora immotivate ora prive di senso, precisamente come i nostri sogni notturni, se li prendiamo alla lettera. Il primo compito che ci compete è quindi quello di conferire ad esse significato e fondamento nella vita psichica dell'individuo, in modo da renderle intelligibili o addirittura evidenti. In questo lavoro di traduzione non dobbiamo mai lasciarci scoraggiare dall'apparenza di insolubilità: le idee ossessive più stravaganti e peregrine si possono anch'esse spiegare se le approfondiamo come si conviene. Per raggiungere la soluzione occorre porle in relazione temporale con le esperienze del paziente, cioè ricercare il momento in cui una determinata idea ossessiva è apparsa per la prima volta e le circostanze esterne in cui essa solitamente riappare. Il lavoro diventa corrispondentemente più semplice nel caso di idee ossessive che, come spesso accade, non sono pervenute a un'esistenza durevole. Ci possiamo facilmente convincere che, una volta scoperto il rapporto tra l'idea ossessiva e l'esperienza del malato, tutti gli altri aspetti enigmatici e salienti della struttura patologica diventano agevolmente comprensibili: il suo significato, il suo meccanismo genetico, la sua derivazione dalle forze psichiche pulsionali che l'hanno determinata.

Comincerò da un esempio particolarmente chiaro, quello dell'*impulso suicida*, così frequente nel nostro paziente: nell'esporlo, esso si analizza quasi da sé. Egli mi racconta che una volta aveva perso alcune settimane di studio a causa dell'assenza della sua donna, partita per assistere la nonna gravemente ammalata. Mentre era immerso nello studio gli era venuta un'idea: "All'ordine di dar l'esame alla prima sessione possibile di questo semestre, si potrebbe anche ubbidire. Ma che faresti dinanzi all'ordine di tagliarti la gola col rasoio?" Subito si era reso conto che quest'ordine era già entrato in vigore, corse verso l'armadio per prendere il rasoio, quando gli venne in mente: "No, sarebbe troppo facile! Devi[23] andare ad ammazzare quella vecchia." Dall'orrore era caduto a terra.

Qui il nesso tra l'idea ossessiva e la vita si trova all'inizio dell'esposizione. La sua donna non c'era mentre egli preparava con grande impegno un esame, per affrettare il più possibile la loro unione. Durante lo studio era stato assalito dalla nostalgia per l'assente e si era messo a pensare alla ragione di quest'assenza. E a quel punto gli capita qualcosa che in un individuo normale sarebbe stato forse un moto di stizza nei confronti della nonna: "Perché la vecchia doveva ammalarsi proprio adesso, che ho tanta voglia di vederla!" Dobbiamo supporre che qualcosa di simile, ma molto più intenso, si sia prodotto nel nostro paziente, un accesso d'ira inconscio che, unito alla nostalgia, poté sfogarsi nell'esclamazione: "Ah, come vorrei andare ad ammazzare quella vecchia, che mi deruba del mio amore!" L'ordine "Ammazza te stesso" segue a ciò, come autopunizione per simili voglie selvagge e omicide. L'intero processo, accompagnato da violentissimo affetto, passa quindi *in ordine rovesciato* nella coscienza dell'ossessivo: prima l'ordine punitivo, poi l'accenno alla passione che reclama il castigo. Non credo che questo tentativo di spiegazione possa apparire forzato o abbia incluso molti elementi ipotetici.

Un altro impulso, per così dire *indirettamente* suicida, persistette più a lungo e non fu così facile da chiarire, giacché aveva potuto nascondere la relazione che aveva con l'esperienza del paziente dietro una di quelle associazioni meramente esterne che appaiono così ostiche alla nostra coscienza. Un giorno, durante la villeggiatura, gli venne improvvisamente l'idea che era troppo grasso

[23] Qui io sottintendo: "prima".

(*dick*) e che doveva *dimagrire*. Cominciò così ad alzarsi da tavola prima del budino, a correre a precipizio per le vie del paese a capo nudo sotto la canicola d'agosto e ad arrampicarsi per i monti a passo di corsa finché, grondante di sudore, fu costretto a fermarsi. Sotto questa mania di dimagrire l'intenzione suicida apparve questa volta senza dissimulazioni: arrivato sul ciglio di una scarpata avvertì l'ordine di buttarsi di sotto, cosa che certo gli sarebbe costata la vita. Il nostro paziente riuscì a darsi una spiegazione di questo assurdo comportamento ossessivo solo quando gli venne in mente che in quell'epoca anche la donna amata villeggiava nello stesso posto, ma era in compagnia di un cugino inglese che la colmava di premure e di cui egli era gelosissimo. Il nome del cugino era Richard e, come d'uso comune in Inghilterra, veniva chiamato *Dick*. Egli voleva ammazzare questo *Dick*; la gelosia e la collera al suo riguardo erano ben maggiori di quanto egli potesse confessare a sé stesso e perciò si era imposto come autopunizione la pena della cura dimagrante. Diversissimo in apparenza dal diretto comando suicida dell'episodio precedente, questo impulso ossessivo ha in comune con l'altro un aspetto importante: ambedue sorgono come reazione a una collera furiosa, che sfugge alla coscienza del paziente, contro qualcuno che intralcia il suo amore.[24]

Altre ossessioni del paziente, sempre concernenti la donna amata, presentano tuttavia meccanismi diversi e un'origine pulsionale diversa. Durante la presenza di lei nel suo stesso luogo di villeggiatura, egli escogitò, oltre alla mania di dimagrire, tutta una serie di attività ossessive che, almeno in parte, la riguardavano direttamente. Durante una gita in battello con lei, essendosi levato un

[24] L'impiego di nomi e parole per stabilire il nesso tra pensieri inconsci (impulsi, fantasie) e sintomi, è nella nevrosi ossessiva assai meno frequente e sconsiderato che nell'isteria. Ho in mente tuttavia, proprio per il nome Richard, un altro esempio tratto da un'analisi compiuta parecchio tempo fa. Dopo una lite col proprio fratello, il malato si mise a rimuginare sul modo di sbarazzarsi del suo patrimonio, dichiarando di non voler più aver nulla a che fare col denaro e così via. Il fratello si chiamava Richard, e *richard*, in francese, significa "riccone".

forte vento egli l'aveva costretta a mettersi il suo berretto, perché si era formato in lui l'ordine che *nulla le dovesse accadere*.[25] Era una sorta di *coazione a proteggere*, di cui questo non fu l'unico frutto. Un'altra volta, trovandosi insieme all'amica durante un temporale, gli venne l'ossessione di dover *contare* fino a 40 o a 50 tra il lampo e il tuono, senza riuscire a spiegarsene assolutamente il perché. Il giorno della partenza dell'amica, essendo inciampato in un sasso mentre camminava per la strada, *dovette* raccoglierlo e metterlo da un canto, perché gli era venuta l'idea che la carrozza su cui lei viaggiava avrebbe percorso quella strada qualche ora dopo e l'amata avrebbe potuto subire un danno a causa del sasso; ma qualche minuto dopo pensò che era un'assurdità e *dovette* tornare indietro e rimettere il sasso dove si trovava prima, in mezzo alla strada. Dopo la partenza di lei cadde in preda a una *coazione a capire* che lo rese insopportabile a tutti i suoi familiari. Si sforzava di capire esattamente ogni sillaba di ciò che gli veniva detto, come se altrimenti gli sfuggisse chissà quale tesoro. Sicché domandava continuamente: "cos'hai detto?" e, quando le cose gli venivano ripetute, asseriva che la prima volta le parole gli erano state pronunciate in modo diverso e restava insoddisfatto.

Tutte queste manifestazioni della malattia traevano origine da un episodio che in quel periodo dominava tutti i suoi rapporti con la donna amata. Quando si era congedato da lei a Vienna prima dell'estate, egli aveva creduto che certe parole ch'ella gli aveva rivolte fossero intese a sconfessarlo di fronte ad altre persone presenti, e ne era rimasto profondamente addolorato. Poi, durante la villeggiatura, essi avevano avuto occasione di spiegarsi e la signora fu in grado di dimostrargli che le sue parole erano state fraintese e che anzi erano state dette allo scopo di salvarlo dal ridicolo. Questa spiegazione lo rasserenò completamente. L'allusione più chiara all'episodio è contenuta nella coazione a capire, costruita come se

[25] Sottintendi: "di cui egli potesse esser ritenuto colpevole".

egli si fosse detto: "Dopo quest'esperienza, non devi mai più fraintendere le parole di nessuno, se vuoi risparmiarti sofferenze inutili." Ma questo proponimento non solo esprime la generalizzazione di un episodio particolare, esso è altresì — forse a causa dell'assenza dell'amata — spostato da una persona ch'egli stima profondamente verso tutte le altre di cui non gl'importa nulla. Inoltre la coazione non può esser derivata soltanto dalla soddisfazione per il chiarimento ottenuto, ma deve esprimere anche qualcos'altro, giacché essa sfocia nell'insoddisfazione e nel dubbio quando gli si ripete ciò che ha già udito.

Gli altri comandi ossessivi che si sono verificati ci mettono sulle tracce del seguente ulteriore elemento. La coazione a proteggere non può significare altro che una reazione — pentimento e ammenda — contro un impulso contrario, cioè ostile, diretto contro la donna amata prima della spiegazione. La coazione a contare durante il temporale può interpretarsi, giovandosi di altro materiale da lui riferito, come una misura difensiva contro timori concernenti un imminente pericolo di vita. L'analisi delle rappresentazioni ossessive menzionate per prime ci ha già fornito gli elementi per considerare gli impulsi ostili del nostro paziente come particolarmente violenti, una sorta di collera forsennata; ora troviamo che questa collera diretta contro la signora contribuisce anche dopo la riconciliazione a formare le ossessioni. Nella mania di dubitare di aver udito bene è raffigurato il dubbio, tuttora persistente, di aver frainteso la donna amata al momento della spiegazione e di poterne effettivamente interpretare le parole come dimostrazione di tenerezza. Il dubbio espresso dalla coazione a capire è dubbio dell'amore di lei. Nel nostro innamorato infuria una lotta tra amore e odio, diretti verso la medesima persona, e questa lotta trova una raffigurazione plastica nel gesto coatto, significativo anche simbolicamente, per cui egli toglie il sasso dalla strada che ella avrebbe dovuto percorrere e poi annulla questo atto d'amore rimettendo il sasso al suo posto, in modo che la carrozza vi vada a urtare contro, e la passeggera si faccia del male. Non comprenderemo correttamente questa seconda parte dell'azione coatta se ci limiteremo a considerarla un rifiuto critico del gesto patologico, com'egli vorrebbe dare a intendere. Il fatto che sia accompagnata da un senso di coazione rivela che anch'essa appartiene all'atto patologico, solo che è determinata da un motivo opposto a quello che aveva cagionato la prima parte.

Queste azioni coatte in due tempi, in cui il primo tempo è annullato dal secondo, si verificano tipicamente nella nevrosi ossessiva. Naturalmente il pensiero cosciente del malato le fraintende e le attribuisce a motivi secondari, le *razionalizza*,[26] mentre il loro vero significato risiede nel fatto ch'esse raffigurano un conflitto tra due impulsi antagonisti di forza pressoché pari, e precisamente, come l'esperienza mi ha sempre confermato, un conflitto tra amore e odio. Esse rivestono un interesse teorico particolare poiché permettono di identificare un nuovo modo tipico di formazione del sintomo. Invece di trovare, come avviene sempre nell'isteria, un compromesso per cui una sola raffigurazione è sufficiente per i due opposti – i due piccioni presi con una fava[27] – nella nevrosi ossessiva i due opposti vengono soddisfatti singolarmente, prima l'uno e poi l'altro, sebbene naturalmente non manchi il tentativo di stabilire una sorta di nesso logico tra i due antagonisti, spesso a dispetto di qualunque logica.[28]

[26] Vedi E. Jones, *Rationalisation in Everyday Life*, J. abnorm. Psychol., vol. 3, 161 (1908).

[27] Vedi *Fantasie isteriche e loro rapporto con la bisessualità* (1908).

[28] Un altro ossessivo mi riferì una volta che passando per il parco di Schönbrunn [il palazzo imperiale alla periferia di Vienna] era inciampato in un ramo che giaceva per terra, l'aveva raccolto e buttato nella siepe che recinge il viale. Tornando a casa gli venne a un tratto la preoccupazione che il ramo, messo così, poteva sporgere un poco e cagionar del male a un altro passante; dovette saltar giù dal tram, precipitarsi nel parco, ricercare il punto dove si trovava il ramo e rimetterlo dove si trovava prima. Eppure, chiunque altro eccetto il malato avrebbe pensato che la posizione di prima doveva certo essere più pericolosa per un passante che non quella di adesso nella siepe. La natura ostile della seconda azione, compiuta per coazione, si era paludata, al

Il conflitto tra amore e odio era stato rivelato anche da altri indizi nel nostro paziente. All'epoca della sua risvegliata sensibilità religiosa egli si fabbricava preghiere che a poco a poco finirono col durare un'ora e mezzo perché — come un Balaam a rovescio[29] — nel bel mezzo delle formule devote s'introduceva qualcosa che ne capovolgeva il senso. Se, per esempio, voleva dire "Dio lo protegga", subito lo spirito maligno interpolava un "non".[30] Una volta gli venne l'idea di bestemmiare, pensando che in questo caso si sarebbero sicuramente insinuate le parole contrarie; in quest'ultima idea si faceva strada l'intenzione originaria, rimossa mediante la preghiera. Alla fine egli riuscì a cavarsi d'impiccio abolendo le preghiere e sostituendole con una breve formula costituita dalle lettere o sillabe iniziali di diverse preghiere, formula che recitava rapidissimamente per modo che nulla riuscisse a frammettervisi.

Un giorno mi riferì un sogno che conteneva, nella traslazione sul medico, la raffigurazione di quello stesso conflitto. Ho sognato che è morta mia madre. Vorrebbe venirmi a fare le condoglianze, ma ha paura di uscirsene con un *riso impertinente* come gli è già capitato più volte in occasioni luttuose. Preferisce perciò scrivere su un biglietto da visita "*p.c.*", ma, mentre scrive, queste lettere si trasformano in "*p.f.*".[31]

L'antagonismo dei sentimenti che provava per la sua donna era troppo chiaro per sfuggire completamente alla sua percezione cosciente, anche se noi possiamo concludere, dalle ossessioni che di questo antagonismo erano espressione, che il soggetto non era capace di valutare

cospetto del suo pensiero cosciente, degli stessi motivi filantropici della prima.

[29] [*Numeri*, 22.24. Balaam, indovino arameo, doveva maledire l'accampamento di Israele, ma, ammonito da un angelo che arrestò la sua asina, anziché maledirlo lo benedisse.]

[30] Confronta il meccanismo analogo dei pensieri sacrileghi involontari nelle persone pie.

[31] [Abbreviazioni di "per condoglianze" e "per felicitazioni".] Questo sogno ci dà la spiegazione di quel fenomeno così frequente e in apparenza così misterioso che è il riso coatto in occasioni luttuose.

appieno la profondità dei suoi impulsi negativi. Essa aveva respinto la sua prima proposta di matrimonio dieci anni prima. Da allora in poi, si erano alternati in lui, anche consapevolmente, periodi in cui credeva di amarla intensamente ad altri in cui si sentiva indifferente verso di lei. Nel corso della cura, quando doveva compiere qualche passo che avrebbe reso più prossima la meta matrimoniale, la sua resistenza si esprimeva generalmente nella convinzione di non esser poi tanto innamorato, convinzione che naturalmente svaniva di lì a poco. Una volta che ella giaceva in letto gravemente ammalata ed egli ne era manifestamente preoccupatissimo, al vederla la sua mente fu attraversata dal desiderio che ella potesse giacere così per sempre. Egli si spiegava questa idea fraintendendo capziosamente che, se desiderava vederla malata per sempre, era solo per liberarsi dall'angoscia delle continue ricadute, che non avrebbe potuto sopportare![32] Di quando in quando si abbandonava a sogni a occhi aperti che riconosceva egli stesso come "fantasie di vendetta" e di cui provava vergogna. Nella convinzione ch'ella attribuisca grande importanza alla posizione sociale di un tale che le fa la corte, fantastica che lei sposi un tipo simile, un alto funzionario. Poi lui entra nella stessa carriera e arriva assai più in alto del marito che diventa suo dipendente. Un giorno costui commette una scorrettezza; la donna cade ai suoi piedi, lo scongiura di salvarle il marito. Lui glielo promette, ma le rivela di aver abbracciato quella carriera solo per amor suo, perché aveva previsto un simile momento. Salvato il marito, la sua missione è compiuta e presenta le dimissioni.

In altre fantasie, in cui per esempio le rendeva, conservando l'incognito, un gran servizio o cose del genere egli riconosceva esclusivamente l'espressione della propria tenerezza, senza valutare a sufficienza l'origine e l'intento della sua magnanimità, volta a rimuovere la sete di vendetta, un po' come il Conte di Montecristo

[32] Non è da escludere che anche un altro motivo contribuisse a questa improvvisa idea coatta: il desiderio di sapere la donna indifesa contro i propositi che egli nutriva.

di Dumas. Del resto egli stesso confessava che di tanto in tanto lo assalivano evidenti impulsi a far del male alla donna amata; perlopiù essi non si facevano sentire in sua presenza, ma si facevano innanzi quand'ella era assente.

f. La causa immediata della malattia

Un giorno il paziente mi riferì come per caso un avvenimento in cui ravvisai subito la causa immediata, o quantomeno lo spunto occasionale che aveva provocato, sei anni prima, lo scoppio della malattia che durava tuttora. Egli non sospettava affatto di aver raccontato una cosa importante; né ricordava di aver mai fatto caso a quell'avvenimento che peraltro non aveva mai dimenticato. Questo suo atteggiamento richiede una valutazione d'ordine teorico.

Nell'isteria è regola che le occasioni immediate dell'ammalarsi soggiacciano all'amnesia, non meno delle esperienze infantili che hanno concorso a trasformare la loro energia affettiva in sintomi. Anche quando il fatto traumatico recente non è suscettibile di oblio completo, l'amnesia lo corrode, riuscendo quantomeno a spogliarlo delle sue componenti più significative. In tale amnesia ravvisiamo la prova dell'avvenuta rimozione. Nella nevrosi ossessiva le cose vanno solitamente in altro modo. Mentre i presupposti infantili della nevrosi possono esser preda d'amnesia (sia pure spesso incompleta), gli spunti recenti del male sono invece conservati intatti nella memoria. La rimozione si avvale qui di un meccanismo diverso, e in realtà più semplice: invece di far dimenticare il trauma, lo priva del suo investimento affettivo, sì da lasciare nella coscienza del soggetto soltanto un contenuto rappresentativo indifferente, che egli reputa privo di valore. La differenza [tra isteria e nevrosi ossessiva] sta nell'accadere psichico che ci è possibile costruire al di là dei fenomeni; l'esito del processo è quasi identico, giacché il contenuto mnestico indifferente viene richiamato di rado alla memoria e non ha alcuna parte nell'attività mentale cosciente dell'individuo. Per distinguere i due tipi di rimozione disponiamo in un primo tempo solo delle assicurazioni dello stesso paziente, il quale in un caso ha la sensazione di aver sempre saputo certe cose, nell'altro di averle da tempo dimenticate.[33]

Accade perciò non di rado che gli ossessivi i quali soffrono di autorimproveri e hanno collegato i loro affetti a cause immediate false, comunichino al medico anche le cause vere, senza sospettare che i rimproveri che essi si fanno se ne sono semplicemente distaccati. Così facendo assumono certe volte un tono di stupore o magari di vanteria, come per dire che di quei fatti non importa loro proprio nulla. Così avvenne nel primo caso di nevrosi ossessiva che mi diede, molti anni addietro, la chiave per capire questa malattia. Lo stesso paziente di cui ho riferito la storia del ramo nel parco di Schönbrunn, un impiegato statale sofferente di ogni sorta di scrupoli, mi colpì perché pagava sempre il mio onorario con banconote pulite e lisce (non c'erano ancora in Austria le monete d'argento). Quando una volta gli dissi che dal suo denaro nuovo di zecca si riconosceva subito l'impiegato statale che riceve lo stipendio direttamente dalle casse dello Stato, egli mi informò che il denaro non era affatto nuovo, ma che egli stesso lo aveva fatto stirare a casa. Si faceva una questione di coscienza di non dare in mano a nessuno dei biglietti sudici; su di essi si annidano germi pericolosissimi che potrebbero recar danno a chi li riceve. A quell'epoca cominciavo già a intravedere vagamente la connessione tra nevrosi e vita sessuale, e in un'altra occasione mi arrischiai a interrogarlo su que-

[33] Si deve dunque ammettere che nella nevrosi ossessiva vi sono due specie di conoscenza, se si può dire a buon diritto tanto che l'ossessivo "conosce" i suoi traumi quanto che "non li conosce". Infatti li conosce dal momento che non li ha dimenticati, non li conosce perché non ne vede l'importanza. È quello che succede anche nella vita normale. I camerieri che servivano Schopenhauer nella trattoria di Francoforte da lui abitualmente frequentata lo "conoscevano" in certo senso (in un'epoca in cui il filosofo era sconosciuto sia a Francoforte che altrove), ma non certo nel senso che intendiamo oggi quando parliamo di "conoscere" Schopenhauer.

st'ultimo punto. "Oh – mi rispose sorridendo, – tutto in ordine, non mi posso lamentare. In molte famiglie per bene mi considerano una specie di vecchio zio, e io ne approfitto per invitare di tanto in tanto una figliola a una gita in campagna. Poi faccio in modo di perdere l'ultimo treno e di dover pernottare fuori. In albergo prendo sempre due camere, mi comporto nobilmente; ma quando la ragazza è a letto, vado da lei e la masturbo con le dita." – "E dica un po', non ha paura di procurarle qualche malanno, frugandole i genitali con le mani sporche?" – S'indignò: "Malanno? Che malanno? A nessuna ho mai fatto del male e tutte ci stanno volentieri. Certune si sono già sposate, e la cosa non ha fatto loro alcun male." – Si era offeso moltissimo per la mia osservazione e non ritornò mai più. Io però potei spiegarmi il contrasto tra la sua scrupolosità nei riguardi delle banconote e la sua mancanza di scrupoli nell'abusare delle ragazze che gli erano state affidate soltanto supponendo che l'affetto congiunto all'autorimprovero era stato *spostato*: l'intento dello spostamento era abbastanza chiaro; s'egli avesse lasciato il rimprovero al posto che gli competeva, avrebbe dovuto rinunciare a un soddisfacimento sessuale a cui probabilmente lo spingevano fortissime determinanti infantili. Egli ha ritratto perciò mediante lo spostamento un ragguardevole tornaconto dalla sua malattia.

Ma veniamo alla causa immediata della malattia del nostro paziente ed esaminandola più a fondo. Sua madre era stata allevata presso lontani parenti, una ricca famiglia di grandi imprenditori industriali. Sposandola, il padre era entrato a far parte della ditta, e quindi, se era giunto a una notevole agiatezza, lo doveva al matrimonio. Durante qualche bisticcio tra i genitori, che del resto vivevano in perfetto accordo, il figlio aveva appreso che, qualche tempo prima di conoscere la madre, il padre aveva fatto la corte a una graziosa ma povera ragazza di modesta famiglia. Questo l'antefatto. Dopo la morte del padre, la madre gli aveva detto un giorno di aver parlato coi suoi ricchi parenti dell'avvenire del figliolo, e che un cugino si era detto disposto a dargli la mano di una delle figlie, quando egli avesse finito gli studi; l'esser collegato in affari con la ditta gli avrebbe dischiuso un brillante avvenire anche nella sua professione. Questo progetto dei familiari aveva suscitato in lui un conflitto: doveva rimaner fedele alla donna povera di cui era innamorato, o seguire le orme del padre e sposare la ragazza bella, ricca e distinta che gli veniva destinata? Si trattava, in realtà, di un conflitto tra il suo amore e la volontà paterna, di cui tuttora subiva l'influsso, ed egli lo risolse ammalandosi, o, più esattamente, si sottrasse mediante la malattia al compito di risolvere il conflitto nella realtà.[34]

La giustezza di questa valutazione è confermata dal fatto che la malattia ebbe come suo esito principale un'ostinata incapacità di lavoro che ritardò per anni la conclusione dei suoi studi. Ma ciò che risulta da una malattia è insito in quelle che erano le sue intenzioni: ciò che apparentemente è *conseguenza* della malattia è in realtà la *causa*, il *motivo stesso* dell'ammalarsi.

Comprensibilmente, a tutta prima il malato non fu affatto d'accordo su questa spiegazione. Non vedeva come il progetto di matrimonio potesse aver avuto un simile effetto, dal momento che esso non gli aveva fatto, allora, la minima impressione. Ma nel corso successivo del trattamento dovette convincersi, per una via singolare, dell'esattezza della mia supposizione. Con l'aiuto di una fantasia di traslazione egli rivisse come nuovo e presente ciò che aveva dimenticato del suo passato o che si era svolto in lui soltanto inconsciamente. Superato un periodo oscuro e difficile del trattamento, risultò infatti ch'egli aveva deciso che una fanciulla incontrata un giorno per caso sulle scale di casa mia fosse mia figlia. La ragazza gli era piaciuta ed egli si era figurato ch'io ero tanto amabile e tanto incredibilmente paziente con lui solo perché desideravo averlo come genero; al tempo stesso egli aveva elevato la mia famiglia, per ricchezza e

[34] È da notare che la fuga nella malattia gli fu resa possibile dall'identificazione con il padre. Questa poi gli permise di far regredire gli affetti ai residui dell'infanzia.

distinzione, all'altezza conforme al suo modello. Contro questa tentazione, tuttavia, lottava in lui l'inestinguibile amore per la sua donna. Una volta superate [nel corso del nostro trattamento] tutta una serie di strenue resistenze e di perfide ingiurie da parte sua, egli non poté sottrarsi all'effetto irresistibile che ebbe su di lui l'analogia perfetta tra la traslazione fantastica e la realtà del passato. Riferirò uno dei sogni che fece in quest'epoca, per mostrare con un esempio lo stile che imprimeva alla sua raffigurazione. Vede mia figlia davanti a sé, ma ella ha due pillacchere di sterco al posto degli occhi. Chiunque comprenda il linguaggio dei sogni tradurrà facilmente: egli sposa mia figlia non per i suoi begli occhi, ma per il suo denaro.

g. *Il complesso paterno e la soluzione dell'idea dei topi*

Dalla causa immediata della malattia del nostro paziente in età adulta, si diparte un filo che risale alla sua infanzia. Egli si trovava nella stessa situazione in cui, per quanto ne sapeva o credeva di sapere, si era già trovato anche il padre prima del matrimonio, e poteva identificarsi con lui. Il padre defunto, poi, interveniva anche per un altro verso nella sua malattia attuale. Il conflitto che l'aveva originata era in sostanza una lotta tra la volontà paterna, di cui tuttora egli subiva l'influsso, e le sue inclinazioni amorose. Tenendo conto di ciò che il paziente stesso ci ha comunicato nelle prime sedute, non possiamo, tuttavia, fare a meno di supporre che si trattasse di un conflitto antichissimo, sorto già negli anni della sua infanzia.

Tutte le informazioni attestano che il padre era stato una degnissima persona. Prima del matrimonio era stato sottufficiale, e di questo periodo della sua vita aveva serbato una schiettezza di modi tipicamente militaresca e una predilezione per le espressioni più rudi. Oltre che per le virtù che gli epitaffi funebri attribuiscono a tutti, egli si era distinto per cordiale umorismo e benevola indulgenza verso i suoi simili; gli accadeva però di essere irascibile e violento, cosa questa che non contrastava affatto con un carattere come il suo, anzi lo completava, ma talvolta faceva piombare sui figli, fin quando furono piccoli e indisciplinati, severissimi castighi. Quando i ragazzi cominciarono a crescere, a differenza di altri padri, egli non volle assumere la posizione di un'autorità indiscutibile, anzi con bonaria franchezza partecipava loro i piccoli errori e le piccole disavventure della sua vita. Il figlio non ha certamente esagerato quando ha detto che lui e il padre erano stati insieme come gli amici più cari, fatta eccezione per un solo punto (pp. 76 sg.). Si deve sicuramente a quest'unico punto se da bambino egli era stato dominato con un'intensità così insolita e abnorme dal pensiero della morte del padre (p. 61), se pensieri del genere si erano espressi nelle sue idee ossessive di allora, e se gli era stato possibile desiderare la morte del padre, affinché una sua piccola compagna, resa più dolce dalla compassione, assumesse con lui un atteggiamento più affettuoso (p. 74).

È indubbio che qualcosa nel campo della sessualità si ergeva fra padre e figlio, e che il padre si era trovato a contrastare in qualche modo le precoci tendenze erotiche del figlio. Parecchi anni dopo la morte del padre, allorché egli sperimentò per la prima volta il piacere del coito, fu colto da questo pensiero: "Che cosa meravigliosa! Per una cosa simile si potrebbe uccidere il proprio padre." Abbiamo qui un'eco e al tempo stesso una delucidazione delle sue ossessioni infantili. Del resto, poco tempo prima di morire il padre aveva esplicitamente preso posizione contro quella che sarebbe stata in seguito la passione dominante del nostro paziente. Si era accorto ch'egli aspirava alla compagnia di quella signora e aveva cercato di dissuaderlo dal corteggiarla, dicendogli che non sarebbe stato prudente da parte sua e che si sarebbe solo reso ridicolo.

A questi punti accertati con sicurezza assoluta si può aggiungere dell'altro se ci volgiamo a considerare la storia dell'attività sessuale onanistica del nostro paziente. In questo campo tra le opinioni dei medici e quelle dei malati v'è sempre un contrasto che non è stato ancora messo nella dovuta luce. I malati sono unanimi nel considerare l'onanismo – ed essi si riferiscono alla masturbazione *durante la pubertà* – causa prima e fonte di tutti i loro mali; i medici non sanno in generale che cosa pensarne, ma influenzati dal fatto che anche quasi tutti gli individui normali si sono dedicati per un periodo della pubertà alla masturbazione, sono perlopiù propensi a considerare le dichiarazioni dei malati come una grossolana esagerazione. Io penso che anche in questo caso la ragione stia più dalla parte dei malati che non da quella dei medici. Il punto di vista corretto è adombrato infatti nella posizione dei primi, mentre i secondi rischiano di lasciarsi sfuggire qualcosa di essenziale. Certo l'enunciazione dei malati secondo cui l'onanismo della pubertà (che meriterebbe quasi di esser definito un fenomeno tipico) è responsabile di tutti i disturbi nevrotici, non va accettata alla lettera. Bisogna interpretarla. Ma l'onanismo degli anni della pubertà non è altro in effetto che la reviviscenza dell'onanismo infantile su cui tutti sorvolano, il quale normalmente raggiunge una sorta di acme fra i tre e i quattro o cinque anni ed è l'espressione più chiara della costituzione sessuale del bambino, costituzione in cui anche noi ricerchiamo l'etiologia delle successive nevrosi. Attraverso questo travestimento i malati imputano dunque proprio alla loro sessualità infantile la colpa dei loro mali e in ciò hanno pienamente ragione. Il problema dell'onanismo diviene peraltro insolubile se lo si considera un'entità clinica a sé stante, dimenticando ch'esso rappresenta la scarica delle componenti sessuali più diverse e delle fantasie da esse alimentate. Gli effetti nocivi dell'onanismo sono solo in minima parte autonomi, condizionati cioè dalla natura stessa della masturbazione. Essi si identificano in gran parte col significato patogeno che ha per il soggetto la vita sessuale in genere. Il fatto che un numero così grande di persone sopporti senza danno l'attività masturbatoria, sia pure contenuta quantitativamente entro certi limiti, significa soltanto che in costoro la costituzione sessuale e il modo in cui si è sviluppata la vita sessuale hanno consentito che questa funzione sia esercitata nelle condizioni imposte dalla civiltà;[35] per altri individui invece, a causa di una costituzione meno favorevole o di uno sviluppo alterato, la sessualità provoca effetti patologici: essi non riescono cioè ad assolvere senza inibizioni e formazioni sostitutive il compito di reprimere e sublimare le loro componenti sessuali.

Il comportamento del nostro paziente riguardo all'onanismo era stato del tutto particolare; non l'aveva quasi esercitato durante la pubertà e ciò, secondo un certo tipo di aspettative, l'avrebbe dovuto rendere esente da nevrosi. Per contro la spinta irresistibile a masturbarsi si era fatta sentire a ventun anni, *poco dopo la morte del padre*. Ma dopo ogni soddisfacimento provava gran vergogna e presto smise di nuovo. Da allora ebbe qualche rara ricaduta in occasioni davvero singolari. Secondo le sue parole, "ciò avveniva quando viveva momenti o leggeva brani particolarmente belli. Una volta per esempio fu allorché un bel pomeriggio d'estate udì un postiglione, nella città vecchia, suonare il corno in modo meraviglioso, finché una guardia non lo fece smettere perché in centro è vietato suonare! O un'altra volta, mentre stava leggendo *Poesia e verità* nel punto [undicesimo libro] in cui il giovane Goethe, in un trasporto d'amore, si libera dall'effetto di una maledizione lanciata da una ragazza gelosa sulla donna che l'aveva baciato sulle labbra dopo di lei. Per tanto tempo, come per scaramanzia, s'era lasciato trattenere da quella maledizione, ma ora spezza la sua catena e copre di baci l'amata".

Egli si domandava con non poco stupore perché mai fosse spinto irresistibilmente a masturbarsi proprio in momenti così belli ed edificanti. Fui costretto a fargli rilevare che in verità i due esempi da lui portati avevano come elemento in comune un divieto e il venir meno a un comando.

[35] Vedi *Tre saggi sulla teoria sessuale* (1905) [in particolare il Riepilogo].

Allo stesso contesto appartiene lo strano comportamento del paziente in un periodo in cui studiava per prepararsi a un esame e si abbandonava alla fantasia prediletta secondo cui il padre viveva ancora e poteva tornare da un momento all'altro. Aveva disposto le cose in modo da riservare allo studio le tarde ore notturne. Tra mezzanotte e l'una s'interrompeva, apriva la porta che dava sul vestibolo esterno, come se il padre fosse stato là, e poi, dopo essere rientrato, denudava il pene e lo rimirava davanti allo specchio dell'ingresso. Questa assurda condotta diventa comprensibile supponendo ch'egli attendesse una visita del padre all'ora dei fantasmi. Quando il padre era in vita aveva dovuto spesso dolersi della pigrizia mostrata dal figlio nello studio; e ora, tornando in vesti di fantasma, si sarebbe rallegrato di vederlo assorto fra i libri. Ma era impossibile che il padre si rallegrasse anche per quell'altro suo comportamento; egli lo sfidava dunque, e con un'unica azione ossessiva dissennata portava ad espressione entrambi gli aspetti del suo rapporto col padre, uno accanto all'altro, proprio come avrebbe fatto più tardi nei confronti della donna amata, con l'atto ossessivo del sasso sulla strada.

Confortato da questi e altri indizi simili, m'arrischiai a costruire l'ipotesi che verso i sei anni egli avesse commesso un qualche misfatto sessuale in connessione con l'onanismo e ne fosse stato severamente punito dal padre. Il castigo, per la verità, avrebbe posto fine all'onanismo, ma avrebbe lasciato dietro di sé un rancore inestinguibile verso il genitore, fissandolo da quel momento e per tutta la vita nella parte di colui che intralcia il godimento sessuale.[36] Con mia grande meraviglia il malato mi confermò subito che un fatto di questo genere, risalente ai primi anni infantili, gli era stato ripetutamente descritto dalla madre, la quale evidentemente non l'aveva dimenticato perché ad esso si collegavano singolari conseguenze. Personalmente non si ricordava affatto della

[36] Vedi le supposizioni analoghe fatte in una delle prime sedute (p. 78).

cosa. Il racconto era questo: quando era molto piccolo – è possibile stabilire l'epoca con precisione ancora maggiore perché il fatto coincide con la malattia mortale di una sorella più grande – doveva aver fatto qualcosa di brutto per cui il padre lo aveva picchiato. Il ragazzino, preso da una rabbia terribile, ancora sotto le busse, aveva cominciato a insultarlo. Ma poiché non conosceva ancora le brutte parole, gli urlò contro tutti i nomi di oggetti che gli venivano in mente: "Lampada! Asciugamano! Piatto!" e così via. Sconcertato da questa specie di esplosione di elementare violenza, il padre aveva smesso di picchiarlo e aveva detto: "Questo bambino diventerà o un grand'uomo o un grande delinquente."[37] Il paziente ritiene che l'episodio abbia avuto effetti duraturi sia sul padre che su di lui. Il padre non l'ha mai più battuto; quanto a lui, egli attribuisce a questa esperienza parte dell'alterazione del suo carattere: lo spavento provato per la violenza della sua stessa collera l'avrebbe fatto diventare vile da allora in poi. Per tutta la vita, inoltre, gli era rimasta una paura tremenda delle percosse, e quando un fratello o una sorella venivano picchiati andava a rincantucciarsi da qualche parte, pieno d'orrore e d'indignazione.

Interrogata dal paziente, la madre confermò nuovamente i particolari del racconto, aggiungendo che il bambino aveva allora tra i tre e i quattro anni e che era stato punito perché aveva *morso* qualcuno. Di più non ricordava, se non che la persona cui il piccolo aveva fatto del male poteva essere la bambinaia, ma non ne era affatto certa. Quanto a un presunto carattere sessuale del misfatto, il racconto della madre non ne faceva cenno.[38]

[37] L'alternativa era incompleta. Il padre non aveva pensato all'esito più frequente di queste passioni precoci, cioè la nevrosi.

[38] Nella psicoanalisi ci troviamo assai spesso di fronte ad avvenimenti di questo genere, accaduti nei primi anni dell'infanzia, nei quali l'attività sessuale infantile sembra raggiungere il proprio apice e spesso si conclude in modo catastrofico in seguito a un incidente o a una punizione. Questi avvenimenti si annunciano a guisa d'ombre nei sogni del malato e spesso divengono così distinti che si crederebbe di potersene impadronire; ma si sottraggono ad ogni delucidazione definitiva, e, se

Rinviando a piè di pagina l'esame di questa scena infantile, osserverò che la sua riapparizione scosse l'incredulità del paziente, che fino ad allora si era rifiutato di ammettere un'ostilità verso l'amato padre formatasi nella preistoria della vita e più tardi divenuta latente. Confesso che mi sarei atteso una reazione anche più decisa, considerando che egli non poteva dubitare che la scena in questione, narratagli più volte anche dal padre stesso, fosse realmente avvenuta. Viceversa, con quella capacità di sovvertire le leggi della logica che nei nevrotici osses-

non si procede con particolare prudenza e abilità non si arriva mai a sapere se la scena in questione è realmente avvenuta. Per trovare la giusta via dell'interpretazione occorre tener presente che nelle fantasie inconsce del paziente vanno ricercate non una, ma più versioni di queste scene, spesso diversissime tra loro. E soprattutto dobbiamo ricordare, per non incorrere in errori di valutazione della realtà, che i "ricordi d'infanzia" dell'uomo vengono fissati solo in età posteriore (in genere durante la pubertà) e ch'essi subiscono allora un complicato processo di rielaborazione in tutto analogo a quello della formazione delle leggende che i popoli costruiscono sulle proprie origini storiche. Si può chiaramente costatare che, man mano che cresce, l'individuo cerca *di cancellare il ricordo della propria attività autoerotica* in queste produzioni fantastiche sulla sua infanzia; per far ciò, egli eleva le sue tracce mnestiche al livello dell'amore oggettuale, proprio come lo storico che cerca di considerare il passato alla luce del presente. Questo spiega perché queste fantasie siano così ricche di attentati sessuali e di atti di seduzione laddove la realtà si limita ad attività autoerotiche e alle tenerezze e punizioni che le stimolano. Osserviamo inoltre che l'individuo che elabora fantasie sulla sua storia infantile *sessualizza i suoi ricordi*, vale a dire pone in rapporto con la sua attività sessuale esperienze banali ed estende loro il suo interesse sessuale, pur seguendo in ciò, probabilmente, le tracce di circostanze realmente accadute. Chi ricorda la mia *Analisi della fobia di un bambino di cinque anni. Caso clinico del piccolo Hans* (1908) § 3, comprende che con queste osservazioni non voglio certo sminuire l'importanza che ho finora attribuito alla sessualità infantile riducendola all'interesse sessuale che vi viene annesso all'epoca della pubertà. Intendo solamente fornire suggerimenti tecnici per il chiarimento di quelle formazioni fantastiche che sono intese a falsare, appunto, il quadro dell'attività sessuale infantile.

È raro avere, come il nostro paziente, la fortuna di poter ricorrere alla testimonianza certa di un adulto per stabilire i fatti su cui si sono basate queste fabulazioni sulla propria preistoria. Osserverò peraltro che nel nostro caso il resoconto dato dalla madre lascia aperte molte possibilità. Il fatto ch'esso non menzioni esplicitamente la natura sessuale della mancanza per la quale il bambino fu punito per esser dovuto alla censusivi molto intelligenti ci fa sempre un effetto tanto strano, il paziente continuava a opporre al valore probante del racconto il fatto che egli stesso non ricordava affatto la scena. Così arrivò a convincersi che il suo atteggiamento verso il padre rendeva necessario quell'apporto supplementare proveniente dall'inconscio soltanto attraverso la penosa via della traslazione. Ben presto infatti nei sogni, nelle fantasie diurne e nelle associazioni il paziente cominciò a indirizzare a me e ai miei le ingiurie

ra operante in lei stessa, poiché in tutti i genitori è precisamente questo elemento sessuale del passato dei propri figli che la censura cerca di eliminare. Ma è pure possibile che il fanciullo allora fosse stato ripreso dalla bambinaia o dalla madre stessa per una leggera mancanza di natura non sessuale, e fosse stato punito poi dal padre per aver reagito violentemente. In fantasie di questo genere le bambinaie e le altre persone di servizio vengono sempre sostituite dalla più nobile figura materna. Se spingiamo a fondo l'interpretazione dei sogni del paziente relativi a questi avvenimenti, troviamo chiarissimi segni di una produzione fantastica che potremmo definire epica, in cui la punizione del piccolo eroe da parte del padre veniva messa in rapporto con appetiti sessuali nutriti nei confronti della madre e della sorella, nonché con la morte prematura di quest'ultima. Se non fu possibile disfare filo per filo tutto il tessuto di questo rivestimento fantastico, ciò fu dovuto proprio al successo dell'intervento terapeutico; una volta guarito, il paziente dovette dedicarsi ai molteplici problemi, da troppo tempo lasciati in sospeso, che la vita gli poneva e che non gli consentivano di continuare il trattamento. Non mi si faccia dunque debito di questa lacuna dell'analisi. Ancor oggi l'indagine scientifica mediante la psicoanalisi costituisce soltanto l'esito accessorio dei suoi sforzi terapeutici, ragione per cui i risultati scientifici più rilevanti derivano proprio dai casi trattati senza successo.

Il contenuto della vita sessuale infantile consiste in un'attività autoerotica delle componenti sessuali predominanti, in tracce d'amore oggettuale e nella formazione di quello che potremmo definire il *complesso nucleare delle nevrosi*. Questo comprende i primi impulsi di tenerezza e ostilità del bambino verso i genitori e i fratelli, dopo che è avvenuto il risveglio della curiosità infantile, provocato, perlopiù, dalla nascita di un fratellino o di una sorellina. L'uniformità di questo contenuto e la tipicità delle successive influenze modificatrici spiega perché le fantasie formate sulla propria storia infantile siano quasi sempre le stesse, indipendentemente dai maggiori o minori contributi arrecati a tale formazione da esperienze reali. È perfettamente coerente con il complesso nucleare infantile che al padre venga attribuita la posizione di antagonista sessuale e di colui che intralcia l'attività autoerotica; ciò corrisponde del resto in larga misura al vero.

più sudice e volgari, anche se, deliberatamente, continuava a non manifestarmi altro che il più grande rispetto. La sua condotta nel riferirmi queste ingiurie era quella di un uomo disperato: "Come può lei, professore, lasciarsi insultare così da un sudicione, da un villanzone come me? Mi butti fuori, non merito altro." Parlando si alzava dal divano e camminava avanti e indietro per la camera, spiegando dapprima che lo faceva per delicatezza, in quanto non sopportava di dirmi cose tanto sgradevoli restando comodamente sdraiato. Ma presto trovò egli stesso una spiegazione più calzante, e cioè che evitava la mia vicinanza per paura che lo picchiassi. Se restava seduto, si comportava come chi, in preda a una paura disperata, voglia proteggersi da una tremenda punizione: nascondeva il capo tra le mani, si copriva il viso con il braccio, si alzava di scatto con i lineamenti dolorosamente sconvolti, e così via. Egli ricordava bene il temperamento irascibile del padre, che nella sua collera spesso perdeva il senso della misura. Fu una vera e propria scuola di dolore quella che consentì al paziente di acquistare a poco a poco la consapevolezza che gli mancava, e che a chiunque altro, non personalmente coinvolto, si sarebbe imposta spontaneamente; ma con ciò veniva inoltre data via libera alla soluzione dell'idea dei topi. La ricostruzione dei suoi nessi fu infatti resa possibile, in questa fase culminante della cura, dalla comunicazione di una quantità di dati di fatto che erano stati fino a quel momento sottaciuti.

Nell'esposizione di tali fatti mi atterrò al già enunciato proposito di abbreviare e riassumere il più possibile. Si trattava innanzitutto di scoprire perché mai le due cose dette al paziente dal capitano cèco – la storia dei topi e l'invito a rimborsare il tenente A. – avessero causato in lui tanta agitazione e così violente reazioni patologiche. Bisognava supporre che esistesse nel malato una "sensibilità complessuale"[39] e che le parole del capitano aves-

[39] [Il termine è tratto dagli esperimenti di associazioni verbali di Jung e della sua scuola.]

sero violentemente colpito zone ipersensibili del suo inconscio. Ed effettivamente era così; a quel tempo, come gli era accaduto sempre nella vita militare, il paziente s'identificava inconsciamente con il padre, che come sappiamo aveva servito nell'esercito per parecchi anni e amava spesso raccontare episodi di quell'epoca della sua vita. Ora il caso – che può contribuire alla genesi del sintomo come l'espressione linguistica alla formazione del motto di spirito – aveva voluto che una piccola disavventura del padre avesse in comune con la sollecitazione del capitano un importante elemento. Una volta il padre, in qualità di sottufficiale, aveva ricevuto in custodia una piccola somma di denaro e l'aveva perduta alle carte (era stato così uno *Spielratte*[40]); egli si sarebbe trovato in serie difficoltà se un collega non gli avesse anticipato la cifra. Abbandonato l'esercito e divenuto una persona benestante, cercò di rintracciare il soccorrevole collega per rimborsargli il denaro, senza però riuscirci. Il nostro paziente non era neppure certo che la restituzione fosse mai avvenuta; e il ricordo di quel peccato giovanile del padre gli riusciva penoso, perché, malgrado tutto, nel suo inconscio aveva molte cose da ridire sul conto del carattere paterno. Le parole del capitano, "devi restituire le 3,80 corone al tenente A.", erano suonate al paziente come un'allusione al debito che il padre non aveva pagato.

D'altra parte l'informazione che la signorina della posta a Z. aveva pagato lei stessa l'assegno aggiungendo qualche parola lusinghiera nei suoi confronti,[41] aveva rafforzato la sua identificazione con il padre in un altro campo. Solo ora il paziente mi riferì che, nello stesso paese in cui si trovava l'ufficio postale, la graziosa figlia

[40] [Letteralmente "topo di gioco", termine usato per "giocatore d'azzardo", "biscazziere".]

[41] Non dimentichiamo che il paziente aveva saputo questo *prima* che il capitano gli rivolgesse l'invito (ingiustificato) a rimborsare il tenente A. Si tratta di un particolare indispensabile alla comprensione di ciò che segue, ed è appunto la sua repressione che aveva gettato il malatc in una confusione inestricabile e impedito a me, per un certo tempo di capire il senso di tutto l'insieme.

dell'albergatore gli aveva dimostrato molta simpatia, tanto che egli aveva deciso, una volta finite le manovre, di tornarvi e di tentare la sorte con la ragazza. Ora però, ella aveva una rivale nella figura della signorina della posta; ed egli veniva a trovarsi in una situazione analoga a quella del padre nella storia del suo matrimonio, poiché poteva chiedersi quale delle due fanciulle corteggiare alla fine del servizio militare. Vediamo subito che la sua strana indecisione tra l'andare a Vienna o il tornare all'ufficio postale di Z., e poi la tentazione continua di scendere dal treno non erano così prive di senso come ci erano apparse sul principio. Nel suo pensiero cosciente l'attrazione esercitata su di lui da Z., località in cui si trovava l'ufficio postale, era motivata dal bisogno di adempiervi il suo giuramento con l'aiuto del tenente A. Ma il motivo vero di quest'attrazione era l'impiegata della posta, e il tenente rappresentava solo un buon sostituto della signorina, in quanto anche lui aveva abitato per un certo tempo nella stessa località e si era occupato del servizio postale militare. Quando il malato udì che quel giorno non era stato A. a occuparsi della posta, ma un altro ufficiale, B., egli incluse anche questi nella combinazione, e poté poi riprodurre nei deliri connessi ai due ufficiali la propria esitazione tra le due ragazze così ben disposte nei suoi confronti.[42]

Per meglio chiarire gli effetti esercitati dal racconto dei topi occorre seguire più da vicino il corso dell'analisi. In un primo tempo emerse una straordinaria quantità di materiale associativo senza che però divenissero più intelligibili le circostanze in cui si era formata la sua ossessione. La rappresentazione del supplizio dei topi aveva

[42] [*Nota aggiunta nel 1923*] Dopo che il paziente aveva fatto di tutto per imbrogliare il piccolo episodio del pagamento dell'assegno per il suo pince-nez, forse neanch'io sono riuscito a renderlo completamente chiaro nella mia esposizione. Riproduco (fig. 1) una cartina con cui i miei traduttori inglesi signori Strachey hanno cercato di rendere più comprensibile la situazione al termine delle manovre. I traduttori hanno giustamente osservato che il comportamento del paziente rimane incomprensibile fin quando non si sottolinea in modo esplicito che il tenente A. aveva precedentemente abitato a Z. (località dell'ufficio

sollecitato tutta una serie di pulsioni e risvegliato una quantità di ricordi, motivo per cui nel breve intervallo tra il racconto del capitano e la sua sollecitazione a rendere il denaro, i topi erano venuti ad acquistare un gran numero di significati simbolici cui, in seguito, se ne aggiungevano continuamente altri. Di tutto questo posso

postale) dove si era occupato della posta militare, ma che negli ultimi giorni delle manovre egli aveva passato questo incarico al tenente B.

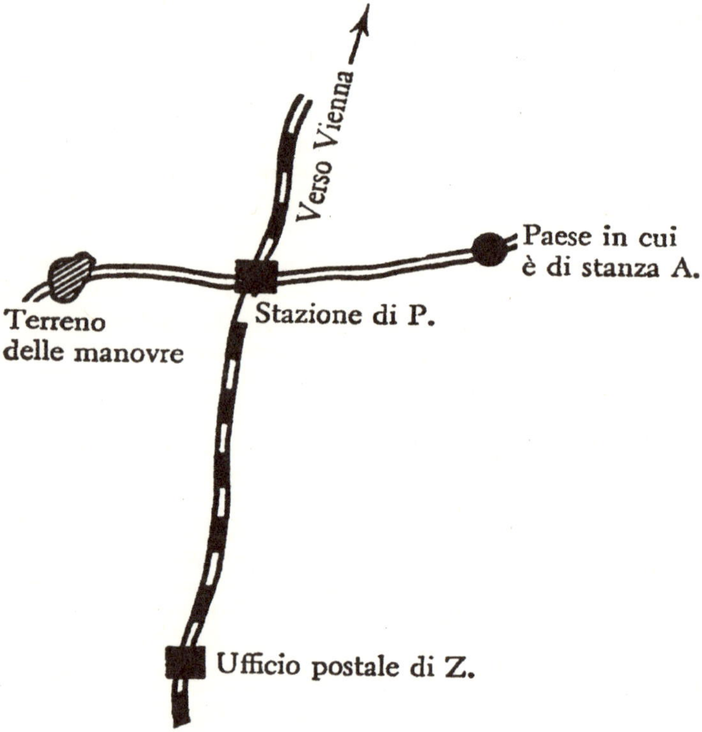

Figura 1

ed era stato trasferito in un'altra località. Il capitano "crudele" non sapeva ancora nulla di questo cambiamento, donde il suo errore circa la persona a cui il denaro andava restituito.

dare solo un resoconto molto incompleto. In primo luogo, il supplizio dei topi risvegliava l'erotismo anale, che nell'infanzia del paziente aveva avuto un'importanza precipua ed era stato per anni alimentato dalla presenza di vermi intestinali. In tal modo i topi acquistavano il significato di "denaro".[43] Questa connessione fu indicata dal paziente, che alla parola *Ratten* [topi][44] associò *Raten* [rate]. Nei suoi deliri ossessivi egli si coniò una vera e propria valuta fondata sui topi; per esempio, quando a sua richiesta gli comunicai l'ammontare del mio onorario per una seduta, egli (lo seppi sei mesi dopo) contò tra sé e sé "tanti fiorini, tanti topi". A poco a poco il complesso degli interessi finanziari connessi all'eredità paterna[45] venne tradotto in questo linguaggio, cioè tutte le rappresentazioni ad esso pertinenti vennero convogliate nella sfera dell'ossessivo e sottoposte all'inconscio mediante il ponte verbale "Raten-Ratten". Inoltre l'esortazione del capitano di restituire il denaro per le spese del pacchetto servì a rafforzare il significato monetario dei topi per mezzo dell'altro ponte verbale *Spielratte*, che rinviava alla mancanza commessa dal padre al giuoco.

Ma il topo era noto al paziente anche come veicolo di pericolose infezioni e poteva quindi essere utilizzato come simbolo della paura della *sifilide*, tanto giustificata nella vita militare. Questa paura celava ogni sorta di dubbi circa la condotta del padre nel periodo del suo servizio militare. Da un altro punto di vista, veicolo della sifilide era il *pene* stesso e in tal modo il topo prendeva il significato di organo genitale. A considerarlo così contribuiva anche un altro fattore. Il pene, soprattutto quello del bambino, può facilmente essere paragonato al *verme*; e secondo il racconto del capitano i topi brulicavano nell'ano proprio come i grossi vermi nell'intestino del paziente, da bambino. Per questa via il signi-

[43] Vedi *Carattere ed erotismo anale* (1908).

[44] [Vedi p. 64, n. 7.]

[45] [*Rate* ha in tedesco oltreché il senso di rata, quello di quota (anche ereditaria).]

ficato fallico dei topi si basava nuovamente sull'erotismo anale. Ancora: il topo è un animale sporco, che si nutre di escrementi e vive nelle foghe.[46] È quasi superfluo dire quale estensione poté assumere il delirio dei topi in virtù di quest'altro significato. Ad esempio il "tanti topi, tanti fiorini" poteva servire a caratterizzare perfettamente un mestiere femminile particolarmente odioso al paziente. Per contro non è certamente irrilevante che dalla sostituzione del pene al topo, nel racconto del capitano, derivasse una situazione di coito *per anum*, che riferita al padre e all'amata doveva apparire particolarmente ripugnante al paziente. E ricomparendo nella minaccia ossessiva formatasi nel malato dopo l'avvertimento del capitano, tale situazione ci fa pensare inequivocabilmente a certe imprecazioni in uso presso gli slavi del sud, di cui si può trovare il testo nel periodico *Anthropophyteia* a cura di F. S. Krauss.[47] Tutto questo materiale e altro ancora si inserì del resto nella trama della faccenda dei topi [*Ratten*] per mezzo dell'associazione di copertura *heiraten* [sposarsi].

Il racconto del supplizio dei topi, come dimostrava la descrizione del paziente e la sua stessa mimica nel riprodurmelo, aveva ridestato in lui tutti gli impulsi di crudeltà, sia egoistici che sessuali, precocemente repressi. Tuttavia, nonostante l'abbondanza del materiale, il significato dell'idea ossessiva rimase oscuro fino al giorno in cui nell'analisi emerse la "Damigella dei Topi" del *Piccolo Eyolf* di Ibsen, e divenne allora inevitabile la deduzione che in molte delle forme assunte dai suoi deliri ossessivi i topi avevano ancora un altro significato, cioè quello di bambini.[48] Ricercando l'origine di questo nuo-

[46] Chi scuote scetticamente il capo davanti a questi salti della fantasia nevrotica pensi agli analoghi capricci fantastici a cui si abbandonano talvolta gli artisti, per esempio alle *Diableries érotiques* di Le Poitevin.

[47] Vedi "Anthropophyteia", vol. 2, pp. 421 sgg. (1905).

[48] La Damigella dei Topi di Ibsen deriva sicuramente dal leggendario pifferaio di Hamelin, il quale prima attira i topi nell'acqua e poi, col suono del suo strumento, incanta i bambini della città per non farli tornare mai più. Anche il Piccolo Eyolf si getta in acqua stregato dalla Damigella. In generale il topo appare nella leggenda non tanto

vo significato ci si imbatteva subito in radici antichissime e della massima importanza. Visitando un giorno la tomba del padre il paziente aveva visto un grosso animale, che egli aveva preso per un topo, scivolar via lungo il tumulo.[49] Egli credette che fosse uscito dalla tomba del padre e si fosse appena cibato del suo cadavere. L'idea del topo è inseparabilmente collegata con il fatto che esso morde e rode con i suoi denti aguzzi;[50] ma se i topi mordono, sono sozzi e voraci, non possono restare impuniti; gli uomini li perseguitano e li massacrano senza pietà, come il paziente aveva talvolta visto fare, inorridendone. Spesso aveva provato un senso di commiserazione per quelle povere bestie. Ora, egli stesso era stato una volta un piccolo monellaccio disgustoso e sporco, che nella rabbia sapeva mordere chi gli stava vicino ricevendone poi tremende punizioni. Ben poteva ravvisare nel topo il suo "sosia".[51] Il destino si era come dire annunziato attraverso il racconto del capitano richiamando in lui una "parola-stimolo" del complesso, ed egli non aveva mancato di reagire ad essa con l'idea ossessiva.

come animale schifoso, quanto come animale sinistro, si potrebbe dire quasi ctonio ed è usato per raffigurare l'anima dei defunti.

[49] Probabilmente una delle donnole che abbondano nel cimitero centrale di Vienna.

[50] Dice Mefistofele [Goethe, *Faust*, parte prima, scena 3 (trad. it. di Barbara Allason, Einaudi, Torino 1965)]:

Doch dieser Schwelle Zauber zu zerspalten,
Bedarf ich eines Rattenzahns.
. . . .
Noch einen Biss, so ist's geschehn.

[Però per spezzare l'incantesimo di quel limitare
Occorre un dentino di topo
. . . .
Ancora un morsettino, ed è fatto.]

[51] *Faust*, parte prima, scena della Taverna di Auerbach, trad. it. cit.:

Er sieht in der geschwollnen Ratte
Sein ganz natürlich Ebenbild.

[Nel topo enfiato
Vede il suo sosia.]

I topi dunque secondo le sue esperienze più antiche e dense di conseguenze erano bambini. Ed ecco che il malato riferì un particolare che fino allora aveva mancato di inserire nel suo contesto e che ora spiegava appieno l'interesse che egli certamente nutriva per i bambini. La donna che egli aveva corteggiato per tanti anni pur senza potersi decidere a sposarla era condannata alla sterilità a causa di un intervento ginecologico in cui le erano state asportate entrambe le ovaie. Era appunto questa, per lui che amava tanto i bambini, la causa principale delle sue esitazioni.

Solo ora era possibile comprendere l'oscuro processo intervenuto nella formazione della sua ossessione. Con l'aiuto delle teorie sessuali dei bambini e del simbolismo quale lo abbiamo appreso dall'interpretazione dei sogni, tutto poteva tradursi e acquistare senso. Quando, nella sosta pomeridiana (durante la quale aveva smarrito il pince-nez) il capitano raccontò il supplizio dei topi, il paziente era rimasto dapprima turbato dal carattere al tempo stesso crudele e lascivo della situazione descritta. Ma subito dopo si era stabilito il collegamento con la scena della sua infanzia in cui egli stesso aveva dato un morso a qualcuno; il capitano, che poteva farsi fautore di simili punizioni, aveva preso per il paziente il posto del padre e attirato così su di sé una parte dell'animosità che allora egli aveva rivolto contro la crudeltà paterna e che ora gli ritornava dentro. L'idea fugace che qualcosa di simile sarebbe potuta accadere a una persona cara deve probabilmente essere tradotta in un desiderio del tipo: "a te dovrebbe capitare una cosa simile", rivolto contro colui che aveva raccontato il supplizio, ma per suo tramite, contro il padre. Quando, un giorno e mezzo dopo,[52] il capitano gli aveva consegnato il pacchetto sol-

[52] Non la stessa sera, come mi aveva detto la prima volta. È assolutamente inverosimile che il pince-nez ordinato a Vienna potesse essere arrivato lo stesso giorno. Il paziente abbrevia l'intervallo nella memoria perché proprio durante tale intervallo si erano costituite le connessioni di pensiero decisive ed era stato rimosso l'incontro con

lecitandolo a restituire le 3,80 corone al tenente A., il paziente sapeva già che il "superiore crudele" si sbagliava e che in realtà l'unica persona a cui doveva qualcosa era la signorina della posta. Egli avrebbe potuto dunque formulare in cuor suo una qualche risposta derisoria del tipo "Davvero! ma che ti salta in mente?" oppure "Ma sì, un bel fico secco!", o ancora "Ma certo, puoi scommetterci che gli renderò il denaro!", risposte che non sarebbero state sottoposte a necessità alcuna. Invece, dal complesso paterno e dal ricordo della scena infantile testé stimolati, emerse in lui un'altra forma di risposta: "Sì, restituirò il denaro ad A. quando mio padre e la mia amata faranno figli", o "È tanto certo che gli renderò il denaro quanto è certo che mio padre e la mia amata possono avere bambini". Insomma, una promessa sarcastica legata a una condizione assurda e irrealizzabile.[53]

Ormai il delitto era compiuto, egli aveva oltraggiato le due persone che gli erano più care, il padre e l'amata. Ma questo delitto esigeva un castigo e la pena fu di imporre a sé stesso un giuramento, impossibile da mantenere, che implicava di rispettare alla lettera il monito ingiustificato del suo superiore: "*Ora devi restituire veramente il denaro ad A.*" In quest'obbedienza spasmodica egli rimuoveva la sua conoscenza del fatto che il monito del capitano si basava su una falsa premessa: "Sì, devi restituire il denaro ad A., come colui che sta al posto di tuo padre ha preteso da te. E tuo padre non può sbagliare." Allo stesso modo non può sbagliare il re, che se si rivolge a uno dei suoi sudditi con un titolo che non gli compete, per ciò stesso e da quel momento glielo conferisce.

Di questi eventi perviene alla coscienza del malato soltanto una nozione vaga, mentre la ribellione all'ordine del capitano e la sua trasformazione nel contrario sono

l'ufficiale che gli aveva riferito l'amichevole intervento in suo favore da parte della signorina della posta.

[53] Nel linguaggio del pensiero ossessivo l'assurdità ha dunque il significato di sarcasmo, proprio come nei sogni. Vedi *L'interpretazione dei sogni* (1899) cap. 6, § G 6.

rappresentate anche nella sua coscienza. Prima gli era venuta l'idea di *non* rendere il denaro, altrimenti sarebbe successo qualcosa (il supplizio dei topi); poi questa idea si trasforma in un giuramento solenne di senso opposto, come castigo per la ribellione.

Richiamiamo ancora una volta alla memoria la costellazione in cui s'inquadra la genesi della grande idea ossessiva del paziente. La lunga astinenza e l'amichevole atteggiamento su cui poteva contare il giovane ufficiale, da parte delle donne, ne avevano esaltato la libido; inoltre era partito per le manovre separandosi dall'amica con una certa freddezza. L'intensificarsi della libido l'aveva reso incline a riprendere l'arcaica lotta contro l'autorità paterna, ed egli osava pensare a una soddisfazione sessuale con altre donne. I dubbi sulla figura del defunto genitore e le perplessità sui meriti reali dell'amica si erano rafforzati; in questa disposizione d'animo si era lasciato andare a oltraggiare l'uno e l'altra, e di questo si era poi punito. Egli riproduceva in tal modo un antico modello. Quando al termine delle manovre era stato a lungo indeciso se partire per Vienna o restare e adempiere il giuramento, egli aveva rappresentato in un conflitto unico i due conflitti che lo agitavano da sempre: se rimanere o no obbediente al padre e se rimanere o no fedele all'amata.[54]

Ancora una parola sull'interpretazione della sanzione che egli deve rispettare "altrimenti il supplizio dei topi verrà inflitto a entrambi". Essa si basa sull'influenza di due teorie sessuali infantili, di cui ho discusso altrove:[55] la prima, quella secondo cui i bambini uscirebbero dall'ano; e la seconda – conseguenza logica della prima – secondo la quale anche gli uomini potrebbero avere figli

[54] Può essere interessante notare che ancora una volta l'obbedienza al padre coincide con l'allontanamento dalla donna. Se il paziente fosse rimasto per restituire il denaro ad A., avrebbe espiato nei confronti del padre e al tempo stesso avrebbe abbandonato l'amica a qualche altro attraente corteggiatore. In questo conflitto la vittoria spetta alla donna, col soccorso del buon senso, tuttavia.

[55] *Teorie sessuali dei bambini* (1908).

come le donne. Secondo le regole tecniche dell'interpretazione onirica, l'uscire *dall'*ano può essere rappresentato dal suo contrario, l'entrare *nell'*ano (come nel supplizio dei topi), e viceversa.

Non è certamente lecito attendersi per idee ossessive così gravi soluzioni più semplici o che si possano raggiungere con metodi diversi. Ottenuta la soluzione sopra descritta, il delirio dei topi scomparve.

2. *Considerazioni teoriche*[1]

a. *Alcuni caratteri generali delle formazioni ossessive*[2]

La definizione da me data nel 1896 delle rappresentazioni ossessive secondo la quale "esse sono sempre autoaccuse mascherate, che ritornano dalla rimozione e si riferiscono sempre a un atto sessuale dell'infanzia, compiuto ritraendone un piacere",[3] mi appare oggi formalmente criticabile, pur essendo ineccepibili i suoi singoli elementi. Essa tendeva troppo all'unificazione, rifacendosi al modo tipico di procedere degli stessi nevrotici ossessivi, che con la loro caratteristica inclinazione all'indeterminatezza confondono a riuniscono le formazioni psichiche più diverse sotto il nome di "rappresentazioni ossessive".[4] In realtà è più corretto parlare di "pensiero ossessivo" e sottolineare che le formazioni ossessive possono essere costituite dai più diversi atti psichici. Esse

[1] [Questo titolo fu aggiunto nel 1924.]

[2] Diversi punti trattati in questo paragrafo e nel successivo sono già stati menzionati nella letteratura sulle nevrosi ossessive, come si può desumere dall'accurato studio di L. Löwenfeld, *Die psychischen Zwangserscheinungen* (Wiesbaden 1904), che è l'opera fondamentale sull'argomento.

[3] *Nuove osservazioni sulle neuropsicosi da difesa* (1896) § 2.

[4] Il difetto di definizione veniva del resto corretto nello stesso lavoro, là dove scrivevo [tre capoversi più avanti]: "I ricordi riattivati e i rimproveri da essi provenienti non riemergono però mai inalterati nella coscienza; ma ciò che come rappresentazione e affetto ossessivi si fa cosciente, sostituendo per la vita cosciente il ricordo patogeno, costituisce formazione di *compromesso* tra le rappresentazioni rimosse e quelle rimoventi." La parola "mascherate" va dunque sottolineata particolarmente nella definizione.

possono essere definite come desideri, tentazioni, impulsi, riflessioni, dubbi, comandi e divieti. I malati cercano generalmente di attenuare tali distinzioni presentandoci come ossessioni gli atti psichici privati del loro indice affettivo. Un esempio di ciò ci è stato offerto dal nostro paziente quando in una delle prime sedute tentò di ridurre un desiderio a semplice "collegamento di pensieri".

Bisogna inoltre ammettere che sinora neanche la fenomenologia del pensiero ossessivo ha potuto essere approfondita convenientemente. Nella lotta difensiva secondaria condotta dal malato contro le idee ossessive che si sono imposte alla sua coscienza, sono emerse formazioni psichiche meritevoli di una denominazione particolare. Si pensi ad esempio alla serie di pensieri che agitano il nostro paziente durante il ritorno dalle manovre. Quelle che si oppongono ai pensieri ossessivi non sono considerazioni meramente razionali, ma ibridi, per così dire, tra le due specie di pensiero: assumendo in sé alcuni presupposti dell'ossessione che combattono esse si collocano – con i mezzi della ragione – sul piano del pensiero patologico. Io ritengo che simili formazioni meritino la denominazione di "deliri". La distinzione [tra lotta difensiva primaria e secondaria] sarà chiarita da un esempio che deve essere inserito nel suo giusto contesto nella storia del nostro caso. Quando il paziente nel corso dei suoi studi si era dato per un certo periodo a trafficare nel modo stravagante che abbiamo descritto (lavorando fino a notte alta, aprendo la porta al fantasma del padre e contemplandosi poi allo specchio i genitali), egli cercava di tornare in sé chiedendosi che cosa avrebbe detto il padre di tutto ciò se veramente fosse stato ancora in vita. Ma l'argomento restava inefficace finché veniva espresso in questa forma razionale; lo spettro cessò di tormentarlo soltanto dopo che egli ebbe dato allo stesso pensiero la forma di una minaccia "delirante": se avesse ripetuto quelle assurdità, sarebbe accaduta una sventura al padre nell'aldilà.

Il valore della distinzione, certo giustificata, tra lotta

difensiva primaria e secondaria viene ridotto in modo inatteso dalla scoperta che *i malati ignorano l'enunciazione esatta delle proprie idee ossessive*. Questa affermazione che suona paradossale, è invece perfettamente sensata. Nel corso di un trattamento psicoanalitico cresce non soltanto il coraggio del malato, ma anche, per così dire, quello della malattia, la quale si consente manifestazioni più palesi. Fuor di metafora possiamo dire che probabilmente avviene questo: il malato, che fino ad allora aveva distolto con terrore lo sguardo dalle proprie produzioni patologiche, comincia ora a esaminarle con attenzione e impara a conoscerle in modo più chiaro e dettagliato.[5]

A una conoscenza più precisa delle formazioni ossessive perveniamo inoltre per due vie particolari. In primo luogo costatiamo che i sogni possono apportarci il testo autentico di un comando o di un'altra formazione ossessiva, che durante la veglia ci era stato reso noto solo in forma contraffatta e deformata, come in un telegramma incompleto. Questi testi appaiono nel sogno sotto forma di *discorsi*, contrariamente alla regola secondo cui i discorsi del sogno provengono da discorsi pronunciati o uditi nella vita reale.[6] In secondo luogo, seguendo analiticamente la storia di una malattia perveniamo alla convinzione che se diverse rappresentazioni ossessive si succedono una all'altra, se pur non identiche nell'enunciato, esse hanno spesso un unico e identico significato. Respinta una prima volta con successo, l'ossessione ritorna in forma deformata, non viene riconosciuta e forse proprio a causa della sua deformazione può affermarsi meglio nella lotta difensiva. La forma autentica è però quella originaria, che spesso ci rivela apertamente il suo significato. Dopo che abbiamo faticosamente chiarito il senso di un'idea ossessiva incomprensibile, non di rado

[5] Molti malati distolgono a tal punto l'attenzione dalle proprie idee ossessive che sono addirittura incapaci di riferirne il contenuto all'analista o di descrivere un'azione ossessiva che hanno eseguito innumerevoli volte.

[6] Vedi *L'interpretazione dei sogni* (1899) cap. 6, § F 4.

apprendiamo dal malato che un'idea improvvisa, un desiderio o una tentazione come quella che abbiamo ricostruita gli si era effettivamente presentata una volta, prima dell'idea ossessiva, ma non si era conservata. Potrei citare esempi tratti dal caso del nostro paziente, ma occorrerebbe dilungarsi troppo.

Quella che così viene ufficialmente definita "rappresentazione ossessiva" reca dunque nella sua deformazione rispetto a come era stata originariamente enunciata, le tracce della lotta difensiva primaria. La deformazione le consente di sopravvivere, poiché il pensiero cosciente è impossibilitato a comprenderla, analogamente a quanto accade per il contenuto del sogno, anch'esso frutto di compromesso e di deformazione, e ulteriormente frainteso dal pensiero vigile.

Ora, il fraintendimento del pensiero cosciente si constata non soltanto riguardo alle stesse idee ossessive, ma anche riguardo ai prodotti della lotta difensiva secondaria, ad esempio alle formule protettive. Eccone due eccellenti esempi. Il nostro paziente usava come formula difensiva un *aber* [ma] pronunciato rapidamente e accompagnato da un gesto di ripulsa. Un giorno mi riferì che negli ultimi tempi questa formula si era modificata: non diceva più *àber*, ma *abèr*. Interrogato sul motivo di questo cambiamento, mi spiegò che la e atona della seconda sillaba non lo garantiva contro la temuta interpolazione di qualcosa di estraneo e di contrario, e perciò aveva deciso di accentare la e. Questa spiegazione (tipica della nevrosi ossessiva) era comunque del tutto inadeguata; poteva al massimo rivendicare il valore di una razionalizzazione; in realtà, l'*abèr* costituiva un'assimilazione alla parola *Abwehr* [difesa], termine che egli aveva appreso nel corso delle nostre conversazioni sulla teoria psicoanalitica. Il trattamento era stato dunque utilizzato in forma abusiva e delirante per il rafforzamento di una formula difensiva. Un'altra volta il malato mi parlò della sua principale parola magica contro tutte le tentazioni, composta con le iniziali di tutte le preghiere più efficaci e provvista, alla fine, di un *amen*. Non posso riferire questa parola per motivi che appariranno subito chiari. Quando egli me la disse, infatti, non potei fare a meno di osservare ch'essa costituiva di fatto un anagramma del nome della donna amata. Questo nome conteneva una "s" che nell'anagramma appariva per ultima, subito prima dell'*amen*. Potremmo dunque dire che il paziente aveva messo il proprio *Samen* [seme] in contatto con la donna amata: nella sua immaginazione si era cioè masturbato con lei. Di un nesso così evidente il paziente non si era però avveduto; le forze difensive si erano fatte gabbare dalle forze del rimosso. Questo è inoltre un buon esempio in favore della tesi secondo la quale ciò da cui il soggetto si difende trova sempre, prima o poi, il modo di farsi strada proprio attraverso i meccanismi messi in atto per la difesa.

Abbiamo detto che i pensieri ossessivi subiscono una deformazione analoga a quella subìta dai pensieri onirici prima di divenire contenuto manifesto del sogno. Potrebbe essere interessante delucidare la tecnica di questa deformazione e nulla ci impedirebbe di esporne i vari metodi mediante una serie d'idee che abbiamo chiarito e di cui siamo in grado di fornire la traduzione. Ma ancora una volta le condizioni che ci sono state imposte nella pubblicazione di questo caso non ci consentono che di dare qualche esempio singolo. Non tutte le idee ossessive del nostro paziente erano costruite in modo così complesso e difficile da decifrare come la grande ossessione dei topi. In altre era stata impiegata una tecnica molto più semplice, la deformazione era cioè ottenuta per omissione o ellissi; tale tecnica dà risultati particolarmente brillanti nel motto di spirito, ma anche qui la troviamo usata come mezzo di difesa contro la comprensione.

Una delle idee ossessive più antiche e predilette del paziente — avente il valore di un monito, di una messa in guardia — era: "*Se io sposo la donna, accade una disgrazia a mio padre* (nell'aldilà)." Se inseriamo gli elementi intermediari omessi e che ci sono noti dall'analisi, otteniamo la seguente successione di pensieri: "Se mio padre fosse vivo, di fronte al mio piano di sposare quella donna, si adirerebbe come allora, nella scena infantile, di modo che io andrei nuovamente in collera contro di lui e gli augurerei tutto il male possibile; e poi, data l'onnipotenza dei miei desideri,[7] questo male lo colpirebbe davvero."

Un altro caso di soluzione per ellissi, che ha anch'esso valore di monito o di divieto ascetico. Il paziente aveva una deliziosa nipotina, che amava molto. Un giorno gli venne quest'idea: "Se ti permetti un coito, accadrà una disgrazia ad Ella" (cioè essa morirà). Inserendo ciò che è stato omesso: "Tutte le volte che ti accoppierai, anche con un'estranea, sarai costretto a pensare che il rapporto sessuale nel matrimonio non potrà mai darti dei figli (sterilità dell'amata). Ciò ti farà tanto soffrire che diventerai geloso di tua sorella a causa della piccola Ella e le invidierai la bambina. Questi impulsi invidiosi dovranno causare la morte della piccola."[8]

La tecnica di deformazione ellittica sembra essere tipica della nevrosi ossessiva ed è stata da me riscontrata nei pensieri ossessivi anche di altri pazienti. Tra questi, particolarmente trasparente e interessante per certe analogie di struttura con l'idea dei topi è un caso di dubbio in una signora che soffriva principalmente di *azioni* ossessive. Passeggiando per Norimberga insieme al marito, la paziente si era fatta accompagnare in un negozio ove desiderava comperare vari oggetti per la sua bambina, tra cui un pettine. Poiché la scelta andava troppo per le

[7] Per quest'"onnipotenza" vedi oltre.

[8] Dal mio lavoro *Il motto di spirito e la sua relazione con l'inconscio* (1905) cap. 2, § 11, traggo un esempio che illustra l'impiego della tecnica dell'omissione nel motto di spirito: "C'è a Vienna uno scrittore spiritoso e polemico che con l'asprezza delle sue invettive s'è attirato a più riprese le violente reazioni fisiche dei personaggi presi di mira. Un giorno, sentendo che uno dei suoi avversari abituali aveva commesso una nuova malefatta, una terza persona esclamò: '*Se X lo sente, si becca un ceffone*'." Il controsenso scompare se si colma la lacuna che le parole: "*scriverà allora un articolo così pungente contro il responsabile che...*" eccetera. - Questa battuta ellittica presenta un'analogia anche di contenuto con il primo degli esempi succitati.

lunghe per i suoi gusti, il marito le disse che sarebbe intanto andato ad acquistare certe monete viste nella vetrina di un antiquario, e che sarebbe poi tornato a prenderla. Ma alla signora sembrò che l'assenza del marito durasse troppo a lungo. Quando questi fu tornato, gli chiese dove si fosse trattenuto ed egli rispose di esser stato solo dall'antiquario in questione. In quel momento, ella fu colta da un dubbio tormentoso: si chiedeva se il pettine acquistato un momento prima per la figlia non fosse stato invece da lei sempre posseduto. Naturalmente, non era in grado di scoprire il semplice nesso mentale qui implicato: in realtà non possiamo far altro che spiegare il dubbio come frutto di uno spostamento e ricostruire come segue la catena completa dei suoi pensieri inconsci: "Se è vero che sei stato soltanto dall'antiquario, se ci debbo credere, allora posso anche credere che questo pettine che ho acquistato proprio adesso lo posseggo da diversi anni." Si trattava cioè di un parallelismo sfottente, derisorio, come quello che troviamo nell'idea del nostro paziente: "È tanto certo che quei due (il padre e l'amica) faranno dei bambini, quanto è certo ch'io restituirò il denaro ad A." Nella malata il dubbio derivava da una gelosia inconscia che le faceva supporre che il marito avesse approfittato del tempo in cui era stato assente per fare una visita galante.

Non tenterò qui di intraprendere una valutazione psicologica del pensiero ossessivo. Essa darebbe frutti di inestimabile importanza e contribuirebbe a una chiarificazione delle nostre vedute sulla natura del conscio e dell'inconscio più dello studio dell'isteria e di quello dei fenomeni ipnotici. Sarebbe assai auspicabile che quei filosofi e quegli psicologi che elaborano brillanti teorie sull'inconscio basandosi sul sentito dire e sulle loro definizioni convenzionali cominciassero col rifarsi alle impressioni fondamentali che si possono ricavare dalle manifestazioni del pensiero ossessivo; si potrebbe quasi esigerlo, se non si trattasse di un compito molto più faticoso dei metodi di lavoro a cui essi sono avvezzi. Dirò qui soltanto che nella nevrosi ossessiva i processi psichici inconsci irrompono talora nella coscienza nella loro forma più pura e inalterata; che tale irruzione può avere come punto di partenza ogni stadio possibile del processo inconscio di pensiero; e che al momento del loro irrompere nella coscienza le idee ossessive possono perlopiù essere riconosciute come formazioni da gran tempo esistenti. Di qui il singolare fenomeno che costatiamo quando, con l'aiuto del malato, cerchiamo di rintracciare l'epoca in cui un'idea ossessiva si è manifestata per la prima volta: man mano che procede l'analisi, il nevrotico ossessivo è costretto a riportarla a tempi sempre più lontani, e a scoprire motivi sempre nuovi che l'hanno originata.

b. Qualche peculiarità psichica dei nevrotici ossessivi: loro atteggiamento verso la realtà, la superstizione e la morte

Esaminiamo ora alcune caratteristiche psicologiche degli ossessivi, che non appariranno importanti di per sé, ma possono avviare alla comprensione di cose ben più importanti. Nel nostro paziente le troviamo particolarmente pronunciate; siamo tuttavia consapevoli che non bisogna attribuirle a lui come individuo ma ai suoi disturbi e che esse si riscontrano in modo assolutamente tipico in altri ossessivi.

Malgrado l'ottima cultura, la mentalità illuminata e la notevole acutezza di spirito, il nostro paziente era superstizioso in sommo grado, nonostante di quando in quando fosse disposto ad assicurarmi di non credere affatto a quel cumulo di sciocchezze. Egli era dunque a un tempo superstizioso e non superstizioso e si distingueva nettamente dai superstiziosi ignoranti che si sentono tutt'uno col loro credo. Sembrava ch'egli si rendesse conto che la sua superstizione dipendeva dal pensiero ossessivo e ciononostante, a volte, si abbandonava completamente ad essa. Questo comportamento oscillante e contraddittorio si può meglio comprendere alla luce di una determinata ipotesi esplicativa. Non ho esitato a presumere che egli avesse in materia non una sola opinione ancora indeterminata, ma due convinzioni distinte e opposte. Il suo oscillare dall'una all'altra dipendeva visibilmente dall'atteggiamento che egli aveva di volta in volta nei confronti della sua malattia ossessiva. Quando riusciva a vincere una delle sue ossessioni rideva della propria credulità con assoluta chiarezza di giudizio, e nulla che si fosse verificato in quelle circostanze avrebbe potuto fargli cambiare parere; ma appena tornato sotto il dominio di un'ossessione non ancora risolta — o, ciò che fa lo stesso, di una resistenza — gli accadevano i fatti più strani a supporto dell'atteggiamento superstizioso.

La sua superstizione era pur sempre quella di una persona colta, e rifuggiva dai pregiudizi volgari come la paura del venerdì, del 13 e simili. Credeva però alle premonizioni e ai sogni profetici; gli capitava continuamente di incontrare persone a cui aveva pensato senza alcun motivo poco prima, riceveva lettere da conoscenti persi di vista da anni e tornatigli improvvisamente alla mente proprio in quei giorni ecc. Tuttavia, era abbastanza onesto, o meglio abbastanza fedele alla sua convinzione ufficiale, da non dimenticare che in molti casi aveva avuto presentimenti intensissimi che non si erano avverati affatto, come ad esempio la precisa sensazione che l'aveva colto una volta, partendo per la villeggiatura, che non sarebbe ritornato vivo a Vienna. Ammetteva anche che la quasi totalità delle premonizioni concernevano cose che non rivestivano per lui alcuna importanza particolare, e che quando incontrava un conoscente cui non aveva pensato per molto tempo e che gli era venuto in mente proprio qualche istante prima, non accadeva poi nulla tra lui e la persona così miracolosamente riapparsa. Né naturalmente poteva negare che tutti gli avvenimenti importanti della sua vita si erano verificati senza che egli ne avesse alcuna premonizione, così per esempio la morte del padre. Ma tutti questi argomenti non modificavano in nulla il dissidio delle sue opinioni; dimostravano soltanto il carattere ossessivo della sua superstizione, già deducibile, del resto, dal parallelismo tra le oscillazioni di questa e quelle della resistenza.

Non ero naturalmente in grado di dare una spiegazione razionale di tutte le storie miracolose del suo remoto passato, ma quanto ai prodigi analoghi che gli capitarono durante il trattamento potei dimostrargli che egli stesso partecipava alla loro produzione e indicargli i mezzi di cui si serviva a questo fine. Egli lavorava con visione e lettura indirette,[9] con dimenticanze e soprattutto con falsi ricordi. Alla fine fu egli stesso ad aiutarmi a scoprire i piccoli giuochi di prestigio con i quali attuava quei miracoli. Interessante come radice infantile della credenza del paziente nei presentimenti e nelle predizioni è il seguente ricordo da lui serbato. Spesso la madre, quando si trattava di fissare una data per qualcosa, diceva: "Quel tal giorno no, perché dovrò restare a letto." E senza fallo quel giorno rimaneva a letto!

Era evidente nel malato il bisogno di trovare nelle vicende di ogni giorno consimili appigli per la sua superstizione: a tal fine rivolgeva un'attenzione tutta particolare alle numerose, inspiegabili e ben note coincidenze della vita quotidiana e, quando esse non bastavano, gli veniva in soccorso la propria attività inconscia. Tale bisogno è stato da me costatato in diversi altri ossessivi e sospetto che sia presente in un numero di casi ancora maggiore. Esso mi sembra agevolmente spiegabile se si prendono in considerazione le caratteristiche psicologiche della nevrosi ossessiva. Come ho già spiegato, in questa malattia la rimozione non si effettua mediante l'amnesia, ma attraverso il venir meno dei nessi causali che consegue alla sottrazione di affetto. Ora, questi nessi rimossi appaiono serbare una sorta di forza ammonitrice — che ho altrove paragonato a una percezione endopsichica[10] — così che essi vengono, mediante una proiezione, trasferiti nel mondo esterno e quivi danno testimonianza di ciò che è stato cancellato dalla coscienza.

[9] [Vale a dire con l'uso delle parti esterne della retina anziché della macula lutea.]

[10] *Psicopatologia della vita quotidiana* (1901) cap. 12, § C.

Un altro bisogno psicologico comune ai nevrotici ossessivi presenta una certa affinità con quello testé citato e la sua delucidazione ci consente di penetrare a fondo nello studio delle pulsioni. Si tratta del bisogno di *incertezza* nella vita o di *dubbio*. La creazione dell'incertezza costituisce uno dei metodi di cui si serve la nevrosi per distogliere il malato dalla *realtà* e isolarlo dal mondo, tendenza comune, del resto, ad ogni disturbo psiconevrotico. Anche qui è evidentissimo quanto i pazienti si sforzino di evitare ogni certezza e di perseverare nel dubbio; anzi, in certuni questa tendenza trova vivida espressione nell'avversione per gli orologi — che rendono certa quantomeno la determinazione del tempo — e in piccoli stratagemmi eseguiti inconsciamente per rendere innocui questi e altri strumenti che eliminano il dubbio. Il nostro paziente aveva sviluppato una particolare abilità nell'eludere ogni informazione che avrebbe potuto essergli utile a prendere una decisione riguardo al suo conflitto. Così si teneva all'oscuro di fatti relativi all'amata, che erano di importanza determinante per il suo eventuale matrimonio: apparentemente non sapeva dire chi l'avesse operata e se l'operazione alle ovaie era stata unilaterale o bilaterale ecc.

L'inclinazione all'incertezza e al dubbio fa sì che l'ossessivo rivolga di preferenza i suoi pensieri ad argomenti incerti per tutti gli uomini, in relazione ai quali le nostre conoscenze e il nostro giudizio restano necessariamente sottoposti al dubbio. Fra questi i più importanti sono la discendenza dal padre, la durata della vita, la vita dopo la morte, la memoria di cui abitualmente ci fidiamo senza avere la minima garanzia della sua attendibilità.[11]

[11] Come dice Lichtenberg: "L'astronomo sa se la luna sia abitata o no, all'incirca con la stessa sicurezza con cui sa chi sia stato suo padre, ma con ben altra sicurezza sa invece chi è sua madre." Un gran progresso della civiltà si compì il giorno in cui l'uomo decise di avvalersi, accanto alla testimonianza dei sensi, della deduzione logica e di passare dal matriarcato al patriarcato. Le figure preistoriche in cui si vede una piccola forma umana seduta sul capo di un'altra più grande rappresentano appunto la discendenza dal padre, Atena senza madre

Nelle nevrosi ossessive l'incertezza della memoria è usata abbondantemente per la formazione dei sintomi; quanto alla durata della vita e all'aldilà, vedremo tra breve quale importanza abbiano nel pensiero dei malati. Ma prima di proseguire ritengo opportuno soffermarmi ancora per un poco su un tratto particolare della superstizione del nostro paziente a cui ho già accennato, e che non avrà mancato di stupire più di un lettore.

Mi riferisco all'*onnipotenza* attribuita dal soggetto ai propri pensieri e sentimenti, nonché ai propri desideri, sia buoni che cattivi. Si è certo tentati di dichiarare che quest'idea è un delirio che oltrepassa i limiti della nevrosi ossessiva; ma la stessa convinzione è stata da me riscontrata in un altro paziente ossessivo che è guarito da lungo tempo e che conduce una vita normale; e in realtà tutti i nevrotici ossessivi si comportano come se condividessero tale convinzione. Sarà dunque nostro compito chiarire questa sopravvalutazione. Ammettiamo fin d'ora che in questa credenza si rivela apertamente un tratto dell'antica megalomania infantile, e chiediamo al nostro paziente su cosa basi la sua convinzione. Egli risponde richiamandosi a due esperienze. Quando entrò per la seconda volta nell'istituto idroterapico in cui il suo male aveva risentito il primo e unico miglioramento, chiese di avere la stessa camera che per la sua posizione aveva favorito i suoi rapporti con una delle infermiere. Gli venne risposto che la camera era già presa, e che l'occupava un vecchio professore. A questa notizia, che gli faceva veder molto ridotte le possibilità di riuscita della cura, egli aveva reagito con una frase poco amabile: "Che gli venga un colpo!" Due settimane dopo si svegliò di notte, turbato dall'idea di un cadavere, e l'indomani mattina apprese che il professore era veramente morto di un colpo e che era stato portato in camera più o meno

scaturisce dal capo di Giove. Ancor oggi, in tedesco, il testimone che attesta qualcosa davanti a una corte giudicante si chiama Zeuge [letteralmente "generatore"], per la parte che ha il maschio nell'atto di procreazione; già nei geroglifici troviamo rappresentato il testimone con l'immagine dei genitali maschili.

all'ora del suo risveglio. L'altra esperienza riguardava una donna nubile, non più giovane e assai bisognosa d'affetto, che per parecchio tempo aveva cercato di suscitare le sue simpatie e che un giorno gli aveva esplicitamente chiesto se egli non potesse volerle un po' di bene. Egli aveva risposto evasivamente; e qualche giorno dopo venne a sapere che la donna si era gettata dalla finestra. Cominciò allora a rimproverarsi e a dire a sé stesso che sarebbe stato in suo potere salvarle la vita se le avesse accordato il suo affetto. In tal modo, egli aveva acquistato la convinzione dell'onnipotenza del suo amore e del suo odio. Senza voler negare l'onnipotenza dell'amore, mi preme sottolineare che in ambedue i casi si tratta di morte, e concludere che il paziente, come altri nevrotici ossessivi, è costretto a sopravvalutare l'effetto dei suoi sentimenti ostili in relazione al mondo esterno, perché alla sua coscienza sfugge gran parte dell'effetto psichico interno di quegli stessi sentimenti. Il suo amore, o piuttosto il suo odio, esercita davvero uno strapotere; esso crea appunto quei rapporti ossessivi di cui il soggetto non comprende l'origine e da cui si difende senza successo.[12]

Il nostro paziente aveva un atteggiamento tutto particolare riguardo al problema della morte. Prendeva vivissima parte a tutti i lutti e seguiva con devoto fervore tutti i funerali, tanto che i fratelli, prendendosi giuoco di lui, avevano finito col dargli appellativo sfottente di "uccello funebre". Inoltre, nella fantasia faceva continuamente morire delle persone, per poter poi esprimere le sue vive condoglianze ai parenti del defunto. La morte di una sorella maggiore, avvenuta quando egli aveva circa tre anni e mezzo, aveva gran parte nelle sue fantasie ed era venuta a porsi in strettissimo rapporto con le bricconate commesse in quell'epoca della sua infanzia.

[12] [*Nota aggiunta nel* 1923] L'onnipotenza dei pensieri, o più esattamente dei desideri è stata in seguito riconosciuta come elemento essenziale della vita psichica dei popoli primitivi. Vedi *Totem e tabù* (1912-13) cap. 3, § 3.

Sappiamo poi come i pensieri relativi alla morte del padre lo avessero precocemente agitato e possiamo anzi considerare la stessa malattia come una reazione a tale evento, che egli quindici anni prima aveva desiderato in modo ossessivo. Il fatto sorprendente che i suoi timori ossessivi si estendevano alla vita dell'aldilà non era altro che una compensazione per questi desideri di morte riferiti al padre. Apparsa per la prima volta un anno e mezzo dopo la morte del padre, in occasione di una recrudescenza del dolore del figlio, tale estensione aveva lo scopo di revocare la morte del padre, a dispetto della realtà e per appagare un desiderio che egli aveva già cercato di realizzare per mezzo di ogni sorta di fantasie. Come abbiamo visto in più punti la frase "nell'aldilà" va appunto tradotta con le parole "se mio padre fosse ancora vivo".

Bisogna dire che il comportamento di altri nevrotici ossessivi non è molto diverso da quello del nostro paziente, anche se non li ha posti di fronte al fenomeno della morte in età così precoce. Il loro pensiero si arrovella costantemente intorno alla durata della vita e alle probabilità di morte di qualcuno; le loro tendenze superstiziose non hanno dapprima altro contenuto e, probabilmente, altra origine. Ma, innanzitutto, questi malati hanno bisogno della possibilità della morte per risolvere i conflitti lasciati insoluti. È loro caratteristica essenziale di essere incapaci di prendere decisioni, particolarmente in materia di amore; essi sono soliti rimandare ogni decisione, e nel dubbio sulla persona da scegliere o sui provvedimenti da adottare contro una persona, sono costretti a scegliere come modello il vecchio tribunale imperiale tedesco, i cui processi abitualmente finivano prima che fosse pronunciata la sentenza, per avvenuto decesso delle parti in causa. Così in ogni loro conflitto vitale essi non fanno che spiare la morte di un individuo importante per loro e perlopiù caro, sia esso uno dei genitori o uno degli oggetti d'amore tra cui oscilla la loro scelta o un rivale.

Ma con questo riconoscimento del complesso di morte nelle nevrosi ossessive sfioriamo già il problema della vita pulsionale dei nevrotici ossessivi, di cui ora dovremo occuparci.

c. *Vita pulsionale dei nevrotici ossessivi e origine della coazione e del dubbio*

Se vogliamo pervenire alla conoscenza delle forze psichiche in gioco nella genesi del nostro caso di nevrosi dobbiamo rifarci a ciò che ci è stato detto dal paziente sulle cause immediate della sua malattia nell'età adulta e nell'infanzia. Il male si manifestò quando, verso i vent'anni, posto di fronte alla tentazione di sposare un'altra donna invece di quella da tempo amata, egli evitò ogni decisione relativa a questo conflitto, procrastinando tutte le azioni preliminari che sarebbero state necessarie; e i mezzi per far questo gli furono offerti dalla nevrosi. L'esitazione tra la donna amata e l'altra può esser ricondotta al conflitto tra l'influenza del padre e l'amore per la donna, ossia a un conflitto di scelta tra il padre e l'oggetto sessuale, quello stesso che – stando ai ricordi e alle idee ossessive – si era già presentato nella sua seconda infanzia. È altresì evidente che in tutta la sua vita era esistita in lui una lotta tra amore e odio e nei confronti del padre e dell'amata. Le fantasie di vendetta e i fenomeni ossessivi come la coazione a capire o l'armeggìo con il sasso per la strada attestano questo dissidio interiore, entro certi limiti comprensibile e normale poiché la donna gli aveva effettivamente fornito motivi d'ostilità prima col suo rifiuto, poi con la sua freddezza. Ma lo stesso dissidio di sentimenti dominava anche il suo atteggiamento verso il padre – come risulta dalla traduzione dei suoi pensieri ossessivi – e anche il padre doveva avergli dato, nell'infanzia, motivi di ostilità, come abbiamo potuto stabilire con certezza o quasi. Il suo atteggiamento verso l'amata – un misto di tenerezza e ostilità – rientrava in gran parte nell'ambito della sua percezione cosciente; tutt'al più poteva ingannarsi circa l'intensità e il modo in cui si manifestavano i suoi sentimenti negativi. L'ostilità per il padre, invece, di cui un tempo era stato vivamente consapevole, gli era da lungo tempo divenuta ignota, e per riportarla alla coscienza fu necessario superare resistenze violentissime. Nella rimozione dell'odio infantile verso il padre noi ravvisiamo l'evento che sospinse irresistibilmente nell'orbita della nevrosi tutti gli avvenimenti ulteriori della sua vita.

I conflitti di sentimento che abbiamo enumerato separatamente, non erano indipendenti l'uno dall'altro, ma saldati a due a due. L'odio per l'amata va accoppiato con l'attaccamento al padre, e viceversa. Ma le due correnti conflittuali che risultano da questa semplificazione — il contrasto tra il rapporto con il padre e quello con la donna e la contraddittoria compresenza di amore e odio in ciascuno di questi rapporti — non hanno nulla a che fare l'una con l'altra né dal punto di vista del contenuto né da quello genetico. Il primo dei due conflitti corrisponde alla normale oscillazione tra uomo e donna come oggetti della scelta d'amore, scelta davanti a cui il bambino viene posto per la prima volta con la famosa domanda: "a chi vuoi più bene, al papà o alla mamma?" e che l'accompagna poi tutta la vita, nonostante le differenze individuali nell'evoluzione delle intensità affettive e nella fissazione della meta sessuale definitiva. Bisogna aggiungere tuttavia che normalmente questo contrasto perde ben presto il suo carattere di contrapposizione netta, di *aut-aut* inesorabile; si crea un margine per le prerogative ineguali delle due parti, benché, anche nell'individuo normale, la valorizzazione di un sesso si renda comunque evidente a spese del deprezzamento del sesso opposto.

Meno familiare ci appare l'altro conflitto, quello tra amore e odio. Sappiamo che le fasi iniziali dell'innamoramento vengono spesso sentite come odio, che l'amore cui è negata soddisfazione si trasforma facilmente, almeno in parte, in odio, e i poeti c'insegnano che nelle fasi più tempestose dell'innamoramento i due sentimenti opposti possono coesistere per un certo tempo in competizione l'uno con l'altro. Ma una compresenza cronica di amore e odio — entrambi della più grande intensità —

verso la stessa persona non può non sorprenderci. Ci saremmo aspettati che il grande amore avesse da tempo sopraffatto l'odio o si fosse lasciato divorare da quello. Ed effettivamente, simile sopravvivenza dei contrari è possibile solo in speciali condizioni psicologiche e grazie al concorso di ciò che accade nell'inconscio. L'amore non è riuscito a spegnere l'odio, è riuscito solo a respingerlo nell'inconscio, dove esso, al riparo dall'azione demolitrice della coscienza, può vivere e persino crescere. In tali circostanze l'amore cosciente si sviluppa generalmente, per reazione, fino a raggiungere una intensità straordinaria, ciò che gli consente di perpetuare il compito assegnatogli di mantenere il suo antagonista nella rimozione. Una separazione dei contrari avvenuta molto precocemente, nel periodo preistorico dell'infanzia, e accompagnata dalla rimozione di uno dei sentimenti (solitamente l'odio) sembra la condizione prima di questa singolare costellazione della vita amorosa.[13]

Se consideriamo nel loro insieme un certo numero di analisi di nevrotici ossessivi non possiamo sottrarci all'impressione che il rapporto tra amore e odio così come l'abbiamo riscontrato nel nostro paziente costituisca una delle caratteristiche più frequenti, più pronunciate e perciò probabilmente più importanti della nevrosi ossessiva. Ma per quanto possa sembrare allettante porre il problema della "scelta della nevrosi" in relazione alla vita pulsionale, vi sono tuttavia buoni motivi per respingere questa tentazione; bisogna ricordare infatti che in tutte le nevrosi troviamo alla base dei sintomi le stesse pulsioni represse. L'odio tenuto represso nell'inconscio dall'amore riveste fra l'altro grande importanza anche nella patogenesi dell'isteria e della paranoia. Conosciamo troppo poco l'essenza dell'amore per arrischiare un giudizio definitivo; in particolare, il rapporto tra il fattore

[13] Si confronti con quanto è stato detto su quest'argomento in una delle prime sedute. - [*Aggiunta nel 1923*] Bleuler ha in seguito creato per questa costellazione affettiva l'appropriato termine di "ambivalenza". Vedansi del resto le mie ulteriori considerazioni su quest'argomento nel saggio *La disposizione alla nevrosi ossessiva* (1913).

negativo dell'amore[14] e la componente sadica della libido ci è ancora del tutto oscuro. Ciò che stiamo per dire ha pertanto solo il valore di una spiegazione provvisoria. Nei casi di odio inconscio di cui stiamo parlando, la componente sadica dell'amore si è probabilmente costituzionalmente sviluppata in modo particolare, subendo conseguentemente una repressione precoce e assolutamente radicale; i fenomeni della nevrosi che abbiamo osservato, deriverebbero quindi da una parte dalla tenerezza cosciente esaltata per reazione, e dall'altra dal sadismo operante nell'inconscio sotto forma di odio.

Ad ogni modo, comunque si spieghi questo singolare rapporto tra amore e odio, la sua presenza è posta fuor di dubbio dall'osservazione del nostro paziente, ed è incoraggiante vedere come divengano intelligibili tutti i processi enigmatici della nevrosi ossessiva mettendoli in relazione con quest'unico fattore. Se è vero che al profondo amore si trova collegato e opposto un odio quasi altrettanto intenso, ne consegue immediatamente una parziale paralisi della volontà, un'incapacità di prendere decisioni riguardo a tutte quelle azioni la cui forza motivante debba risiedere nell'amore. Ma l'indecisione non resta confinata a lungo a un singolo gruppo di azioni; giacché, innanzitutto, quali sono gli atti di un innamorato che non sono in rapporto con il suo motivo fondamentale? In secondo luogo, il comportamento sessuale possiede una sua forza archetipica, alla quale tendono a conformarsi tutte le altre reazioni di un individuo; in terzo luogo, tra le caratteristiche psicologiche della nevrosi ossessiva vi è l'ampio uso del meccanismo dello *spostamento*. In tal modo l'incapacità di decisione si estende, a poco a poco, ad ogni attività dell'individuo.[15]

[14] Dice Alcibiade di Socrate, nel *Convito*: "Quante volte ho desiderato di non vederlo più tra i vivi! Eppure se ciò accadesse, lo so, ne sarei ancora più infelice... tanto inerme, tanto assolutamente inerme, sono di fronte a lui."

[15] Si confronti la figurazione "mediante un particolare piccolo" come tecnica del motto di spirito, in *Il motto di spirito e la sua relazione con l'inconscio* (1905) cap. 2, § 11.

Così s'instaura l'imperio della *coazione* e del *dubbio*, quale ci appare nella vita psichica dei nevrotici ossessivi. Il dubbio corrisponde alla percezione interna dell'indecisione che, in seguito all'inibizione dell'amore da parte dell'odio, si impadronisce del malato di fronte a qualsiasi prospettiva di azione. Si tratta in fondo di un dubbio circa l'amore (che, soggettivamente, dovrebbe essere la cosa più sicura), il quale si propaga ad ogni altra cosa e si sposta di preferenza sulle inezie più insignificanti. Chi dubita del proprio stesso amore non può forse, o anzi non deve, dubitare anche di tutto il resto che gl'importa molto meno? [16]

Questo stesso dubbio provoca incertezza riguardo alle misure protettive che il paziente adotta e alla loro continua ripetizione, intesa a eliminare quest'incertezza; esso riesce, alla fine, a rendere queste stesse misure altrettanto ineseguibili quanto la decisione d'amore originariamente inibita. All'inizio delle mie ricerche fui indotto a supporre un'altra e più generale origine dell'incertezza nella nevrosi ossessiva, che più sembrava avvicinarsi alla norma. Se per esempio mentre sono intento a scrivere una lettera vengo disturbato dalle domande che qualcuno mi pone, provo in seguito un giustificato senso d'incertezza rispetto a ciò che posso aver scritto mentre mi disturbavano, e per rassicurarmi non riesco a fare a meno di rileggere la lettera appena terminata. Potevo dunque anche supporre che l'incertezza degli ossessivi, ad esempio nelle loro preghiere, fosse dovuta a fantasie inconsce che interferiscono ininterrottamente con le loro preghiere e le disturbano. Questa supposizione era giusta

[16] I versi d'amore di Amleto a Ofelia (atto 2, scena 2):

Doubt thou the stars are fire;
Doubt that the sun doth move;
Doubt truth to be a liar;
But never doubt I love.

[Dubita che le stelle siano fuoco;
Dubita che il sole giri;
Dubita che la verità sia menzogna;
Giammai non dubitare del mio amore.]

e si concilia senza difficoltà con la nostra precedente affermazione. È vero infatti che l'incertezza circa l'effettiva esecuzione di una misura protettiva dipende dall'interferenza molesta di fantasie inconsce; ma è altresì vero che queste fantasie contengono proprio l'impulso contrario, quello che la preghiera si proponeva di combattere. Ciò risultò una volta in tutta evidenza, nel nostro paziente, poiché l'elemento di disturbo non rimase inconscio ma si lasciò distintamente percepire. Durante la preghiera, al momento di pronunciare la formula "Dio la protegga", proruppe improvvisamente dall'inconscio un "non" ostile che si inserì nella frase, ed egli si rese conto che stava per pronunciare una maledizione. Se quel "non" fosse restato muto, si sarebbe anch'egli trovato in uno stato di incertezza, e avrebbe protratto indefinitamente le sue preghiere; invece, dopo aver reso esplicita la sua fantasia egli finì coll'abbandonare la preghiera. Prima di farlo, però, tentò — come altri ossessivi — ogni sorta di espedienti per prevenire l'intrusione in massa dei pensieri opposti, abbreviando le preghiere, recitandole rapidamente ecc.; altri ancora si sforzano di *isolare* accuratamente le loro azioni protettive da tutto il resto. Ma a lungo andare tutti questi stratagemmi si palesano vani; appena l'impulso amoroso è riuscito a ottenere qualche risultato grazie al suo spostamento su un'azione insignificante, l'impulso ostile lo raggiunge e ne annienta l'opera.

Quando poi l'ossessivo scopre l'anello debole della nostra vita psichica per quanto riguarda la certezza, ossia l'inattendibilità della memoria, ciò lo mette nelle condizioni di estendere il dubbio ad ogni cosa, anche alle azioni già portate a termine e non ancora connesse al complesso amore-odio, nonché a tutto il passato. Ricorderò a questo proposito il caso della signora che aveva appena acquistato un pettine per la figlioletta e poi, divenuta sospettosa nei riguardi del marito, cominciò a chiedersi se non avesse posseduto quel pettine da parecchi anni. Questa donna dice a chiare lettere: "Se posso dubitare del tuo amore — e questa non è altro che una proiezione del dubbio riguardo al proprio amore verso di lui — allora posso dubitare anche di questo, posso dubitare di tutto", rivelandoci così il senso nascosto del dubbio nevrotico.

La *coazione*, invece, rappresenta un tentativo di compensare il dubbio e di correggere le intollerabili condizioni di inibizione di cui esso reca testimonianza. Se il malato è finalmente riuscito, con l'aiuto dello spostamento, a prendere una decisione in favore di una delle intenzioni inibite, questa *deve* venir eseguita; naturalmente non si tratta più dell'intenzione originaria, ma l'energia accumulata su di essa non rinuncerà più all'opportunità che le si offre di trovare la sua scarica nell'atto sostitutivo. Essa si esprime ora in comandi ora in divieti, a seconda che sia l'impulso amoroso o quello ostile a conquistare questa via verso la scarica. La tensione che si produce allorché il malato non esegue il comando ossessivo è insopportabile e viene avvertita in forma di intensissima angoscia. Ma la stessa via che conduce all'azione sostitutiva, spostata su di un fatto insignificante, viene contestata così accanitamente, che l'azione riesce generalmente ad affermarsi soltanto sotto forma di una misura protettiva intimamente legata all'impulso da respingere.

Inoltre, grazie a una specie di *regressione*, il posto della decisione definitiva viene preso da atti preparatori, il pensare si sostituisce al fare e un qualche pensiero preliminare all'atto si impone con imperiosa violenza al posto dell'azione sostitutiva. A seconda che la regressione dal fare al pensare sia più o meno marcata, il caso di nevrosi ossessiva assume le caratteristiche del pensiero ossessivo (rappresentazione ossessiva) o quelle dell'azione ossessiva in senso stretto. Le azioni ossessive vere e proprie sono tuttavia rese possibili soltanto da una sorta di conciliazione, in esse, dei due impulsi antagonisti, mediante formazioni di compromesso. Esse si avvicinano cioè sempre più — e sempre più chiaramente col protrarsi della nevrosi — ad atti sessuali infantili di tipo onanistico. Cosicché in questa forma di nevrosi si giunge sì ad atti amorosi, ma solo con l'aiuto di una nuova regressione:

non già ad atti diretti verso una persona — oggetto d'amore e di odio — ma ad atti autoerotici come nell'infanzia.

Il primo tipo di regressione (quella dal fare al pensare) viene favorita da un altro fattore, che concorre alla genesi della nevrosi. Nella storia degli ossessivi troviamo quasi sempre la prematura comparsa e la rimozione precoce della pulsione sessuale di guardare e di conoscere, che anche nel nostro paziente aveva dominato una parte dell'attività sessuale infantile.[17]

Abbiamo già accennato all'importanza della componente sadica nella genesi della nevrosi ossessiva; quando nella costituzione del malato prevale la pulsione di conoscere, principale sintomo della nevrosi diviene il rimuginare. Il processo stesso del pensiero viene sessualizzato nella misura in cui il piacere sessuale, solitamente in rapporto con il contenuto dell'atto di pensiero, è diretto verso l'atto del pensare in sé e per sé, e la soddisfazione provata nel conseguimento di un risultato intellettuale viene avvertita come soddisfazione sessuale. Nelle diverse forme di nevrosi in cui svolge una funzione, la pulsione di conoscere trae da questo suo rapporto con i processi di pensiero una particolare idoneità a dirottare l'energia che tenta invano di trovare le vie dell'azione verso la sfera del pensiero, dove è data la possibilità di ottenere una forma diversa di soddisfacimento del piacere. In tal modo, con l'aiuto della pulsione di conoscere, l'azione sostitutiva continua ad essere a sua volta sostituita da atti di pensiero preparatori. Il differimento dell'atto viene presto rimpiazzato dall'indugiare del soggetto nel pensiero, sicché alla fine l'intero processo viene trasferito su di un altro terreno senza abbandonare nessuna delle sue particolarità, un po' come una casa che venga traslocata con tutto ciò che contiene, com'è d'uso in America.

Sulla base delle considerazioni precedenti vorrei ora

[17] Le considerevoli qualità intellettuali che in genere possiedono i malati ossessivi sono probabilmente in relazione anche a questo fatto.

tentare di definire il fattore psicologico che da tempo abbiamo cercato di individuare, quello che conferisce ai prodotti di questa forma di nevrosi il loro carattere "ossessivo". Divengono ossessivi i processi di pensiero che a causa dell'inibizione (dovuta a un conflitto di impulsi opposti all'estremità motoria del sistema psichico) si effettuano con un dispendio di energia che normalmente, sia dal punto di vista quantitativo che da quello qualitativo, è destinata all'azione; si tratta cioè di *pensieri che devono regressivamente far le veci di azioni*. Non credo che si possa contestare la mia supposizione che, per motivi economici, il pensiero normalmente si realizza con minori spostamenti d'energia, se pure probabilmente a un livello più elevato [d'investimento], di quelli occorrenti per azioni destinate alla scarica e al mutamento del mondo esterno.

Ciò che riesce a irrompere nella coscienza con violenza estrema sotto forma di pensiero ossessivo deve poi esser protetto dai tentativi del pensiero cosciente intesi a dissolverlo. Come già sappiamo, questa protezione viene assicurata dalla *deformazione* subìta dal pensiero ossessivo prima che esso divenga cosciente. Ma non è questo l'unico mezzo. Ogni idea ossessiva viene quasi sempre allontanata dalla sua situazione originaria, nella quale essa, malgrado la deformazione, sarebbe stata più facilmente intelligibile. A questo fine, da una parte viene intercalato, tra la situazione patogena e l'idea ossessiva che da essa scaturisce, *un intervallo* che fuorvia la ricerca dei nessi causali del pensiero cosciente; dall'altra il contenuto dell'idea ossessiva viene svincolato dal suo specifico contesto, mediante una *generalizzazione*.

Ne abbiamo un esempio nella "coazione a capire" del nostro paziente. Un altro esempio, forse migliore, lo dà una malata che si proibiva di portare qualsiasi gioiello benché la causa di ciò fosse da ricercare in un singolo gioiello ch'ella aveva invidiato alla madre e che aveva sperato di ricevere un giorno in eredità. Infine, se vogliamo distinguere la deformazione verbale dalla deformazione di contenuto, un altro mezzo di cui può servirsi l'idea ossessiva per proteggersi dai tentativi di dissoluzione ad opera della coscienza, è la scelta di una espressione linguistica imprecisa o equivoca. Essa, dopo esser stata fraintesa viene introdotta nei deliri, e gli sviluppi successivi o le sostituzioni dell'ossessione si baseranno sul malinteso anziché sul senso proprio del testo. Va notato tuttavia che i deliri si sforzano di allacciare rapporti sempre nuovi con quella parte del contenuto e dell'enunciato dell'ossessione che il pensiero cosciente non ha preso in considerazione.

Vorrei tornare alla vita pulsionale dei nevrotici ossessivi per un'ultima osservazione. Il nostro paziente era anche un *olfattivo*; ricordava che da bambino era capace, come i cani, di distinguere le persone dall'odore, e anche ora era sensibile alle percezioni olfattive più degli altri.[18] Ho riscontrato una particolarità analoga in altri nevrotici, sia ossessivi che isterici, e ho appreso a tener conto dell'importanza, nella genesi del male, di un piacere di odorare scomparso poi fin dall'infanzia.[19] In linea generale ci si potrebbe chiedere se l'atrofia dell'olfatto (risultato inevitabile dell'assunzione della posizione eretta da parte dell'uomo) e la conseguente rimozione organica del piacere olfattivo non siano in buona parte responsabili dell'idoneità degli uomini a diventare nevrotici. Ciò spiegherebbe perché nell'evoluzione della civiltà proprio la vita sessuale sia stata sacrificata alla rimozione. Conosciamo infatti da tempo l'intimo legame che nell'organizzazione animale esiste tra istinto sessuale e funzione dell'organo olfattivo.

A titolo di conclusione esprimerò la speranza che da questo mio lavoro, per la verità incompleto sotto ogni riguardo, altri tragga incitamento a ulteriori fruttuose indagini su questa forma di nevrosi. Il carattere saliente di questo male, quello che lo distingue dall'isteria, va ricer-

[18] Aggiungo che nell'infanzia aveva manifestato spiccate tendenze coprofile. Confronta quanto è stato detto a suo luogo sull'erotismo anale del soggetto (pp. 103 sgg.).

[19] Ad esempio in certe forme di feticismo.

cato, a mio avviso, non nella vita pulsionale ma nei rapporti psicologici. Non posso lasciare il mio paziente senza dire ch'egli mi dava l'impressione d'essere per così dire scisso in tre personalità: una inconscia, e due preconsce tra cui la sua coscienza poteva oscillare. L'inconscio conglobava gli impulsi precocemente repressi, che potremmo definire passionali e cattivi; in condizioni normali era buono, amante della vita, pieno di buon senso, intelligente e colto; ma in una terza organizzazione psichica indulgeva alla superstizione e all'ascetismo; in tal modo egli poteva farsi sostenitore di due diverse concezioni e di due diverse visioni del mondo. Questa personalità preconscia conteneva prevalentemente le formazioni reattive dei suoi desideri rimossi, ed era facile prevedere che, perdurando il male, essa avrebbe finito col distruggere la personalità normale. Ho attualmente la possibilità di studiare il caso di una paziente che soffre di ossessioni gravi, la quale è parimenti scissa in una personalità lieta e tollerante, e in un'altra ascetica e profondamente conturbata; la malata mette avanti la prima come suo Io ufficiale, mentre in realtà è dominata dalla seconda. Ambedue queste organizzazioni psichiche hanno accesso alla coscienza, ma dietro alla personalità ascetica si può scoprire la parte inconscia del suo essere, che le è assolutamente ignota, costituita com'è da impulsi di desiderio da gran tempo rimossi, appartenenti al suo più remoto passato.[20]

[20] [*Nota aggiunta nel 1923*] Il mio paziente, che grazie all'analisi recuperò la salute psichica, è caduto durante la grande guerra, come tanti altri giovani ricchi d'ingegno e d'avvenire.

L'uomo dei lupi

Avvertenza

Il figlio ventitreenne di un ricchissimo avvocato e proprietario terriero di Odessa, affetto già da parecchi anni da una grave nevrosi che gli impediva di svolgere autonomamente qualsiasi attività, si affidò nel 1910 alle cure di Freud, che lo tenne in analisi fino al luglio del 1914. Ma il minuzioso resoconto che Freud si accinse a scrivere di lì a qualche mese non corrisponde al trattamento di questa malattia dell'età adulta — trattamento peraltro difficilissimo e conclusosi felicemente solo grazie all'espediente tecnico inusitato di fissare una scadenza all'analisi. Esso è invece la ricostruzione (o meglio la "costruzione" psicoanalitica) di una nevrosi fobica di cui il paziente aveva sofferto fin dai primi anni della sua vita e che si era protratta con i suoi postumi fino al decimo anno di età. La malattia presente è in qualche modo una riedizione o continuazione di quella antica: infatti, solo quando emergono i dati e i ricordi che consentono la "costruzione" della nevrosi infantile, la cura, che aveva subìto un gravissimo ristagno, si avvia improvvisamente verso un esito risolutivo. Ciò conferma inequivocabilmente la "importanza del fattore infantile" per le nevrosi dell'età adulta: questa importanza Freud rivendica qui, contro Adler e Jung che la contestano, come uno dei capisaldi irrinunciabili della teoria psicoanalitica (vedi oltre p. 192).

La polemica contro i dissidenti, introdotta con veemenza in Per la storia del movimento psicoanalitico *(1914) e portata avanti sul piano dottrinale dall'*Introduzione al narcisismo *(1914), può avvalersi dunque finalmente, per uno dei suoi punti più dolenti, di un'illustrazione probante.* Aus der Geschichte einer infantilen Neurose, *la più ampia e forse più* importante storia clinica freudiana, celeberrima come "caso clinico dell'uomo dei lupi", nasce con questo intento dimostrativo: in essa si sente la fierezza di Freud per aver saputo trovare, sul terreno oggettivo e ormai sapientemente collaudato dell'indagine clinica, l'experimentum crucis della propria "verità". Scritto fra l'ottobre e il novembre del 1914 e pubblicato solo nel 1918 con due significative integrazioni (vedi oltre p. 145, nota), il "caso" fu ulteriormente rivisto da Freud per l'edizione definitiva del 1924 nella quale sono modificate soprattutto le indicazioni temporali relative agli avvenimenti narrati: le variazioni e aggiunte che il "caso" ha subìto nell'ultima edizione sono segnalate nel testo qui presentato.

Ma i rapporti dell'"Uomo dei lupi" con Freud e la psicoanalisi non si conclusero nell'estate del 1914. Tornato a Vienna nel 1919 – la guerra e la rivoluzione lo avevano nel frattempo spogliato di tutte le sue ricchezze – il giovane russo fu ripreso in cura da Freud, che eseguì gratuitamente il trattamento e addirittura promosse fra amici e colleghi una colletta che consentisse al suo paziente – che nel frattempo si era sposato – di sopravvivere. Nel lavoro del 1937 sull'Analisi terminabile e interminabile, dove vengono riprese e discusse alcune importanti questioni tecniche sollevate da questo caso, Freud riferirà che al termine di questo secondo trattamento (durato dal novembre 1919 al febbraio 1920) il paziente continuò a vivere a Vienna in uno stato di salute piuttosto soddisfacente, seppure interrotto da alcuni episodi morbosi. Di questi ultimi si occupò l'allieva di Freud Ruth Mack Brunswick, su consiglio di Freud stesso il quale le indirizzò il suo vecchio paziente che nell'estate del 1926 era tornato da lui con alcuni nuovi sintomi. Di questo supplemento di analisi, che durò dall'ottobre 1926 al febbraio 1927 (ma un ulteriore trattamento fu condotto dalla stessa analista anche due anni dopo) la Brunswick fornì un esauriente resoconto che pubblicò nel 1928, e a cui appose, nel 1945, una nota che forniva ulteriori notizie sulla vita dell'Uomo dei lupi fino al 1940.[1] Nel frattempo, nel 1938, costui si era legato di una solida e duratura amicizia con un'altra psicoanalista, l'americana Muriel

[1] Ruth Mack Brunswick, *A Supplement to Freud's History of an Infantile Neurosis*, Int. J. Psycho-Anal., vol. 9, 439 (1928); vedilo in W. Reich e altri, *Letture di psicoanalisi* (Boringhieri, Torino 1972) pp. 94-139.

Gardiner, che nel 1952 pubblicò un resoconto dei suoi incontri con l'ex paziente di Freud dal 1938 al 1949.[2] La stessa Gardiner ha curato nel 1971 un volume che, oltre a riprendere tutto il materiale psicoanalitico succitato (compreso il "caso clinico" di Freud) e averlo arricchito di nuovi dati e osservazioni cliniche, contiene alcuni capitoli di un'autobiografia scritta dallo stesso Uomo dei lupi.[3]

A fare di questo il caso più noto e più frequentemente citato nella letteratura psicoanalitica concorre, come si vede, un fattore assolutamente eccezionale nella storia del movimento: a differenza del reticente e schivo piccolo Hans, che sappiamo condusse, da adulto, una vita coronata da successo, contrariamente alla celebre Anna O., divenuta in seguito una nota eroina del movimento "femminista" col vero nome di Berta Pappenheim, apparentemente dimentica, però, della propria "storia clinica", e a differenza dei molti pazienti, guariti o non, la cui identità e la cui storia successiva rimangono affidate alla segretezza professionale degli archivi, l'uomo dei lupi (ancora vivo fino a qualche anno fa) si è posto al servizio della psicoanalisi sino a divenire lui stesso, come ironicamente si esprimeva Freud, "un pezzo di psicoanalisi". L'Uomo dei lupi ha parlato, ha scritto, ha risposto a lettere e a inchieste, ha rievocato la propria esperienza con Freud, contribuendo alla "fortuna" della disciplina in cui non ha mai smesso di credere, malgrado le frequenti ricadute e la perenne difficoltà a vivere.

Le memorie dell'Uomo dei lupi furono redatte in età tarda e non tanto con l'intento di rettificare quel che già si sapeva della sua nevrosi infantile, quanto piuttosto per trovare, nella rievocazione autobiografica, una "ragione di vita". A ciò lo aveva del resto sollecitato più volte l'amica analista Muriel Gardiner. In esse si racconta la storia di un uomo che dalla nevrosi non fu mai abbandonato del tutto, e che già prima di "trovare" la psicoanalisi aveva invano cercato sollievo presso i più eminenti psichiatri dell'epoca (Ziehen e Kraepelin); e insieme si racconta la catastrofe sociale ed economica di un ricco proprietario terriero della Russia zarista che perde tutta la

[2] MURIEL GARDINER, Meeting with the Wolf-Man, Bull., Philad. Ass. Psychoanal., vol. 2, 32 (1952).

[3] MURIEL GARDINER (a cura di), *The Wolf-Man by the Wolf-Man* (Basic Books, New York 1971).

sua fortuna durante la guerra e per la rivoluzione, e che si acconcia a vivere modestamente senza troppo infierire contro la sorte avversa, in esilio, lui, già gran signore di campagna, in una Vienna rovinata dall'inflazione, accudendo, oltre che a sé, a una moglie tedesca, malata e nevrotica, che finirà per suicidarsi senza apparente ragione (una "scelta oggettuale", quella della moglie Therese, che pure Freud aveva approvato, allorché il paziente gliela aveva presentata: "sembra una zarina", aveva detto Freud). È una storia triste di un uomo triste che ben poco aggiunge e certo nulla toglie e nulla corregge a quanto sappiamo e comprendiamo di lui dalla storia, raccontata da Freud, della sua nevrosi infantile.

In realtà, lo scritto di Freud (e, almeno in gran parte, anche il supplemento d'analisi della Brunswick) non riguarda la vita di quest'uomo ma, per così dire, le sue premesse. Freud, infatti, non riferisce quasi nulla dei sintomi e dei disturbi di cui soffriva il giovane ventitreenne da lui seguito per più di quattro anni di analisi; e parimenti la sua allieva, che pure considera e cura la "paranoia a carattere ipocondriaco" da cui era afflitto il paziente nell'ottobre del 1926, finisce per ascriverla a un residuo della traslazione nei confronti di Freud, mentre l'analisi è condotta in larga misura sulle varianti che "il sogno dei lupi" viene subendo nel corso del trattamento, durante il quale si rinnova tre volte. E poiché non disponiamo né del resoconto clinico della seconda analisi condotta da Freud fra il 1919 e il 1920, né di quello della Brunswick eseguito nel 1928, a dispetto della ricca documentazione messa insieme dalla Gardiner, il vero "caso" rimane quello della nevrosi infantile, nella quale campeggia la "scena primaria" e il relativo sogno dei lupi. Anche il paziente, che pure nelle memorie parla anche d'altro, sembra rimanervi ancorato se in una lettera alla Gardiner scrive, nel 1945, senza alcuna ironia: "Nulla può avere maggior valore per un giovane dell'amore per la natura e in particolare per gli animali. Gli animali hanno avuto molta importanza anche nella mia infanzia. Nel mio caso, si trattava di lupi."

Tuttavia vorremmo saperne di più giacché ci sembra che la riduzione della lunga e difficile vita di quest'uomo a un "momento" teoretico, pur così rilevante e per il paziente e per la psicoanalisi, abbia forzatamente posto in ombra un materiale analitico che sollecita l'interpretazione. Per questo, il caso freudiano nel suo complesso e in particolare, naturalmente, la "scena primaria" – la scena cioè del bambino di un anno e mezzo che assiste al coito a tergo fra i genitori e che reagisce a questa esperienza traumatica sino a trasformarla nel sogno di cinque-sette lupi sull'albero che lo guardano fissi attraverso la finestra improvvisamente spalancatasi – hanno sollecitato e sollecitano tuttora interrogativi e critiche. Già dalla prima discussione pubblica del caso, nella seduta del 17 marzo 1915 della Società psicoanalitica di Vienna, risulta chiara l'antinomia fra "esperienza" e "fantasia", e cioè fra la "realtà" del fatto, – il bambino avrebbe realmente assistito alla scena poi trasformata nel sogno – e la sua fantasia o "irrealtà" – il bambino, dopo alcuni anni, in ogni caso al momento del sogno, occorsogli, per la prima volta, verso il quarto anno d'età, avrebbe fantasticato questa scena, ad essa sovrapponendo un'esperienza ben diversamente o per nulla traumatica: la vista dell'accoppiamento di cani da pastore, non certo peregrina o infrequente, per chi, come lui, era avvezzo a passeggiare nella vasta tenuta del padre e a visitare le greggi che ivi pascolavano. Il resoconto della discussione, redatto da Rank, è singolarmente secco e breve, quasi a indicare il dissenso che lo stesso Rank, poco più di dieci anni dopo, avrebbe espresso pubblicamente, determinando la rottura con Freud.[4] Rank sosterrà, per il sogno dei lupi, un'interpretazione del tutto diversa, riconducendolo alla "situazione analitica" (un'espressione che corrisponde, grosso modo, alla "traslazione" freudiana): il sognatore sarebbe il paziente adulto che, dalla posizione sdraiata in cui si trova durante il trattamento, vede sulle pareti dello studio di Freud un certo numero di ritratti di maestri e colleghi dell'analista, mentre, attraverso la finestra, può scorgere gli alberi che adornano il giardino della casa. A Rank risponde Ferenczi, che nel 1927 ribadisce l'interpretazione di Freud;[5] e a soccorrerlo interviene lo stesso Uomo dei lupi che in una lettera aveva scritto a Freud: "...non ho ragione di porre in dubbio la correttezza della memoria (...) Io ho descritto il sogno dei lupi all'inizio della mia cura, per quanto posso ricordarmi un mese o due dopo il

[4] O. Rank, Technik der Psychoanalyse I. Die analytische Situation (Vienna 1926).

[5] S. Ferenczi, Zur Kritik der Rankschen "Technik der Psychoanalyse", Int. Z. Psychoanal., vol. 13, 1 (1927).

suo inizio. Esso fu chiarito solamente alla fine del trattamento"; e la lettera conteneva alcuni altri particolari, che Ferenczi non riferisce, atti a convalidare l'interpretazione freudiana di una connessione fra il sogno e la scena primaria. Da parte sua Freud offre a Ferenczi, oltre alla testimonianza dell'Uomo dei lupi, altri dati di fatto: le fotografie alle pareti, negli anni intorno al 1911, erano solo due o tre, dunque non potevano trasformarsi in cinque o sette analisti-lupi... Come si vede, sono conferme ben precise: il protagonista che fornisce, per tutta la vita, la versione originaria, e il piccolo "dato di fatto" numerico che rende improponibile la versione di Rank.

Bisogna sottolineare tuttavia che quello che a Freud premeva non era tanto la realtà fattuale della scena primaria, quanto piuttosto la sua realtà "psichica". Da questo punto di vista egli stesso avvertì una certa "resistenza" a prestar credito ai dati da cui tale scena era stata costruita. E affermò esplicitamente che l'esito sarebbe stato il medesimo sia che la (improbabile) scena fosse stata effettivamente esperita in una età tanto acerba, sia che essa fosse stata fantasticata retrospettivamente a partire dal sogno dei lupi che aveva inaugurato la zoofobia infantile. Quel che conta per Freud è che il caso dell'uomo dei lupi conferma il "fatto" della sessualità infantile. E questo "fatto" appartiene ormai alla scienza della psicoanalisi, non più soltanto alla sua storia.

DALLA STORIA DI UNA NEVROSI INFANTILE

1. *Premessa*

Il caso clinico che mi accingo a riferire[1] – ancora una volta in modo frammentario – si distingue per una serie di particolarità che è opportuno mettere in rilievo prima di passare all'esposizione vera e propria. Esso riguarda un giovane la cui salute aveva subìto un crollo in seguito a un'infezione blenorragica contratta nel diciottesimo anno d'età, e che quando iniziò il trattamento psicoanalitico, parecchi anni più tardi, era assolutamente incapace di affrontare la vita e di fare a meno dell'altrui aiuto. Aveva trascorso in modo pressoché normale i dieci anni dell'adolescenza prima che insorgesse la malattia e condotto a termine senza speciali difficoltà gli studi secondari.

I suoi primi anni invece erano stati dominati da gravi disturbi nevrotici i quali, presentatisi subito prima del compimento del

[1] [*Nota del 1918*] Questo caso clinico è stato redatto poco dopo la conclusione del trattamento nell'inverno 1914-15, mentre era ancor viva in me l'impressione delle interpretazioni distorte che C. G. Jung e Alfred Adler avevano dato delle scoperte psicoanalitiche. Pertanto questo lavoro si riallaccia al saggio *Per la storia del movimento psicoanalitico* (1914), pubblicato nel "Jahrbuch der Psychoanalyse"; e completa, grazie a un'obiettiva valutazione del materiale analitico, la polemica di carattere sostanzialmente personale ivi contenuta. Originariamente il lavoro era destinato al volume successivo del Jahrbuch, ma poiché per gli ostacoli dovuti alla grande guerra l'apparizione di quest'ultimo è stata rinviata a un'epoca imprecisata, mi sono deciso ad aggiungere questo caso clinico alla presente raccolta dei miei scritti pubblicati per iniziativa di un nuovo editore [si tratta della "Sammlung kleiner Schriften zur Neurosenlehre" edita da Heller a Vienna]. Nel frattempo ho dovuto inserire nelle lezioni dell'*Introduzione alla psicoanalisi* (1915-17) alcuni temi che avrebbero dovuto esser resi espliciti per la prima volta in questo lavoro. Il testo primitivo non ha subìto alcuna modifica importante; le [due] aggiunte sono riportate in parentesi graffa. [Vedi oltre pp. 195 sgg. e 233 sgg.]

quarto anno d'età sotto forma di isteria d'angoscia (zoofobia), si erano poi trasformati in una nevrosi ossessiva a contenuto religioso, protrattasi con i suoi postumi fino al decimo anno d'età.[2]

Oggetto delle comunicazioni che seguono sarà soltanto questa nevrosi infantile. Ho difatti ritenuto tecnicamente inattuabile e socialmente inammissibile riferire la storia completa della malattia, del trattamento e della guarigione del paziente, benché questi mi avesse sollecitato esplicitamente a farlo. Con ciò cade anche la possibilità di indicare le connessioni tra la sua malattia infantile e quella che si è sviluppata in seguito in forma definitiva. Circa quest'ultima dirò soltanto che a causa di essa il malato ha trascorso un lungo periodo in sanatori tedeschi, dove il suo caso è stato classificato da chi di dovere come uno "stato maniaco-depressivo". La diagnosi si attagliava certamente al padre del paziente, la cui vita, densa d'attività e d'interessi, era stata a più riprese sconvolta da attacchi di grave depressione. Ma quanto al figlio, in parecchi anni di osservazione, non ho mai potuto riscontrare alcuna variazione d'umore che per intensità o per le condizioni del suo insorgere risultasse inadeguata alla situazione psichica in cui egli palesemente si trovava. Mi sono fatto l'opinione che questo caso – come tanti altri ai quali la psichiatria clinica dispensa le diagnosi più varie e mutevoli – va concepito come l'esito di una nevrosi ossessiva risoltasi spontaneamente, ma imperfettamente.

La mia relazione si riferisce dunque a una nevrosi infantile analizzata non già mentre era in atto, ma quindici anni dopo la sua conclusione. Questa situazione, confrontata con l'altra, ha i suoi vantaggi e i suoi svantaggi. L'analisi effettuata direttamente sul bambino nevrotico parrà a tutta prima più attendibile, ma essa non può avere un contenuto molto ricco; occorre prestare al bambino troppe parole e troppi pensieri e, anche così, non è detto che gli strati più profondi risultino accessibili alla coscienza. L'analisi di una malattia infantile compiuta con la mediazione dei ricordi di un individuo adulto intellettualmente maturo è esente da queste limitazioni; essa dovrà tuttavia tener conto dei travisamenti e degli aggiustamenti cui è soggetto il nostro passato quando ci volgiamo a guardarlo a distanza. Il primo caso ci dà forse risultati più

[2] [Nelle edizioni prima del 1924 era scritto: "fino all'ottavo anno".]

convincenti; il secondo è in compenso di gran lunga più istruttivo.

Si può comunque affermare che le analisi delle nevrosi infantili possono rivendicare un interesse teorico elevatissimo. Esse forniscono all'esatta comprensione delle nevrosi dell'adulto più o meno lo stesso contributo dei sogni infantili rispetto ai sogni dell'adulto. Non che le nevrosi infantili siano più facili da penetrare o più povere di elementi, giacché anzi la difficoltà di immedesimarsi nella vita psichica infantile rende il lavoro del medico particolarmente arduo. Ma in esse mancano così tante delle successive stratificazioni, che l'essenza della nevrosi salta agli occhi in modo inequivocabile. Nell'attuale fase della lotta intorno alla psicoanalisi, la resistenza contro le scoperte psicoanalitiche ha assunto, com'è noto, una forma nuova. In passato ci si contentava di contestare la veridicità dei fatti asseriti dalla psicoanalisi; e a tal scopo la tecnica migliore sembrava quella di evitarne la verifica. Sembra che a poco a poco questo procedimento si stia esaurendo; oggi si batte la strada nuova di riconoscere i fatti, ma di eluderne le conseguenze per mezzo in interpretazioni distorte che ottengono ugualmente lo scopo di tenere a bada le novità che non sono gradite. Lo studio delle nevrosi infantili prova l'assoluta inadeguatezza di questi superficiali o arbitrari tentativi di reinterpretazione. Questo stesso studio rivela l'enorme funzione che nello strutturarsi della nevrosi svolgono le forze pulsionali libidiche la cui esistenza è così spesso contestata, e consente di riconoscere la mancanza di qualsiasi aspirazione verso lontani obiettivi culturali di cui il bambino nulla sa e che pertanto nulla significano per lui.

Un altro aspetto notevole dell'analisi che mi accingo a presentare si collega alla gravità della malattia e alla durata del trattamento. Le analisi che raggiungono in breve una felice conclusione sono preziose perché accrescono la considerazione che il medico ha di sé stesso e testimoniano l'importanza terapeutica della psicoanalisi. Ma per quanto concerne il progresso delle conoscenze scientifiche, sono perlopiù irrilevanti. Da queste analisi non si apprende nulla di nuovo. Se si sono concluse felicemente con tanta rapidità è proprio perché sapevamo già tutto quello ch'era necessario per portarle a termine. Si apprende qualcosa di nuovo soltanto da quelle analisi che presentano difficoltà tali da esigere molto tempo per superarle. Solo in questi casi si riesce a scendere negli strati più profondi e primitivi dell'evoluzione psichica e ad attingere colà le soluzioni dei problemi presentati dalle formazioni successive. Ci si dice allora che, a rigor di termini, solo l'analisi che si è spinta così a fondo merita questo nome. Naturalmente, un singolo caso non può ragguagliarci su tutto quel che desideriamo sapere, o meglio potrebbe farlo se fossimo in grado di comprendere questo tutto e se l'inesperienza della nostra stessa percezione non ci obbligasse a contentarci di poco.

Quanto a siffatte feconde difficoltà il caso che mi accingo a descrivere non lascia nulla a desiderare. I primi anni di trattamento non apportarono quasi alcun mutamento. Per un felice concorso di fattori diversi fu possibile procedere nel tentativo terapeutico a dispetto di tutte le circostanze esterne; ma posso facilmente immaginare che in condizioni meno favorevoli la cura sarebbe stata abbandonata dopo un certo periodo. Per quanto riguarda il medico dirò soltanto che se vuole imparare qualche cosa o raggiungere qualche risultato deve comportarsi, di fronte a un caso del genere, con la stessa "atemporalità" dell'inconscio. Vi riuscirà a un patto: se saprà rinunciare ad ogni miope ambizione terapeutica. Non ci si potrà attendere, se non in pochissimi casi, la pazienza, la docilità, la comprensione e la fiducia che da parte del malato e dei suoi congiunti sarebbero auspicabili nei confronti del medico. Ma l'analista potrà dirsi che i risultati tanto faticosamente ottenuti con un determinato paziente l'aiuteranno in seguito ad abbreviare sostanzialmente la durata del trattamento di un altro caso altrettanto grave, e a superare così, gradualmente, l'"atemporalità" dell'inconscio a cui si è sottomesso la prima volta.

Il paziente di cui sto per occuparmi si trincerò per parecchio tempo dietro un atteggiamento di docile indifferenza. Stava a sentire, capiva, ma restava inattingibile. La sua irreprensibile intelligenza era come messa fuori giuoco dalle forze pulsionali che dominavano il suo comportamento nelle scarse relazioni umane che ancora possedeva. Fu necessaria una lunga educazione per indurlo ad assumersi la sua parte nel lavoro analitico, e non appena grazie a questo sforzo si ebbero i primi segni di liberazione, egli interruppe il lavoro nell'intento di impedire nuovi mutamenti e starsene tranquillamente nella situazione acquisita. Il suo orrore di un'esistenza indipendente era talmente grande da controbilanciare tutte le pene della malattia. Non c'era che un modo di superarlo. Dovetti attendere che l'attaccamento alla mia persona fosse divenuto abbastanza forte da equiparare quell'orrore, poi giocai questo fattore contro l'altro. Quando da indizi inequivocabili mi resi conto che era giunto il momento di farlo, palesai al paziente la seguente decisione: a una certa data, indipendentemente dai progressi compiuti, il trattamento avrebbe dovuto concludersi. Ero risoluto a rispettare questo termine; il paziente si convinse finalmente che facevo sul serio. Sotto la pressione inesorabile di questa scadenza la sua resistenza e la fissazione alla malattia cedettero, e in un tempo straordinariamente breve l'analisi fornì tutto il materiale necessario per la soluzione delle inibizioni del malato e l'eliminazione dei suoi sintomi. Da quest'ultima fase del lavoro, durante la quale la resistenza fu temporaneamente eliminata e il paziente dimostrò una lucidità che normalmente si ottiene solo nell'ipnosi, emersero anche tutti gli elementi che mi permisero la comprensione della sua nevrosi infantile.

L'evoluzione di questo trattamento illustrò dunque un principio di tecnica analitica da tempo messo nel dovuto rilievo. La lunghezza della via che l'analisi deve percorrere col paziente e la quantità del materiale incontrato su questa via e di cui è necessario rendersi padroni non hanno alcuna importanza se confrontati alla resistenza da superare nel corso del lavoro, o meglio, hanno importanza solo in quanto sono necessariamente proporzionali alla resistenza stessa. Le cose procedono cioè come quando un esercito nemico impiega settimane e mesi per attraversare un territorio che in tempo di pace un direttissimo avrebbe percorso in poche ore, e che l'esercito del paese occupato ha precedentemente coperto in pochi giorni.

Una terza particolarità di quest'analisi ha reso ancor più ardua la mia decisione di pubblicarla. Nell'insieme i suoi risultati hanno coinciso in modo soddisfacente con le nostre precedenti conoscenze o con esse si sono rivelati compatibili. Tuttavia alcuni dettagli sono apparsi anche a me talmente sorprendenti e incredibili che ho esitato a chiedere ad altri di prestarvi fede. Esortato a vagliare il più rigorosamente possibile i propri ricordi, il paziente sostenne di non trovare nulla di inverosimile nelle dichiarazioni resemi e ad esse si attenne fermamente. Che i lettori siano almeno persuasi che quelli che riferirò sono fatti venutimi innanzi da soli, a prescindere dalle mie aspettative in proposito, che per nulla li hanno influenzati. Non mi restava che ricordarmi delle sagge parole: ci sono più cose, tra cielo e terra, di quante ne insegni la nostra filosofia.[3] E di queste cose, ne scropriranno certo di più coloro che sapranno prescindere radicalmente da convinzioni preconcette.[4]

[3] [Dall'*Amleto* di Shakespeare, atto 1, scena 5.]

[4] [La cronologia piuttosto complicata del caso diventa più perspicua grazie alla nota aggiunta nel 1923, vedi oltre pp. 259 sg.]

2. *Sguardo generale all'ambiente e alla storia della malattia*

Non sono in grado di scrivere la storia del mio paziente né dal punto di vista puramente cronologico né da quello puramente tematico; non posso fornire né la sola storia del trattamento né la sola storia della malattia; mi vedo quindi costretto a fondere i due sistemi di esposizione. È noto che non s'è ancora trovato il modo di trasmettere al resoconto di un'analisi la forza persuasiva che emana dall'analisi stessa. Né servirebbe a questo scopo la redazione di verbali esaustivi di quel che accade durante le sedute; comunque tale procedimento non è compatibile con le regole tecniche del trattamento. Resoconti come questi non si pubblicano dunque per convincere chi finora ha rifiutato la psicoanalisi o ha assunto nei suoi confronti un atteggiamento scettico; l'intento di queste pubblicazioni è di recare un contributo originale destinato unicamente agli studiosi che si sono già procurati le loro convinzioni grazie a esperienze personali condotte sui malati.

Comincerò col fare un quadro del mondo che attorniava il soggetto da bambino, e col riferire quella parte della sua storia infantile che si lasciò assodare senza difficoltà e che nel corso di parecchi anni non fu possibile rendere né più completa né più perspicua.

Genitori sposati giovani, che conducono una vita coniugale ancora felice, su cui ben presto le rispettive malattie gettano le prime ombre. La madre comincia a soffrire di disturbi addominali, il padre ha le prime crisi di depressione che ne provocano l'assenza da casa. Naturalmente il paziente imparerà a conoscere la malattia del padre solo molto più tardi; la sofferenza della madre invece gli è nota fin dai primi anni dell'infanzia.

A causa di questa ella si occupa relativamente poco dei bambini. Un giorno, certamente prima del suo quarto anno d'età,[1] tenuto per mano dalla mamma, il piccolo la segue mentre ella riaccompagna il medico e la sente lamentarsi con quest'ultimo; le sue parole gli si imprimono profondamente nella mente ed egli le applicherà più tardi a sé medesimo. Non è figlio unico; ha una sorella di due anni circa maggiore di lui, vivace, dotata, e precocemente maliziosa, la quale avrà grande importanza nella sua vita.

I primi ricordi del paziente risalgono all'epoca in cui è affidato alle cure di una bambinaia – una incolta e anziana donna del popolo che gli prodiga instancabilmente tutto il proprio affetto. Egli rappresenta per lei il sostituto di un figlioletto morto in tenera età. La famiglia vive in una tenuta di campagna e d'estate si trasferisce in un'altra tenuta. Entrambi i possedimenti non distano molto dalla città (più tardi verranno venduti e la famiglia si trasferirà in città; l'avvenimento costituirà una netta cesura nell'infanzia del bambino). Nell'una o nell'altra tenuta vengono spesso ospitati per lunghi periodi parenti prossimi: fratelli del padre, sorelle della madre con i loro bambini, i nonni materni. D'estate i genitori sogliono assentarsi per un viaggio di qualche settimana. In un ricordo di copertura il paziente si vede mentre insieme alla bambinaia guarda allontanarsi la vettura che trasporta il padre, la madre e la sorella; egli rientra poi in casa allegramente. Doveva essere allora molto piccolo.[2] L'estate seguente la sorella fu lasciata a casa e per la supervisione dei bambini fu assunta una governante inglese.

Molti episodi della sua infanzia furono appresi dal paziente più tardi, dai racconti dei familiari.[3] Molti fatti li rammentava

[1] [Nelle edizioni precedenti a quella del 1924 era scritto: "forse nel suo sesto anno d'età". Vedi p. 214, nota.]

[2] Due anni e mezzo. Più tardi fu possibile determinare con sicurezza quasi tutte le date.

[3] Il materiale di questa provenienza può in genere essere considerato perfettamente attendibile. Si sarebbe perciò quasi tentati di colmare facilmente le lacune mnemoniche del paziente mediante inchieste svolte presso i membri più anziani della famiglia; tuttavia, non sconsiglierò mai abbastanza questo modo di procedere. Ciò che ci dicono i congiunti quando li interroghiamo o li sollecitiamo è esposto ad ogni sorta di obiezioni critiche. Ci si pente sempre di essersi resi dipendenti da queste informazioni, di aver disturbato la fiducia nel-

egli stesso, ma naturalmente erano disarticolati dal punto di vista cronologico e del contenuto. Uno di questi racconti, ripetuto infinite volte in sua presenza in occasione della successiva malattia, ci mette di fronte al problema di cui dovremo occuparci. Pare che in un primo tempo egli fosse stato un bambino dolcissimo, docile e piuttosto tranquillo, tanto che in casa si era soliti dire che avrebbe dovuto lui nascer femmina e la sorella maschio. Ma una volta, al ritorno dal solito viaggio estivo, i genitori lo trovarono trasformato. Era diventato scontento, irritabile, violento; per un nonnulla si offendeva e, preso dall'ira, si metteva a strepitare selvaggiamente; al punto che i genitori, perdurando questo stato, esternarono la preoccupazione che più tardi non sarebbe stato possibile mandarlo a scuola. Era l'estate in cui c'era stata la governante inglese, ben presto rivelatasi persona balzana, intrattabile e per giunta dedita al bere. La madre era perciò propensa ad attribuire il cambiamento di carattere del figlioletto all'influenza di costei, che presumibilmente l'aveva irritato col suo modo di trattare. La perspicace nonna, che aveva trascorso l'estate insieme ai bambini, riteneva invece che l'irritabilità del maschietto fosse stata provocata dai dissapori che si erano verificati tra l'inglese e la bambinaia. La prima aveva più volte dato della strega alla seconda, costringendo quest'ultima a uscire dalla stanza; il piccolo aveva preso apertamente le parti della *nanja*[4] diletta ed esternato alla governante tutto il suo odio. Comunque stessero le cose, l'inglese venne licenziata poco dopo il ritorno dei genitori, senza che ciò provocasse peraltro il benché minimo cambiamento nel carattere insopportabile del bambino.

Il ricordo di questo periodo di "cattiveria" si è conservato nella memoria del paziente. A suo dire, egli avrebbe fatto la prima scenata il giorno di Natale perché non aveva ricevuto la doppia dose di regali che gli era dovuta dal momento che in quel giorno ricorreva anche il suo compleanno. Con la sua petulanza e le sue permalosità non risparmiava neppure la cara

l'analisi e di aver posto al di sopra di essa un'istanza che la giudica. Ciò che è suscettibile d'esser ricordato verrà in luce ad ogni modo nel corso ulteriore del trattamento analitico.

[4] [*Nanja* = nutrice nella lingua del paziente che, come vedremo, era russo. Usiamo la traslitterazione adottata da Freud anche se la parola russa si pronuncia *njanja*.]

nanja, anzi le lamentele più insistenti erano forse riservate proprio a lei. Ma questo periodo di alterazione del carattere è indissolubilmente connesso nel ricordo del paziente con molti altri fenomeni strani e patologici ch'egli non sa collocare secondo un ordine cronologico. Tutti i fatti che sto per riferire (che certo non si sono verificati contemporaneamente e presentano una quantità di contraddizioni interne) egli li riunisce alla rinfusa in un unico periodo, che è solito chiamare "ancora al tempo della prima tenuta". Questa tenuta era stata lasciata, gli sembra, quand'egli aveva cinque anni.[5] A un certo punto racconta di aver sofferto di una paura che veniva sfruttata dalla sorella per tormentarlo. In un certo libro illustrato c'era la figura di un lupo che stava eretto, nell'atto di allungare il passo. Alla vista di questa figura egli si metteva a urlare come un ossesso poiché era preso dal terrore che il lupo venisse da lui per divorarlo. La sorella d'altro canto faceva sempre in modo che la figura gli capitasse davanti agli occhi e si dilettava moltissimo del suo spavento. In quel periodo egli aveva paura anche di altri animali, grandi e piccoli. Una volta, mentre stava correndo per acchiappare una bella grande farfalla dalle ali a punta striate di giallo (probabilmente un "macaone"[6]), lo aveva colto una paura terribile dell'insetto e gridando aveva abbandonato la caccia. Anche i coleotteri e i bruchi gli incutevano paura e orrore. Tuttavia, ricorda di avere in quello stesso periodo tormentato coleotteri e tagliuzzato bruchi. Anche i cavalli gli ispiravano un senso di inquietudine; se vedeva picchiare un cavallo si metteva a gridare, motivo per cui una volta si dovette condurlo fuori dal circo durante una rappresentazione. In altre occasioni, però, provava egli stesso gusto a picchiare i cavalli. Se questi atteggiamenti contraddittori verso gli animali fossero veramente sussistiti contemporaneamente, o se piuttosto non si fossero alternati (e allora in quale ordine e quando), i ricordi del paziente non permette-

[5] [Il paziente si riferisce probabilmente alla residenza di campagna in cui la famiglia trascorreva la maggior parte dell'anno (vedi sopra p. 152). Quando entrambe le proprietà furono vendute qualche tempo dopo, la famiglia ne acquistò un'altra (vedi oltre p. 231). Questa informazione è stata fornita da Freud stesso ai traduttori inglesi Alix e James Strachey.]

[6] [*Schwalbenschwanz*. Qui e più oltre, all'inizio del § 8, le edizioni precedenti a quella del 1924 portavano: *Admiral*.]

vano di precisare. Né egli era in grado di dire se al periodo della cattiveria fosse poi subentrata una fase di malattia, ovvero se la cattiveria avesse perdurato durante la malattia stessa. In ogni caso, le informazioni seguenti, che egli stesso ha fornito, giustificano l'ipotesi che in quegli anni dell'infanzia egli avesse attraversato una crisi palese di nevrosi ossessiva. Racconta di esser stato assai pio per un lungo periodo di tempo: prima di addormentarsi doveva pregare a lungo e farsi un'infinità di volte il segno della Croce; aveva anche l'abitudine, la sera, di fare il giro delle numerose immagini sacre appese alle pareti e di baciarle una a una devotamente, salendo su uno sgabello. Con questo devoto cerimoniale si accordava assai male – o forse anzi benissimo – il fatto che come per ispirazione del demonio gli venivano in mente dei pensieri blasfemi. Era costretto a pensare "Dio porco", "Dio merda", e così via. Una volta durante un viaggio verso una stazione balneare tedesca fu tormentato dalla coazione a pensare alla Santissima Trinità ogniqualvolta vedeva sulla strada tre mucchietti di sterco di cavallo o di altri animali. In quella stessa epoca osservava un altro curioso cerimoniale: quando incontrava persone che gli incutevano compassione – accattoni, storpi, vecchietti – doveva espirare rumorosamente allo scopo di non diventare come loro. In altre circostanze invece doveva inspirare energicamente. Ero naturalmente propenso a credere che questi chiari sintomi di nevrosi ossessiva appartenessero a un'epoca e a uno stadio di sviluppo posteriore alle manifestazioni d'angoscia e alla crudeltà nel trattare gli animali.

Gli anni più maturi furono contraddistinti per il paziente da un rapporto assai insoddisfacente con il padre che a quel tempo, dopo ripetuti attacchi di depressione, non era più in grado di nascondere gli aspetti patologici del suo carattere. Nei primi anni dell'infanzia questo rapporto era stato tenerissimo, e il figlio ne serbava il ricordo. Il padre gli voleva un gran bene e giocava volentieri con lui. Fin da piccolissimo egli era orgoglioso del suo papà e continuava a ripetere che da grande voleva diventare un signore come lui. La nanja gli aveva detto che la sorella era della mamma, ma che lui era del papà, e questo lo aveva reso felice. Verso la fine dell'infanzia padre e figlio cominciarono a estraniarsi. Il padre nutriva una predilezione palese per la bambina e il maschietto ne era profondamente mortificato. Più tardi la paura del padre divenne la nota dominante.

Tutti i fenomeni che il paziente ascrive alla fase della sua vita iniziatasi con la "cattiveria" scomparvero intorno agli otto anni. Non sparirono d'un colpo, si ripresentarono anzi di tanto in tanto; ma il malato pensa che essi cedettero infine all'influsso dei maestri e degli educatori che presero in seguito il posto delle donne che si erano curate di lui. Ecco dunque a grandi linee gli enigmi che l'analisi si trovò di fronte: donde procede l'improvviso cambiamento di carattere del bambino? che significato hanno la sua fobia e le sue perversità? come si spiega la sua devozione ossessiva? e che rapporto c'è tra tutti questi fenomeni? Rammenterò ancora una volta che il nostro lavoro analitico era accentrato su una ulteriore e recente sofferenza nevrotica, e che pertanto fu possibile far luce su questi problemi del passato soltanto quando il corso dell'analisi, allontanatosi temporaneamente dal presente, ci costrinse a una lunga disgressione nell'epoca preistorica dell'infanzia del paziente.

3. *La seduzione e le sue immediate conseguenze*

I primi sospetti si appuntarono comprensibilmente sulla governante inglese, dal momento che il mutamento del bambino si era verificato durante la presenza di costei. Il paziente aveva serbato due ricordi di copertura, in sé incomprensibili, che la riguardavano. Un giorno la governante cammina avanti e dice a quelli che la seguono: – Guardate, guardate il mio codino! – Un altro giorno durante una gita in carrozza le vola via il cappello, con gran gusto dei bambini. I ricordi alludono al complesso di evirazione e giustificherebbero la costruzione che il comportamento anormale del bambino fosse in buona parte dovuto a una minaccia rivoltagli dalla governante. Comunicando simili costruzioni all'analizzato non si corre alcun pericolo, giacché se anche sono erronee non danneggiano mai l'analisi; d'altra parte ci si asterrebbe dall'esternarle se non si pensasse, grazie ad esse, di potersi avvicinare in qualche modo alla verità. Primo effetto di questa supposizione fu la comparsa di sogni di cui non fu possibile fornire un'interpretazione compiuta, ma che apparivano imperniati tutti sullo stesso contenuto. A quanto era dato di capire, in essi si trattava di azioni aggressive del ragazzino contro la sorella o la governante e di energici rabbuffi e castighi per queste azioni. Era come se... dopo il bagno... avesse voluto denudare la sorella... strapparle le vesti... o i veli... e così di seguito. Tuttavia mediante l'interpretazione non si giunse all'individuazione di un contenuto certo, e poiché questi sogni suscitavano l'impressione che venisse rielaborato in varie guise sempre lo stesso materiale, si poté comprendere che cosa fossero, in realtà, queste presunte reminiscenze. Non poteva trattarsi che di fantasie relative all'infanzia stessa del sognatore, da lui prodotte chissà quando – presumibilmente negli anni della pubertà –, e ora riaffioranti in questa forma irriconoscibile.

La spiegazione sopraggiunse d'un tratto quando il paziente rammentò improvvisamente che "quando era ancora molto piccolo, al tempo della prima tenuta", la sorella lo aveva indotto a pratiche sessuali. Dapprima ricordò che al gabinetto, dove andavano spesso assieme, la sorella gli aveva proposto: "facciamoci vedere il popò" e alle parole erano seguiti i fatti. In un secondo tempo emerse, con tutti i particolari relativi al tempo e al luogo, la parte più essenziale della seduzione. Era di primavera, in un periodo in cui il padre era assente; i bambini giocavano sul pavimento mentre la madre lavorava nella stanza accanto. A un certo punto la sorella gli afferra il membro, ci gioca e intanto quasi a mo' di spiegazione gli racconta storie incomprensibili sulla nanja: la nanja fa questa stessa cosa con tutti, per esempio col giardiniere, lo mette a testa sotto e poi gli afferra i genitali.

Tutto ciò spiega le fantasie di cui avevamo intuito l'esistenza. Esse erano intese a cancellare il ricordo di un avvenimento che in seguito era parso intollerabile alla considerazione che il paziente aveva della propria virilità, e tale scopo avevano raggiunto sostituendo alla realtà storica l'immaginazione ottativa di una situazione opposta. Secondo tali fantasie non lui aveva sostenuto la parte passiva con la sorella, ma al contrario era stato aggressivo, e aveva voluto vederla nuda; per questo era stato rimproverato e punito e aveva di conseguenza avuto quegli accessi d'ira di cui tanto si parlava nella tradizione familiare. In questo parto della sua immaginazione conveniva introdurre anche la figura della governante inglese, dal momento che una volta madre e nonna le avevano attribuito la massima responsabilità dei suoi accessi d'ira. Fantasie del genere corrispondono esattamente alle leggende con cui una nazione, divenuta in seguito grande e fiera, cerca di nascondere la piccolezza e le disavventure dei propri esordi.

In realtà la governante poteva avere solo un lontano rapporto con la seduzione e le sue conseguenze. Le scene con la sorella erano avvenute nella primavera di quello stesso anno in cui, in piena estate, la signorina inglese era stata assunta per sostituire i genitori che si erano assentati. L'ostilità del bambino per la governante si era dunque determinata in tutt'altro modo. Agli occhi del maschietto l'inglese, ingiuriando la bambinaia, dandole della strega, si era messa nei panni della sorella che per prima gli aveva raccontato quelle cose così mostruose della sua nanja: e ciò gli consentì di esternare alla governante quell'avversione che, come vedremo, si era sviluppata in lui nei confronti della sorella per conseguenza della seduzione.

La seduzione da parte della sorella non era certo una fantasia. La sua attendibilità fu accresciuta da un fatto appreso dal paziente molti anni dopo e mai più dimenticato. Conversando della sorella con un cugino più anziano di lui di oltre dieci anni, questi gli aveva detto che ricordava bene che esserino precoce e sensuale ella fosse stata da bambina; una volta – aveva quattro o cinque anni – gli era salita in grembo e gli aveva aperto i calzoni per afferrargli il membro.

Desidero interrompere un istante la storia infantile del mio paziente per parlare di questa sorella, del suo sviluppo, delle sue vicende ulteriori e del suo influsso sul fratello. Ella aveva due anni più di lui e l'aveva sempre superato in tutto. Maschia e indomita da bambina, si era poi sviluppata brillantemente dal punto di vista intellettuale, distinguendosi per un ingegno acuto e realistico e dimostrando negli studi una predilezione per le scienze naturali che non le impediva peraltro di scrivere versi assai apprezzati dal padre. Molto superiore come intelligenza ai suoi primi, numerosi corteggiatori, amava farsi giuoco di costoro. Ma appena oltrepassata la ventina, cominciò ad avvilirsi, a lamentarsi di non essere abbastanza bella e a evitare ogni rapporto umano. Fu mandata a fare un viaggio insieme a un'anziana signora amica di famiglia. Quando tornò a casa raccontò un'infinità di storie inverosimili circa i maltrattamenti che le sarebbero stati inflitti dall'accompagnatrice; tuttavia, senza alcun dubbio, rimase affettivamente fissata alla figura della sua presunta aguzzina. Durante un secondo viaggio compiuto poco dopo, la giovane prese del veleno e morì lontano da casa. Probabilmente la sua sofferenza corrispondeva a un'incipiente dementia praecox. Una testimonianza, ma non la sola, della manifesta eredità nevropatica della famiglia. Uno zio, fratello del padre, morì dopo molti anni di vita eccentrica mostrando chiari segni di una grave nevrosi ossessiva; numerosi altri parenti collaterali erano e sono tuttora affetti da disturbi nervosi più lievi.

A prescindere dalla seduzione, la sorella era stata nell'infanzia del nostro paziente un'incomoda concorrente nella conquista della stima dei genitori. Egli avvertiva con un senso di oppressione lo sfoggio spietato ch'ella faceva della propria superiorità. Le invidiava soprattutto il rispetto che il padre dimostrava per le sue qualità e prestazioni intellettuali, mentre egli stesso, intellettualmente inibito dall'epoca della nevrosi ossessiva, doveva contentarsi di un più modesto apprezzamento. A partire dai quattordici anni i rapporti con la sorella cominciarono a migliorare; l'affinità delle loro disposizioni e la comune opposizione contro i genitori li avvicinarono al punto da farli diventare ottimi amici. Durante la tempestosa eccitazione sessuale della pubertà il ragazzo azzardò con lei un approccio intimo. Respinto con decisione, ma con tatto, abbandonò il tentativo e si volse a una contadinella che serviva in casa e che portava lo stesso nome della sorella. In tal modo egli aveva compiuto un passo decisivo ai fini della scelta oggettuale eterosessuale; infatti tutte le ragazze di cui s'innamorò in seguito – spesso con i segni più palesi della coazione – erano anch'esse persone di servizio, d'educazione e intelligenza necessariamente di gran lunga inferiore alla sua. Se tutti questi oggetti d'amore erano per lui persone sostitutive della sorella che gli si era rifiutata, è incontestabile che la sua scelta oggettuale era orientata da una tendenza a sminuire la sorella, a cancellare quella sua superiorità intellettuale che una volta l'aveva tanto oppresso.

Alfred Adler ha subordinato il comportamento sessuale, come ogni altra manifestazione dell'uomo, a motivi di questa natura, che derivano dalla volontà di potenza e dalla pulsione dell'individuo all'autoaffermazione. Pur non contestando l'importanza di queste aspirazioni alla potenza e alla supremazia, non ho mai potuto persuadermi che ad esse spetti quel valore preminente ed esclusivo che egli vi attribuisce. Se non avessi condotto a termine l'analisi del mio paziente, lo studio di questo caso avrebbe dovuto indurmi a correggere il mio punto di vista iniziale nel senso sostenuto da Adler. Ma la conclusione della cura mise in luce inaspettatamente materiale nuovo, che dimostrò al contrario come questi motivi ispirati alla potenza (nel nostro caso, la tendenza a sminuire un'altra persona) erano stati decisivi per la scelta oggettuale solo a titolo ausiliario e di razionalizzazione, laddove ciò che realmente e più profondamente aveva determinato questa scelta mi autorizzava a serbare le mie precedenti convinzioni.

Il paziente mi raccontò che quando seppe della morte della sorella provò un dolore appena percettibile. Dovette far forza su sé stesso per assumere un contegno luttuoso e gli riuscì di rallegrarsi freddamente d'esser diventato l'unico erede del patrimonio familiare. A quell'epoca egli era preda già da parecchi anni della malattia recente. Debbo ammettere che questa singola comunicazione del paziente mi rese per un certo tempo esitante sulla valutazione diagnostica del caso. Era invero presumibile che ogni manifestazione di dolore per la perdita della persona più cara della sua famiglia sarebbe stata inibita a causa della persistente gelosia che ella aveva suscitato in lui, alla quale si era poi aggiunto l'amore incestuoso divenuto inconscio; ma non potevo rinunciare all'idea che dovesse pur esserci un sostituto per quella mancata esplosione di dolore. Lo trovai infine in una manifestazione affettiva di cui il paziente stesso non sapeva darsi una spiegazione. Pochi mesi dopo il luttuoso avvenimento egli aveva compiuto un viaggio nella regione ove era morta la sorella; qui si era recato a visitare la tomba di un grande poeta che rappresentava allora il suo ideale, e su di essa aveva versato calde lacrime. Era rimasto egli stesso sorpreso di questa reazione, poiché sapeva bene che il poeta venerato era morto da più di due generazioni. La comprese soltanto quando ricordò che il padre soleva paragonare le poesie della sorella a quelle del grande poeta. Un errore del suo racconto, che a questo punto fui in grado di valorizzare, mi aveva fornito un altro indizio per interpretare correttamente quell'omaggio pietoso apparentemente tributato al grande poeta. In passato egli aveva più volte ripetuto che la sorella si era suicidata con un colpo di pistola e in seguito era stato costretto a correggersi riferendo che si era avvelenata. Ora, il poeta era rimasto ucciso in un duello alla pistola.[1]

Tornando alla storia del fratello sarà opportuno seguire per un certo tratto un'esposizione tematica. Risultò che all'epoca in

[1] [Come ebbe a dichiarare lo stesso uomo dei lupi si trattava di Lermontov.]

cui la sorella aveva iniziato i tentativi di seduzione il paziente aveva tre anni e tre mesi.[2] Era, come abbiamo detto, la primavera dell'anno in cui, in autunno, i genitori lo trovarono al loro ritorno così profondamente trasformato. Viene spontaneo mettere in rapporto questa metamorfosi con il risveglio dell'attività sessuale, avvenuto nel frattempo.

Come reagì il bambino alle lusinghe della sorella maggiore? Con un rifiuto; ma un rifiuto che concerneva la persona, non la cosa. La sorella non gli era gradita come oggetto sessuale, dato che probabilmente il suo atteggiamento verso di lei era già stato determinato in senso ostile dalla rivalità che esisteva tra i due a proposito dell'amore dei genitori. Egli si allontanò dalla sorella e questa, dal canto suo, smise quasi subito le sue sollecitazioni. Ma il piccolo cercò di conquistarsi in sua vece un'altra persona più gradita, e i racconti stessi della sorella, che si era richiamata al modello della nanja, indirizzarono la sua scelta su quest'ultima. Cominciò dunque a giocare col proprio membro in presenza della nanja, ciò che (come in molti altri casi in cui i bambini non nascondono l'onanismo) va considerato un tentativo di seduzione. La nanja lo deluse, fece la faccia scura e dichiarò che non stava bene comportarsi a quel modo. Ai bambini che fanno queste cose – aggiunse – viene "una ferita" in quel posto.

Dell'effetto di questa informazione, che equivaleva a una minaccia, vanno seguite le tracce in varie direzioni. Il suo attaccamento alla nanja ne fu scosso. Avrebbe quasi potuto detestarla; e in effetti più tardi, quando cominciarono gli accessi di collera, si vide ch'egli era realmente adirato con lei. Ma era una sua peculiarità quella di difendere inizialmente con tenacia da ogni innovazione tutte le posizioni libidiche che era costretto ad abbandonare. Così, quando entrò in scena la governante che si mise a ingiuriare la nanja, a cacciarla dalla stanza, a volerle togliere ogni autorità, il bambino esagerò a dismisura il suo amore per la vittima e prese un atteggiamento di opposizione e di sfida verso l'assalitrice. Cionondimeno cominciò a cercarsi segretamente un altro oggetto sessuale. La seduzione gli aveva indicato la meta sessuale passiva del farsi toccare i genitali; ve-

[2] [Nelle edizioni che precedono quella del 1924 era scritto: "fra tre anni e tre mesi e tre anni e mezzo".]

dremo con chi cercasse di raggiungerla e come sia stato indotto a compiere questa scelta.

Apprendiamo – e ciò corrisponde perfettamente alle nostre aspettative – che in concomitanza con i suoi primi eccitamenti sessuali il paziente iniziò l'esplorazione sessuale infantile e si imbatté ben presto nel problema dell'evirazione. In quell'epoca aveva l'opportunità di osservare due bambine – la sorella e una sua amica – mentre urinavano. A quella vista la sua perspicacia avrebbe potuto consentirgli di comprendere come stanno le cose; egli si comportò invece come molti maschietti in circostanze simili. Respingendo l'idea che quello spettacolo costituisse una conferma della "ferita" minacciata dalla nanja, concluse di trovarsi di fronte al "popò davanti" delle bambine. Ma con ciò l'evirazione non era liquidata; egli trovava nuove allusioni a questo tema in tutto quel che gli veniva fatto di udire. Una volta, mentre ai bambini venivano distribuiti bastoncini di zucchero colorato, la governante, che era incline alle fantasie contorte, aveva detto che si trattava di segmenti di serpente. Ciò gli aveva ricordato che un giorno, durante una passeggiata, il padre si era imbattuto in una serpe e l'aveva fatta a pezzi col bastone. Qualcuno gli lesse la storia – tratta da *Reinecke Fuchs* (La volpe Renardo) – di quel lupo che d'inverno usò la coda come esca per acchiappare i pesci e se la spezzò nel ghiaccio. Apprese inoltre i diversi nomi con cui si designano i cavalli a seconda dell'integrità dei genitali. Il pensiero dell'evirazione, dunque, gli occupava la mente ma né vi credeva, né ne aveva paura. Le fiabe che conobbe in quel periodo suscitarono in lui altri problemi sessuali. In *Cappuccetto Rosso* e nel *Lupo e i sette capretti* si racconta di bambini tirati fuori dalla pancia del lupo. Allora il lupo era una creatura femminile oppure anche gli uomini potevano avere bambini nella pancia? Per ora la domanda non ebbe risposta. All'epoca di queste indagini, peraltro, il bambino non provava ancora timore dei lupi.

Una comunicazione del paziente ci spiana la via alla comprensione del cambiamento di carattere insorto durante l'assenza dei genitori come conseguenza ritardata della seduzione. Egli racconta di aver abbandonato l'onanismo poco dopo il rifiuto e la minaccia della nanja. Ciò significa che la sua *vita sessuale che cominciava a svolgersi sotto il primato della zona genitale si era imbattuta in un ostacolo esterno e perciò era stata respinta in una fase anteriore di organizzazione pregenitale.* In seguito alla repressione dell'onanismo, la vita sessuale del bambino assunse in effetti un carattere sadico-anale. Divenuto irritabile e petulante, provava gusto a tormentare animali e persone. Il suo oggetto preferito era la diletta nanja, che egli riusciva a martoriare al punto da farla scoppiare in lacrime. Si vendicava così della ripulsa subìta, e al tempo stesso soddisfaceva i suoi appetiti sessuali nella forma pertinente alla fase regressiva. Cominciò a commettere crudeltà contro piccoli animali, ad acchiappare mosche per strappar loro le ali, a calpestare insetti; con la fantasia si compiaceva anche di battere animali grossi (cavalli). I processi che egli metteva in atto erano dunque sempre di tipo attivo, sadico; degli impulsi anali di tale periodo parleremo più avanti in altro contesto.

È un fatto notevolissimo che dalla memoria del paziente siano affiorate altre fantasie di natura completamente differente che risalgono però alla stessa epoca: si tratta di maschietti che vengono castigati e picchiati, particolarmente sul pene. Di chi facessero le veci questi anonimi capri espiatori è facile capire se si confrontano queste fantasie con altre fantasie che rappresentavano un erede al trono rinchiuso in una stretta cella e picchiato. L'erede al trono era naturalmente il paziente stesso; il suo sadismo si era dunque rivolto nella fantasia contro la sua stessa persona e trasformato in masochismo. Il particolare della punizione inflitta direttamente sull'organo genitale consente di presumere che a questa trasformazione avesse già contribuito un senso di colpa relativo all'onanismo.

L'analisi permise di stabilire con certezza che queste tendenze passive[3] erano apparse contemporaneamente alle tendenze sadico-attive o immediatamente dopo. Ciò collima con la sua *ambivalenza*[4] eccezionalmente chiara, intensa e persistente, la quale si manifestò qui per la prima volta nello sviluppo che parimenti assunsero le due pulsioni parziali antagoniste. L'atteggiamento ambivalente contraddistinse anche la vita ulteriore

[3] Per tendenze passive intendo quelle che si pongono una meta sessuale passiva; non mi riferisco però a una trasformazione della pulsione, ma solo a una trasformazione della sua meta.

[4] [Quest'uso del termine "ambivalenza", qui riferito alla compresenza di tendenze attive e passive, è inconsueto per Freud. Egli usa generalmente questo termine per significare un'oscillazione emotiva tra amore e odio.]

del paziente, insieme a quest'altra caratteristica: nessuna posizione della libido, una volta acquisita, poteva essere interamente revocata dalla posizione libidica successiva. Essa continuava a esistere accanto a tutte le altre, consentendo al malato di oscillare permanentemente tra più possibilità; ciò si rivelò incompatibile con il raggiungimento di un carattere stabile.

Le tendenze masochistiche del bambino ci conducono a un punto che avevo tenuto in serbo, perché solo l'analisi della fase immediatamente successiva del suo sviluppo poteva consentirci di precisarlo. Ho già detto che dopo la ripulsa da parte della nanja egli sottrasse da costei le proprie aspettative libidiche e cominciò a prendere in considerazione un'altra persona come oggetto sessuale. La scelta cadde sul padre, all'epoca assente da casa. A questa scelta egli fu certamente indotto da numerosi fattori concomitanti (tra cui alcuni casuali, come il ricordo del serpente fatto a pezzi); ma soprattutto egli rinnovò con essa la sua prima e originaria scelta oggettuale che in armonia col narcisismo dei bambini piccoli si effettua in virtù di un'identificazione. Abbiamo già visto che il padre era stato per lui l'ammirato modello, che a chi gli chiedeva che cosa avrebbe fatto da grande rispondeva invariabilmente di voler diventare "un signore come il papà". Quest'oggetto d'identificazione della sua corrente libidica attiva divenne ora, nella fase sadico-anale, l'oggetto sessuale di una corrente passiva. È come se la seduzione da parte della sorella l'avesse spinto ad assumere la parte passiva e gli avesse assegnato una meta sessuale passiva. Sotto il persistente effetto di questo avvenimento egli aveva compiuto il percorso sorella-nanja-padre, era passato dall'atteggiamento passivo verso la donna all'atteggiamento passivo verso l'uomo, pur ricollegandosi in tal modo alla sua anteriore e spontanea fase evolutiva. Il padre era ridiventato il suo oggetto d'amore; l'identificazione era stata sostituita dalla scelta oggettuale, conformemente a uno stadio di sviluppo più elevato; la trasformazione dell'atteggiamento attivo in passivo era il risultato e il segno della seduzione avvenuta nel frattempo. Non sarebbe stato altrettanto facile, naturalmente, assumere e mantenere nella fase sadica un atteggiamento attivo nei confronti della strapotente figura paterna. Quando il padre fu di ritorno, nella tarda estate o nell'autunno, gli accessi d'ira e le furiose scenate del bambino ebbero un nuovo scopo. Con la governante erano adibite a fini attivo-sadici, col padre si posero al servizio di intenzioni masochistiche. Dimostrando la propria "cattiveria" egli voleva costringere il padre a castigarlo e a batterlo, e in tal modo ottenere da lui l'agognato soddisfacimento sessuale masochistico. Quindi, crisi e smanie non erano altro che tentativi di seduzione. Inoltre, in accordo con i motivi sui quali si fonda il masochismo, la punizione avrebbe soddisfatto anche il suo senso di colpa. Egli serba il ricordo che durante una di quelle scenate di cattiveria aveva raddoppiato le grida non appena il padre gli si era avvicinato. Ma il padre non lo picchiò, anzi cercò di tranquillizzarlo giocando davanti a lui a palla coi guanciali del lettino.

Non so quante volte genitori ed educatori, davanti all'inspiegabile "cattiveria" d'un bambino, non avrebbero motivo di pensare a questa situazione tipica! Il bambino che si mostra così ostinatamente intrattabile intende fare una confessione e provocare un castigo. Nella punizione egli cerca al tempo stesso l'alleviamento del suo senso di colpa e l'appagamento delle sue tendenze sessuali masochistiche.

La dilucidazione ulteriore del nostro caso clinico fu dovuta al ricordo, affiorato con estrema chiarezza, della seguente circostanza: nessuna sensazione d'angoscia era comparsa fra i segni di alterazione del suo carattere prima che si fosse verificato un certo avvenimento; prima, a quanto pare, l'angoscia non c'era; immediatamente dopo quell'evento essa si manifestò nel modo più tormentoso. Questa trasformazione – a quanto si poté accertare con sicurezza – si verificò immediatamente prima del quarto compleanno. Grazie a questo punto di riferimento l'epoca infantile di cui intendiamo occuparci può dividersi in due fasi: una prima fase di "cattiveria" e di perversità che va dai tre anni e tre mesi (epoca della seduzione) al compimento del quarto anno, e una seconda più lunga fase nella quale prevalgono i sintomi della nevrosi. L'avvenimento che consente questa separazione non fu un trauma esogeno, ma un sogno da cui il bambino si risvegliò in stato d'angoscia.

4. *Il sogno e la scena primaria*

Ho già pubblicato altrove questo sogno per la ricchezza del materiale fiabesco in esso contenuto.[1] Comincerò dunque col riferirlo negli stessi termini:

"*Sognai che era notte e mi trovavo nel mio letto (il letto era orientato con i piedi verso la finestra e davanti ad essa c'era un filare di vecchi noci; sapevo ch'era inverno mentre sognavo, e ch'era notte). Improvvisamente la finestra si aprì da sola, e io, con grande spavento, vidi che sul grosso noce proprio di fronte alla finestra stavano seduti alcuni lupi bianchi.* Erano sei o sette. *I lupi erano tutti bianchi e sembravano piuttosto volpi o cani da pastore, perché avevano una lunga coda come le volpi, e le orecchie ritte come quelle dei cani quando stanno attenti* a qualcosa. *In preda al terrore – evidentemente di esser divorato dai lupi – mi misi a urlare* e mi svegliai. La bambinaia accorse al mio letto per vedere cosa mi fosse successo. Passò un bel po' di tempo prima che mi convincessi che era stato soltanto un sogno, tanto naturale e nitida mi era parsa l'immagine della finestra che si apre e dei lupi che stanno seduti sull'albero. Finalmente mi tranquillizzai, mi sentii come liberato da un pericolo, e mi riaddormentai."

"L'unica azione contenuta nel sogno fu l'aprirsi della finestra, poiché i lupi stavano seduti tranquilli e immobili sui rami dell'albero, a destra e a sinistra del tronco, e mi guardavano. Era come se avessero rivolto su di me tutta la loro attenzione. Credo che questo sia stato il mio primo sogno d'angoscia. Avevo tre o quattro anni, cinque al massimo. Da allora, fino

[1] Vedi il mio scritto *Materiale fiabesco nei sogni* (1913).

agli undici o dodici anni, ho sempre avuto paura di vedere in sogno qualcosa di terribile."

Il giovane aggiunge quindi un disegno dell'albero coi lupi che conferma la sua descrizione (fig. 1). L'analisi del sogno porta alla luce il materiale seguente.

Egli ha sempre messo in relazione questo sogno con il ricordo della straordinaria paura provata in quegli anni dell'infanzia per la figura di un lupo che si trovava in un libro di fiabe. La sorella più grande, decisamente superiore a lui, aveva l'abitudine di stuzzicarlo mostrandogli continuamente con una scusa o con l'altra proprio quella figura, al che egli, atterrito, si metteva a urlare. Nella figura il lupo era rappresentato eretto, con un piede proteso, gli artigli sporgenti, le orecchie ritte. Secondo il giovane si trattava di un'illustrazione della fiaba di *Cappuccetto Rosso*.

Perché i lupi sono bianchi? Questo particolare gli rammenta le pecore, che in grandi greggi si aggiravano nei dintorni della tenuta. Di tanto in tanto il padre lo conduceva con sé a visitare queste greggi ed egli ne era ogni volta tutto fiero e felice. Più tardi (a quanto risulta dalle informazioni raccolte, probabilmente poco prima del sogno) fra queste pecore scoppiò un'epidemia. Il padre fece venire un allievo di Pasteur che vaccinò le bestie; ma dopo la vaccinazione ne morirono più di prima.

Come hanno fatto i lupi a salire sull'albero? A questo proposito gli viene in mente una storia che aveva sentito raccontare dal nonno, non ricorda più se prima o dopo il sogno. Tuttavia il contenuto di essa depone decisamente a favore della prima ipotesi. Ecco la storia. Un sarto stava seduto al lavoro nella sua stanza, ed ecco che la finestra si apre e balza dentro un lupo. Il sarto gli scaglia addosso la misura – anzi no... si corregge il giovane – lo acchiappa per la coda e gliela strappa, sicché il lupo fugge via terrorizzato. Qualche tempo dopo il sarto va nel bosco, a un tratto vede avvicinarsi un branco di lupi e per evitarli cerca rifugio su un albero. I lupi dapprima non sanno che fare, ma quello mutilato, che si trova fra loro e vuole vendicarsi del sarto, propone ai compagni di montare uno sull'altro in modo che l'ultimo possa raggiungere il sarto. Lui stesso – un vecchio lupo robusto – farà da base alla piramide. I lupi seguono il suo consiglio ma il sarto ha riconosciuto

Figura 1

il visitatore punito e a un tratto grida come quel giorno: "Acchiappate il grigio per la coda!" A questo ricordo il lupo senza coda scappa via atterrito e tutti gli altri ruzzolano a terra.

In questo racconto compare l'albero sul quale nel sogno i lupi stanno seduti. Non solo; esso contiene altresì un'allusione non ambigua al complesso di evirazione. Il *vecchio* lupo è stato dal sarto amputato della coda. Le code volpine dei lupi del sogno sono probabilmente compensazioni per questa coda mancante.

Perché i lupi sono sei o sette? Sembra che questa domanda non debba avere risposta finché io non avanzo il dubbio che forse la figura che gli incuteva tanta paura non si riferiva alla fiaba di *Cappuccetto Rosso*. Quest'ultima offre lo spunto soltanto a due illustrazioni – la scena di Cappuccetto Rosso che incontra il lupo nel bosco e quella in cui il lupo giace nel letto con la cuffia della nonna. Quindi dietro al ricordo di quella figura si cela presumibilmente un'altra fiaba.

Egli scopre ben presto che non può trattarsi che della storia del *Lupo e i sette capretti*. Qui si trova il numero sette, ma anche il sei, poiché il lupo divora soltanto sei capretti mentre il settimo si nasconde nella cassa del pendolo. Anche il colore bianco compare nella storia, perché il lupo si fa infarinare la zampa dal fornaio dopo che i capretti, alla sua prima visita, l'avevano riconosciuto dalla zampa grigia. Le due fiabe hanno del resto molti elementi in comune: in entrambe c'è il divorare, la pancia che viene aperta con un taglio, l'estrazione di coloro che sono stati divorati, la loro sostituzione con grossi sassi; infine, in entrambe le fiabe il lupo cattivo perisce. Inoltre nella fiaba dei capretti compare anche l'albero: infatti dopo il pasto il lupo si sdraia sotto un albero e russa.

Per un motivo particolare dovrò occuparmi ancora di questo sogno in altra sede; e allora ne interpreterò e valuterò più a fondo il significato. Esso è infatti il primo sogno d'angoscia che il soggetto ricordi della sua infanzia e il contenuto di esso, messo in relazione con altri sogni che seguirono poco dopo e con alcuni episodi dell'infanzia del sognatore, presenta un particolarissimo interesse. Qui ci limiteremo al rapporto fra il sogno e due fiabe che hanno molti elementi in comune, quella di *Cappuccetto Rosso* e quella del *Lupo e i sette capretti*. L'impressione prodotta da queste fiabe si manifestò, nel piccolo sognatore, in una zoofobia vera e propria che si distingueva da altri casi analoghi per un unico fatto: l'animale che suscitava angoscia non era un oggetto facilmente accessibile alla percezione (come il cavallo, per esempio, o il cane), ma era noto al bambino soltanto dai racconti e dai libri illustrati.

Mi riservo di occuparmi in altra occasione della spiegazione di queste zoofobie e del significato che ad esse va attribuito. Qui anticiperò soltanto che questa spiegazione è in perfetta armonia con le principali caratteristiche che la successiva nevrosi del sognatore portò alla luce. La paura del padre era stata la ragione che più fortemente lo aveva indotto ad ammalarsi e un atteggiamento ambivalente nei confronti di ogni figura sostitutiva del padre dominò d'allora in poi la sua esistenza non meno che il suo comportamento durante la cura.

Se nel caso del mio paziente il lupo altro non era che il primo sostituto paterno, c'è da domandarsi se la fiaba del lupo che divora i capretti e quella di Cappuccetto Rosso celassero in sé qualcosa di diverso dalla paura del padre.[2] Inoltre il padre del mio paziente aveva la peculiarità di indulgere nella "sgridata affettuosa", a cui del resto sono avvezze molte persone nei rapporti coi propri figli. E la minaccia scherzosa: "Adesso ti mangio!" sarà risuonata probabilmente più di una volta nei primi anni, allorché quel padre — divenuto in seguito assai severo — usava giocare col figlioletto e vezzeggiarlo. Una mia paziente mi ha raccontato che i suoi due bambini non erano mai riusciti a voler bene al nonno poiché, giocando affettuosamente, costui soleva spaventarli dicendo che avrebbe tagliato loro il pancino.[3]

Lasciando da parte per il momento ogni possibile anticipazione sulle implicazioni del sogno che abbiamo citato, torniamo alla sua immediata interpretazione. Si tenga presente che il compito di interpretare questo sogno si protrasse per parecchi anni. Il paziente lo aveva riferito in una delle prime fasi dell'analisi e aveva accettato quasi subito la mia convinzione che dietro ad esso si celassero le cause della sua nevrosi infantile. Nel corso del trattamento tornammo spesso sul sogno, ma solo negli ultimi mesi di cura fu possibile comprenderlo per intero, e ciò grazie al lavoro spontaneo del paziente. Egli aveva sempre sottolineato che due particolari del sogno gli avevano fatto maggiore impressione: l'assoluta tranquillità e immobilità dei lupi, e la concentrata attenzione con cui essi lo fissavano. Trovava anche notevole il persistente senso di realtà che il sogno gli aveva lasciato.

Prendiamo spunto da quest'ultima osservazione. L'esperienza dell'interpretazione onirica ci ha insegnato che questo senso di realtà ha un significato preciso. Esso indica che nel materiale latente del sogno v'è un qualcosa che, nel ricordo del sognatore, avanza pretese di realtà; ossia che il sogno si riferisce a un avvenimento realmente accaduto e non meramente fantasticato. Naturalmente si può trattare solo della realtà di qualcosa di ignoto al sognatore; giacché ad esempio la convinzione che il nonno aveva veramente raccontato la storia del sarto e del

[2] Vedi l'analogia che Otto Rank ha messo in rilievo fra queste due fiabe e il mito di Cronos (Rank, *Völkerpsychologische Parallelen zu den infantilen Sexualtheorien*, Zbl. Psychoanal., vol. 2, 372 e 425, 1912).

[3] [Termina qui la citazione da *Materiale fiabesco nei sogni* (1913).]

lupo, o che veramente qualcuno gli aveva letto la fiaba di Cappuccetto Rosso e quella dei sette capretti non avrebbe mai potuto sostituirsi al persistente senso di realtà lasciato dal sogno. Il sogno sembrava alludere a un avvenimento la cui realtà veniva ad accentuarsi proprio per il suo netto contrasto con l'irrealtà delle fiabe.

Se dietro al contenuto del sogno era da supporre l'esistenza di una simile scena sconosciuta, ossia già dimenticata all'epoca del sogno stesso, tale scena doveva necessariamente risalire a un'epoca assai remota. Il sognatore aveva detto infatti: "Avevo, quando feci questo sogno, tre o quattro anni, cinque al massimo." Noi possiamo aggiungere: e il sogno gli rammentò qualche cosa che apparteneva a un'epoca ancora precedente.

I due elementi che colpiscono il paziente nel contenuto manifesto del sogno (lo sguardo che si fissa con attenzione su di lui e l'assenza di ogni movimento) dovrebbero condurci al contenuto di questa scena. Dobbiamo attenderci naturalmente che questi elementi riproducano il materiale ignoto della scena con una qualche deformazione, forse addirittura trasformandola nel suo opposto.

D'altra parte, anche dal materiale grezzo fornito dalla prima analisi del sogno condotta insieme al paziente si potevano trarre diverse conclusioni che ora andavano inserite nel contesto che cercavamo. Dietro il riferimento all'allevamento di pecore andavano rintracciate le testimonianze della sua esplorazione sessuale, che poteva aver trovato soddisfazione in occasione delle visite alle greggi compiute insieme al padre; ma avremmo dovuto trovarvi anche un'allusione alla paura della morte, dato che buona parte degli animali era già perita in seguito all'epidemia. La parte più vistosa del sogno — i lupi sull'albero — ci aveva condotti direttamente al racconto del nonno, il cui elemento più avvincente e capace di istigare il sogno era costituito quasi certamente dal riferimento al tema dell'evirazione.

Dalla prima e incompleta analisi del sogno avevamo inoltre concluso che il lupo rappresentava un sostituto del padre; sicché questo primo sogno d'angoscia metterebbe in luce quella paura del padre destinata, da quel momento in poi, a dominare la vita del paziente. Va detto che questa conclusione non era ancora vincolante. Ma proviamo a mettere insieme, come esito di un'analisi provvisoria, quel che può essere ricavato dal materiale fornito dallo stesso sognatore; ai fini della ricostruzione, ci troveremo grosso modo in possesso dei seguenti frammenti:

Un avvenimento reale - che risale a un'epoca assai remota - guardare - immobilità - problemi sessuali - evirazione - il padre - qualcosa di terribile.

Un giorno il paziente procede nell'interpretazione del sogno con la seguente osservazione: — Il punto in cui la finestra si apre improvvisamente da sé non si spiega completamente riferendolo alla finestra presso cui siede il sarto e da cui balza dentro il lupo. Esso dovrebbe significare: gli occhi si aprono improvvisamente. Ossia: io dormo, a un tratto mi sveglio e vedo qualcosa: l'albero coi lupi —. Tutto ciò era ineccepibile ma poteva essere approfondito di più. Egli si era svegliato e aveva visto qualcosa. Il guardare attentamente che nel sogno è attribuito ai lupi va piuttosto spostato su di lui. In un punto essenziale ha avuto dunque luogo una trasposizione, che peraltro è denunziata da un'altra trasposizione nel contenuto manifesto del sogno; anche il fatto che i lupi stiano seduti sull'albero mentre nel racconto del nonno si trovavano sotto di esso e non riuscivano a salirvi su è frutto di una trasposizione.

E se anche l'altro elemento sottolineato dal sognatore avesse subìto una deformazione per trasposizione o inversione? In questo caso, invece che di immobilità (i lupi stanno seduti tranquillamente, lo guardano senza muoversi) si tratterebbe di un movimento estremamente violento. Egli si è dunque svegliato improvvisamente e si è trovato di fronte a una scena intensamente movimentata, che ha osservato con estrema attenzione. Nel primo caso la deformazione sarebbe consistita in una permuta tra soggetto e oggetto, tra attività e passività, tra l'essere guardato e il guardare; nel secondo caso in una trasformazione nel contrario: quiete in luogo di movimento.

Un'altra volta, un'associazione improvvisa del paziente consentì un ulteriore passo innanzi nella comprensione del sogno: "L'albero è l'albero di Natale." Ora poteva dire con certezza che il sogno aveva avuto luogo poco prima di Natale, nell'attesa di quella festa. Poiché a Natale ricorreva anche il suo compleanno, la data del sogno e delle trasformazioni da esso originate poté a questo punto esser stabilita con precisione: subito prima del quarto compleanno. Egli si era dunque addormentato nell'ansiosa attesa del giorno che avrebbe dovuto portargli una doppia dose di regali. Sappiamo che in queste circostanze i bambini anticipano spesso nel sogno l'appagamento dei loro desideri. Dunque, in sogno era già Natale: il contenuto del sogno gli mostrava le sue strenne, dall'albero pendevano i regali a lui destinati. Ma i regali si erano trasformati in lupi e il sogno finiva così: gli era venuta paura di esser divorato dal lupo (suo padre, probabilmente) e aveva cercato rifugio presso la bambinaia. Ciò che sappiamo del suo sviluppo sessuale prima del sogno ci consente di colmare le lacune di quest'ultimo e di spiegare la trasformazione del soddisfacimento in angoscia. Tra i desideri istigatori del sogno, il più potente doveva esser quello del soddisfacimento sessuale che a quell'epoca egli ambiva ottenere dal padre. L'intensità di questo desiderio riuscì a far rivivere la traccia mnestica d'una scena, da tempo dimenticata, atta a mostrargli cos'era il soddisfacimento sessuale ottenuto dal padre; e il risultato fu lo spavento, l'orrore davanti all'appagamento di questo desiderio, la rimozione dell'impulso che con esso si era manifestato, e dunque lo scappar via dal padre verso la meno pericolosa bambinaia.

L'importanza di questa scadenza natalizia sopravvisse nel presunto ricordo del paziente secondo cui il suo primo accesso di collera sarebbe stato motivato dall'insoddisfazione per i regali ricevuti il giorno di Natale. Il ricordo era vero e falso al tempo stesso. Non poteva essere senz'altro vero perché, standо alle ripetute dichiarazioni dei genitori, la "cattiveria" del bambino si era già manifestata al loro ritorno in autunno, e non a Natale. D'altra parte però questo ricordo serbava la connessione essenziale tra l'insoddisfazione amorosa, la collera e il Natale.

Ma quale immagine venne a evocare il notturno anelito sessuale del bambino, quale immagine fu capace di distoglierlo con tanta violenza dall'appagamento agognato del suo desiderio? Stando al materiale dell'analisi quest'immagine doveva rispondere a un certo requisito: corroborare il suo convincimento dell'esistenza dell'evirazione. La paura dell'evirazione sarebbe divenuta poi la forza motrice della trasmutazione degli affetti.

Eccomi giunto a un punto in cui debbo abbandonare l'appoggio fornitomi sinora dal corso dell'analisi. Temo che sia anche il punto in cui il lettore mi ritirerà il suo credito.

L'immagine riattivata quella notte nel caos delle tracce mnestiche inconsce è la scena di un coito tra i genitori, avvenuto in condizioni piuttosto insolite e particolarmente favorevoli all'osservazione. Tutti i quesiti connessi a questa scena poterono gradualmente ottenere risposta poiché quel primo sogno tornò, nel corso della cura, in innumerevoli varianti e riedizioni di cui l'analisi fornì il chiarimento richiesto. Fu possibile così accertare innanzitutto l'età del bambino all'epoca dell'avvenimento: egli aveva circa un anno e mezzo.[4] A quell'età soffriva di una forma malarica i cui accessi si ripetevano quotidianamente a una certa ora.[5] A partire dai dieci anni il paziente andò periodicamente soggetto a stati d'animo depressivi che iniziavano nel primo pomeriggio e raggiungevano l'acme verso le cinque; tale sintomo sussisteva ancora all'epoca del trattamento analitico. La depressione ricorrente sostituiva gli accessi di febbre o di spossatezza di quella precedente età; e le cinque del pomeriggio rappresentavano o l'ora dell'acme febbrile di allora, o quella dell'osservazione del coito, a meno che le due ore non avessero coinciso.[6] Probabilmente proprio a causa della sua malattia il bimbo si trovava nella camera dei gentori. Questa malattia, la cui esistenza è confermata dalla diretta tradizione familiare, ci permette di situare l'evento nell'estate, e quindi di attribuire al bambino (nato il giorno di Natale) l'età di $n + 1\frac{1}{2}$ anni.[7]

Dunque il bambino aveva dormito, nel suo lettino, nella camera dei genitori e si era svegliato durante il pomeriggio, probabilmente a causa della febbre che aumentava; e forse proprio alle cinque, l'ora che contraddistinguerà in seguito la sua depressione. Concorda con la nostra ipotesi che si trattasse di un caldo giorno d'estate se supponiamo che i genitori, semisvestiti,[8] si fossero ritirati in camera per un sonnellino pome-

[4] Si poteva pensare anche all'età di sei mesi, ma l'ipotesi era assai meno verosimile dell'altra, anzi a malapena sostenibile.

[5] Vedi le metamorfosi che questo fattore ha subìto in seguito, nel corso della nevrosi ossessiva. Nei sogni fatti durante la cura esso veniva sostituito da un forte vento. [*Aggiunta del 1924:*] *Aria* = Luft [aria in tedesco. *Mal-aria* = cattiva aria].

[6] Si rilevi in connessione con ciò che nel disegno del paziente appaiono soltanto *cinque* lupi, nonostante il testo del sogno ne menzioni *sei* o *sette*.

[7] [$n + \frac{1}{2}$ sarebbe forse più chiaro. Poiché 6 mesi è la distanza che intercorre fra la data di nascita del paziente e l'estate, all'epoca del trauma egli doveva avere 0 anni + 6 mesi o 1 anno + 6 mesi o 2 anni + 6 mesi e così via. Tuttavia l'età di 0 anni + 6 mesi è già stata esclusa da Freud (vedi in questa pagina la nota 4).]

[8] Con addosso *biancheria* intima: *i lupi bianchi*.

ridiano. Al suo risveglio il bambino assistette a un *coitus a tergo* ripetuto tre volte,[9] riuscì a vedere sia l'organo genitale di sua madre sia il membro del padre e comprese il processo nonché il suo significato.[10] Alla fine disturbò il rapporto sessuale dei genitori in un modo di cui diremo più avanti.

In fondo non v'è nulla di straordinario, nulla che appaia frutto di un'immaginazione smodata se in una calda giornata estiva una coppia giovane, sposata da pochi anni, conclude con atti amorosi un sonnellino pomeridiano senza preoccuparsi della presenza di un figlioletto di un anno e mezzo, addormentato nel suo lettino. Penso anzi che si tratti di un fatto assolutamente banale e comune, né la posizione in cui – stando alle nostre deduzioni – si era svolto il coito cambia questa valutazione; tanto più, poi, che dal nostro materiale documentario non risulta affatto che il coito fosse stato effettuato tutte e tre le volte *a tergo*. Una volta sola sarebbe stata sufficiente per dar modo al bambino di compiere quelle osservazioni che un altro atteggiamento dei due amanti avrebbe reso più difficili o impossibili. Il contenuto della scena stessa non può essere quindi un argomento contro la sua attendibilità. Il sospetto di inverosimiglianza si accentrerà piuttosto su tre altri punti. In primo luogo se un bimbo della tenera età di un anno e mezzo sia in grado di accogliere le percezioni relative a un processo così complicato e di serbarle tanto fedelmente nel suo inconscio. In secondo luogo se un'elaborazione differita delle impressioni così ricevute possa prodursi e spingersi sino alla comprensione all'età di quattro anni. Infine, se esista un procedimento capace di render coscienti, in modo coerente e persuasivo, i particolari di una scena del genere, vissuta e compresa in quelle circostanze.[11]

[9] Perché tre volte? Un giorno il paziente sostenne inopinatamente che questo particolare era stato accertato da me, grazie all'interpretazione. Ma non era affatto così. Si trattava di una sua associazione spontanea, sottrattasi a ulteriore riflessione critica; come era sua abitudine, il paziente me l'aveva attribuita per conferirle, con questa proiezione, un'attendibilità maggiore.

[10] Intendo dire che lo comprese all'epoca del sogno, a quattro anni, non al momento dell'osservazione. In altre parole, a un anno e mezzo egli raccolse impressioni la cui comprensione differita fu poi resa possibile dal suo sviluppo, dall'eccitamento sessuale e dall'esplorazione sessuale infantile.

[11] Non si può aggirare la prima difficoltà supponendo che il bambino avesse un anno di più, ossia due anni e mezzo, età in cui probabilmente era capace di

Più avanti vaglierò accuratamente queste e altre perplessità. Per ora assicuro il lettore che il mio atteggiamento di fronte all'opportunità di ammettere l'osservazione suddetta da parte del bambino non è meno critico del suo, e lo prego quindi di unirsi a me nel prestar fede *provvisoriamente* alla realtà di questa scena. Procederemo in primo luogo con l'esame dei rapporti tra questa *"scena primaria"*, e il sogno del nostro paziente, i suoi sintomi e le vicende ulteriori della sua vita; in particolare cercheremo di individuare quali effetti siano derivati dal contenuto essenziale di questa scena e da una delle impressioni visive ricevute dal bambino.

Mi riferisco con ciò alle posizioni viste assumere dai genitori, l'uomo eretto e la donna prona come un animale. Abbiamo già sentito che all'epoca dell'angoscia del bambino, sua sorella soleva spaventarlo con l'illustrazione di un libro di fiabe che mostrava un lupo in posizione eretta, con un piede proteso, gli artigli sporgenti, le orecchie ritte. Durante la cura il paziente frugò instancabilmente i negozi di libri usati finché non ebbe ritrovato il libro di fiabe illustrate della sua infanzia; riconobbe così il suo spauracchio in un figura che illustrava la fiaba del *Lupo e i sette capretti*. Egli riteneva che la posizione del lupo avesse potuto rammentargli la posizione assunta dal padre durante la scena primaria che era stata costruita. Comunque sia, la figura era servita da punto di partenza per altre manifestazioni d'angoscia. Un giorno, all'epoca del suo settimo o ottavo anno, avendo saputo che l'indomani sarebbe arrivato un nuovo precettore, egli lo aveva sognato la notte stessa sotto forma di un leone che, nella stessa posizione del lupo della figura, si avvicinava al suo letto ruggendo selvaggiamente; e si era anche allora svegliato in preda all'angoscia. A quell'epoca la fobia dei lupi era già superata; egli era quindi libero di scegliersi un altro animale come fonte d'angoscia; riconobbe comunque nel precettore di questo sogno più tardo una figura sostitutiva del

parlare chiaramente. Per il mio paziente questo spostamento di data è escluso in modo quasi assoluto da tutte le circostanze collaterali del caso. Del resto si noti che la scoperta di simili scene di osservazione del coito dei genitori è tutt'altro che rara nell'analisi. E loro condizione è proprio che si producano nella prima infanzia; difatti, quanto più grande è il bambino, tanto più accuratamente i genitori di un certo livello sociale gli precludono le occasioni di una simile osservazione.

padre. Negli ultimi anni dell'infanzia tutti i suoi insegnanti assunsero parimenti una funzione paterna e furono rivestiti, nel bene e nel male, di un influsso paterno.

La sorte gli fornì una singolare occasione di ravvivare durante gli anni del ginnasio la sua fobia dei lupi, e di rendere la relazione su cui si fondava la fobia stessa foriera di gravi inibizioni. Il professore di latino della sua classe si chiamava *Wolf*.[12] Fin dall'inizio si era sentito intimidito di fronte a costui che un giorno lo redarguì severamente per uno stupido errore commesso in una versione latina; da quel momento in poi non poté più liberarsi da una paura paralizzante che lo prendeva al cospetto di questo professore, e che presto si estese ad altri insegnanti. Ma anche l'elemento che aveva occasionato lo strafalcione nella traduzione non era insignificante. Egli doveva tradurre la parola latina *filius*, e per farlo si era servito del francese *fils* invece che del corrispondente vocabolo della sua madrelingua. Il lupo continuava dunque ad essere suo padre.[13]

Il primo "sintomo passeggero",[14] manifestato dal paziente durante il trattamento si ricollegò nuovamente alla fobia dei lupi e alla fiaba dei sette capretti. Nella camera in cui si svolsero le prime sedute v'era un grande orologio a muro dirimpetto al paziente, che stava sdraiato sul divano volgendomi le spalle. Notai che di tanto in tanto egli girava il volto verso di me, mi guardava molto amichevolmente come per rabbonirmi, poi andava con lo sguardo da me all'orologio. Pensai allora che il paziente testimoniasse così la sua ansia che l'ora finisse. Molto tempo dopo egli mi rammentò questo suo modo di ge-

[12] [In tedesco *Wolf* = lupo.]

[13] Dopo la sgridata ricevuta dal professore-lupo, il ragazzo seppe che, a parere di tutti i suoi compagni, costui si aspettava del... denaro da lui per essere rabbonito. Su questo aspetto della cosa torneremo più avanti. Mi rendo conto che faciliterebbe assai una concezione razionalistica di questa storia infantile poter supporre che tutta la paura del lupo fosse originata in realtà dall'insegnante omonimo, che essa fosse stata poi proiettata all'indietro nell'infanzia e avesse, appoggiandosi sull'illustrazione del libro di fiabe, originato la fantasia della scena primaria. Ma quest'ipotesi è insostenibile; la priorità cronologica della fobia dei lupi e la sua assegnazione agli anni infantili trascorsi nella prima tenuta sono stabilite con certezza assoluta. Che dire poi del sogno compiuto a quattro anni?

[14] Vedi S. Ferenczi, *Über passagere Symptombildungen während der Analyse*, Zbl. Psychoanal., vol. 2, 588 sgg. (1912).

stire e me ne fornì la spiegazione ricordando che il più piccolo dei sette capretti si era nascosto nella cassa dell'orologio a muro mentre i sei fratelli venivano divorati dal lupo. Dunque, era come se il paziente avesse voluto dire: — Sii buono con me; debbo avere paura di te? mi vuoi divorare? debbo nascondermi nella cassa dell'orologio, come il più piccolo dei capretti?

Il lupo temuto dal paziente era indubbiamente il padre, ma la sua paura del lupo era subordinata alla condizione che l'animale fosse rappresentato in posizione eretta. Egli ricordava con assoluta certezza di non esser stato intimorito dalla figura del lupo che cammina a quattro zampe o che giace nel letto come nella fiaba di Cappuccetto Rosso. Altrettanto significativa era la posizione che, secondo la nostra costruzione della scena primaria, egli aveva visto assumere dalla donna; questo significato però restava limitato alla sfera sessuale. Le manifestazioni più appariscenti della sua vita amorosa dopo la maturità consistevano in accessi di innamoramento sensuale ossessivo per questa o quella donna; essi si producevano e scomparivano in enigmatica successione, sviluppavano in lui un'enorme energia anche in periodi di inibizione marcata e si sottraevano completamente al suo controllo. In virtù di una connessione particolarmente preziosa sono costretto a dilazionare la valutazione approfondita di questi stati amorosi di tipo ossessivo; posso tuttavia già dichiarare che essi erano soggetti a una determinata condizione, celata alla coscienza del paziente e che fu possibile identificare solo nel corso della cura. La donna doveva aver assunto la posizione che abbiamo attribuito alla madre nella scena primaria. Dall'epoca della sua pubertà il paziente vedeva nelle natiche grosse e prominenti la principale attrattiva della donna; il coito che non fosse *a tergo* non gli procurava quasi alcun godimento. Si obietterà giustamente che la predilezione sessuale per le parti posteriori del corpo costituisce una caratteristica generale delle persone inclini alla nevrosi ossessiva, e ch'essa non basta a renderne legittima la derivazione da una particolare impressione dell'infanzia. Tale predilezione sarebbe parte di quel tutto che configura la disposizione erotico-anale e ne costituirebbe anzi uno dei tratti arcaici caratterizzanti. In effetti, l'accoppiamento da dietro, *more ferarum*, può considerarsi la più antica forma di copulazione dal punto di vista filogenetico. Anche su questo punto ritorneremo in seguito, quando avremo messo in luce il materiale su cui si basa la condizione inconscia alla quale è soggetto lo stato di innamoramento del paziente.

Proseguiamo ora l'esame dei rapporti tra sogno e scena primaria. Ci saremmo potuti attendere che il sogno presentasse al bambino – felice all'idea che il Natale appagherà i suoi desideri – quell'immagine di soddisfacimento sessuale ad opera del padre che egli aveva osservato nella scena primaria; tale scena era infatti il prototipo del soddisfacimento che il bambino bramava ottenere dal padre. Al posto di questa immagine, appare invece il materiale della storia che il nonno aveva raccontato poco prima: l'albero, i lupi, la mancanza di coda (nella forma sovracompensata delle folte code dei presunti lupi). Notiamo la mancanza di un nesso, di un ponte associativo che conduca dal contenuto della scena primaria a quello della storia dei lupi. Anche questa volta il collegamento ci è dato dalla posizione, e solo da questa. Nel racconto del nonno il lupo senza coda invita gli altri a *montargli sopra*. Attraverso questo dettaglio si destò il ricordo visivo della scena primaria; per questa via il materiale di tale scena poté venir rappresentato dalla storia dei lupi. Al tempo stesso, i *due* genitori furono sostituiti, come il bambino desiderava, da *più* lupi. Il contenuto del sogno subì un'ulteriore trasformazione: il materiale della storia dei lupi si adattò al contenuto della fiaba dei sette capretti desumendone il numero sette.[15]

Il modo in cui si trasforma il materiale (scena primaria – storia dei lupi – fiaba dei sette capretti) rispecchia l'evoluzione dei pensieri del sognatore durante la formazione del sogno: anelito al soddisfacimento sessuale ad opera del padre – comprensione che l'evirazione ne costituisce una condizione – paura del padre. Soltanto ora, a mio avviso, la spiegazione del sogno d'angoscia del bambino quattrenne può considerarsi esaurientemente compiuta.[16]

[15] Il sogno dice "sei o sette". Sei è il numero dei figliolini divorati, il settimo si salva rifugiandosi nella cassa del pendolo. È stretta norma dell'interpretazione onirica che ogni dettaglio trovi la sua spiegazione.

[16] Ora che sono riuscito a compiere la sintesi di questo sogno, cercherò di esporre brevemente i rapporti tra il contenuto manifesto e i pensieri onirici latenti.

Era notte e mi trovavo nel mio letto. Il secondo periodo riproduce l'esordio

Dopo quanto è stato detto finora, possiamo soffermarci brevemente sull'azione patogena della scena primaria e sulle alterazioni che la sua reviviscenza ha provocato nello sviluppo sessuale del paziente. Di questi effetti, esamineremo soltanto quelli

della scena primaria. "Era notte" è una deformazione per "avevo dormito". L'osservazione: "Sapevo ch'era inverno mentre sognavo, e ch'era notte" si riferisce al ricordo che il soggetto ha del sogno, non già al contenuto di questo. Tale osservazione è esatta; era una delle notti precedenti il giorno del suo compleanno, che coincideva col giorno di Natale.

Improvvisamente la finestra si aprì da sola. Da tradurre: "Improvvisamente mi svegliai da solo", ricordo della scena primaria. L'influenza della storia dei lupi (il lupo che balza dentro dalla finestra) si afferma arrecando una modifica e trasformando in espressione figurata l'espressione diretta. Al tempo stesso l'introduzione dell'elemento finestra serve a collegare al presente l'ulteriore contenuto del sogno. La sera di Natale la porta si apre improvvisamente e appare l'albero con i doni. Si afferma in tal modo l'influsso dell'attesa attuale del Natale, che include il desiderio del soddisfacimento sessuale.

Il grosso noce. Rappresenta l'albero di Natale, cioè un elemento attuale; ma anche l'albero della storia dei lupi, sul quale si rifugia il sarto inseguito e ai cui piedi stanno in agguato i lupi. A quanto ho costatato più volte, l'alto albero è anche un simbolo del guardare, del voyeurismo. Stando seduti su un albero si può vedere quel che succede sotto, senza essere visti. Confronta la nota novella del Boccaccio [giornata settima, IX] e analoghe facezie.

I lupi. Il loro numero, *sei* o *sette*. La storia dei lupi parla di un branco, senza indicare il numero. La precisazione nel sogno mostra l'influsso della fiaba dei sette capretti, di cui sei vengono divorati. La sostituzione del numero due della scena primaria (i genitori) con una pluralità che nella scena primaria sarebbe stata assurda, è consona alla resistenza come mezzo di deformazione. Nel disegno che illustra il sogno il sognatore porta a espressione il numero cinque, inteso presumibilmente a rettificare l'indicazione "era notte".

Stanno seduti sull'albero. Sostituiscono in primo luogo i regali che pendono dall'albero di Natale. Ma sono altresì collocati sull'albero perché ciò può significare che guardano. Nella storia del nonno sono raggruppati sotto l'albero; dunque nel sogno il loro rapporto con l'albero è invertito, donde può desumersi che il sogno presenti anche altre inversioni del materiale latente.

Lo guardano con concentrata attenzione. Il particolare proviene decisamente dalla scena primaria ed è entrato nel sogno a prezzo di un capovolgimento totale.

Sono tutti bianchi. Questo tratto in sé non essenziale ma fortemente sottolineato nel resoconto del sognatore deve la sua intensità a un'ampia fusione di elementi desunti da tutti gli strati del materiale e combina dettagli secondari delle altre fonti del sogno con un frammento più significativo della scena primaria. Quest'ultima determinazione risale indubbiamente al bianco del letto e degli indumenti intimi dei genitori; ad esso si aggiunga il bianco delle greggi di pecore e dei cani da pastore (allusione all'esplorazione sessuale condotta dal bambino sugli animali), il bianco della fiaba dei sette capretti, in cui la capra madre viene riconosciuta dalla zampetta bianca. Vedremo più oltre che la biancheria candida contiene altresì un'allusione alla morte. [Per la verità un riche trovano espressione nel sogno. Più avanti dovremo costatare che dalla scena primaria non scaturì una sola ma tutta una serie di correnti sessuali: un vero sminuzzamento della libido. Inoltre rileveremo che la riattivazione di questa scena (evito di proposito la parola "ricordo") ebbe lo stesso effetto che avrebbe avuto un avvenimento recente. La scena, a effetto ritardato, non perdette nulla della sua freschezza nell'intervallo di età tra l'anno e mezzo e i quattro anni. Forse in ciò che segue troveremo perfino motivo di supporre che essa esercitò determinati effetti già all'epoca in cui fu percepita, cioè a partire dall'età di un anno e mezzo.

chiamo evidente a questo tema non è rintracciabile. Freud si riferisce forse all'episodio del sudario (vedi oltre p. 236).]

Stanno seduti immobili. Ciò contraddice l'elemento più rilevante della scena osservata: l'intenso movimento che mediante la posizione a cui dà luogo stabilisce il collegamento tra scena primaria e storia dei lupi.

Hanno code come le volpi. Ciò è inteso a contraddire una conclusione che il bambino ha ricavato dalla ripercussione della scena primaria sulla storia dei lupi; tale conclusione va considerata il risultato più importante dell'esplorazione sessuale: l'evirazione è dunque una realtà. Il terrore con cui è accolto questo risultato dell'indagine si apre alla fine una strada nel sogno e ne provoca la conclusione.

La paura di essere divorato dai lupi. Al sognatore questa paura non sembrava motivata dal contenuto del sogno. Riteneva che non avrebbe dovuto intimorirsi, giacché i lupi avevano piuttosto l'aspetto di volpi o di cani e non si avventavano su di lui come per morderlo, ma erano anzi tranquillissimi e niente affatto terribili. Notiamo che il lavoro onirico si è per un certo tempo sforzato di rendere inoffensivi gli elementi penosi mediante trasformazioni in senso contrario (i lupi non si muovono, hanno bellissime code). Ma alla fine l'espediente fallisce e la paura esplode. Essa trova modo di esprimersi grazie alla fiaba in cui i capretti-bambini vengono divorati dal lupo-padre. È anche possibile che questo contenuto fiabesco abbia ricordato al bambino minacce scherzose fattegli dal padre mentre giocava con lui, talché la paura di esser divorato dal lupo può essere sia una reminiscenza sia un elemento sostitutivo dovuto a spostamento.

I desideri che motivano questo sogno sono palesi. Al desiderio diurno di superficie che sia già arrivato il Natale coi suoi doni (sogno d'impazienza), si aggiunge il desiderio profondo, e a quell'epoca permanente, di ottenere dal padre il soddisfacimento sessuale: desiderio subito sostituito da quello di rivedere la scena che tanto lo aveva avvinto. Appagato questo desiderio mediante l'evocazione della scena primaria, il processo psichico continua a svolgersi fino al ripudio del desiderio e alla rimozione di esso — resisi ora inevitabili.

L'ampiezza e la ricchezza di particolari di quest'esposizione derivano dall'intento di offrire al lettore qualcosa che sia paragonabile alla forza probante dell'analisi condotta su sé medesimi. Ciò d'altra parte potrebbe scoraggiarlo dalla pretesa che si pubblichino i resoconti di analisi protrattesi per più anni.

Quando il paziente si addentrò profondamente nella situazione della scena primaria, ne emersero i seguenti elementi che derivavano dalla sua percezione di sé: sostenne di avere creduto a tutta prima che l'atto di cui era stato testimone fosse un atto di violenza; poi però, siccome l'espressione di gioia che aveva visto dipingersi sul volto della madre non si accordava con questa supposizione, aveva dovuto riconoscere che da questo atto si ricava una soddisfazione.[17] La novità essenziale arrecatagli dalla visione dell'accoppiamento dei suoi genitori fu il convincimento della realtà dell'evirazione della cui possibilità egli si era già occupato in precedenza (di fronte alla visione delle due bambine in atto di mingere, alla minaccia della nanja, all'interpretazione che la governante aveva dato dei bastoncini di zucchero, al ricordo del serpente fatto a pezzi dal padre). Ora, egli vedeva coi propri occhi la "ferita" di cui gli aveva parlato la nanja e capiva che la presenza di essa costituiva una condizione necessaria per avere rapporti col padre. Non poteva più confondere questa ferita con il "popò", come quando aveva osservato le due bimbette.[18]

[17] Di questa dichiarazione del paziente possiamo forse render ragione più facilmente se supponiamo che la prima volta egli abbia osservato un coito in posizione normale, che certamente suscita l'impressione di un atto sadico; successivamente la posizione sarebbe stata cambiata, dandogli l'opportunità di compiere altre osservazioni e di formarsi altri giudizi. Peraltro quest'ipotesi non è confermata, né mi sembra indispensabile. Non bisogna dimenticare la situazione reale a cui è soggetta l'esposizione riassuntiva del testo; l'analizzato, che ha oltre venticinque anni, presta alle impressioni e agli impulsi dei suoi quattro anni parole che a quell'età non avrebbe mai saputo trovare. Se non si tien conto di questa circostanza, può apparire comico e incredibile che un bambino di quattro anni sia capace di giudizi così pertinenti e di pensieri così dotti. Anche in questo caso, ci troviamo semplicemente di fronte a un *effetto ritardato*. A un anno e mezzo il bambino riceve un'impressione a cui non può reagire adeguatamente; solo a quattro anni, rianimando questa impressione, la intende e ne è colpito; e solo due decenni dopo, nel corso dell'analisi, riesce a comprendere appieno, grazie a un processo mentale cosciente, quel che allora era avvenuto in lui. Comprensibilmente l'analizzato trascura le tre fasi temporali e innesta il suo Io attuale nella situazione verificatasi tanto tempo prima. Noi lo seguiamo in questo procedimento, giacché se l'autoosservazione e l'interpretazione sono corrette esse dovranno portare agli stessi risultati che si avrebbero se si potesse trascurare la distanza tra la seconda e la terza fase temporale. Inoltre, non disponiamo di alcun mezzo diverso da questo per descrivere i processi avvenuti nella seconda fase.

[18] Trattando dell'erotismo anale del paziente, vedremo in che modo egli ebbe a sviluppare ulteriormente questa parte del problema.

Il sogno si concluse con una sensazione di angoscia che sparì soltanto quando il bambino ebbe vicino a sé la nanja. Egli era dunque corso da lei per sfuggire al padre. L'angoscia costituiva un ripudio del desiderio di ottenere dal padre il soddisfacimento sessuale, del desiderio cioè che aveva ispirato il sogno. L'espressione di questa angoscia, "la paura di esser divorato dal lupo", era soltanto una trasposizione (regressiva, come vedremo) del desiderio di esser posseduto carnalmente dal padre, ossia di esser soddisfatto da lui come la madre. La sua meta sessuale ultima, l'atteggiamento passivo verso il padre, era incorsa nella rimozione e al suo posto era comparsa la paura del padre sotto forma di fobia dei lupi.

E la forza motrice di questa rimozione? L'insieme delle circostanze ci porta a ravvisarla con certezza nella libido genitale narcisistica; quest'ultima, poiché provvede alla salvaguardia del membro virile, si ribellava contro una forma di soddisfacimento che sembrava necessariamente comportare la rinuncia al membro stesso. Dal suo narcisismo minacciato il bambino trasse dunque la virilità con cui si difese dall'atteggiamento passivo verso il padre.

Ci rendiamo conto che a questo punto dell'esposizione occorre cambiare terminologia. Con il sogno il bambino attinse un nuovo stadio di organizzazione sessuale. Fino ad allora, i contrari sessuali erano stati per lui l'*attivo* e il *passivo*. Dall'epoca della seduzione la sua meta sessuale era stata passiva e consisteva nel farsi toccare i genitali; in virtù della regressione allo stadio precedente sadico-anale, essa si trasformò poi nella meta masochistica di essere battuto e punito. Raggiungere questa meta con un maschio o con una femmina gli era indifferente. Senza curarsi della differenza di sesso era passato dalla nanja al padre; aveva preteso dalla prima che gli toccasse il membro, provocò il secondo per riceverne le percosse. In questa fase i genitali non entravano più in questione, sebbene il nesso con questi, dissimulato dalla regressione, comparisse ancora nella fantasia di esser picchiato sul pene. Ed ecco che la riattivazione onirica della scena primaria ricondusse il paziente all'organizzazione genitale. Scoprì la vagina e il significato biologico della mascolinità e della femminilità. Comprese che attivo equivale a maschio, passivo a femmina. Dunque, la sua meta sessuale passiva avrebbe dovuto trasformarsi a questo punto in senso femminile ed esprimersi nell'idea di esser posseduto *carnalmente dal padre*, anziché in quella di essere *picchiato da lui sul pene o sul sedere*. Ma questa meta femminile soggiacque alla rimozione e fu costretta a farsi sostituire dalla paura del lupo.

A questo punto dobbiamo sospendere l'esame dello sviluppo sessuale del paziente in attesa di trarre dalle successive fasi della sua storia nuovi elementi che gettino luce su questo stadio più antico. Per la comprensione della fobia dei lupi aggiungerò soltanto che sia il padre sia la madre si trasformarono in lupi. La madre assunse il ruolo del lupo evirato che invita gli altri a montargli sopra, il padre del lupo che monta. Ma il paziente ci assicurò di aver avuto paura solo del lupo eretto, ossia del padre. Ci colpisce inoltre il fatto che il terrore con cui si era concluso il sogno trovava un modello nel racconto del nonno. Il lupo evirato, che ha invitato gli altri a montargli sopra, è colto dal terrore non appena gli viene ricordata la sua mancanza di coda. Sembra dunque che nel corso del sogno il bambino si sia identificato con la madre evirata e abbia lottato contro quest'identificazione. Quasi si fosse detto: "Se vuoi esser soddisfatto dal papà, devi accettare l'evirazione come la mamma. Ma a questo io mi oppongo." Siamo insomma di fronte a una chiara protesta da parte della sua virilità! Occorre peraltro tener presente che l'evoluzione sessuale di questo caso ha, dal punto di vista della nostra indagine, il grande svantaggio di aver subìto dei perturbamenti. Tale evoluzione, dapprima influenzata in modo decisivo dalla seduzione, fu poi fuorviata dalla scena dell'osservazione del coito, la quale, in virtù del suo effetto ritardato, agì come una seconda seduzione.

5. *Alcune osservazioni polemiche*

È stato detto che l'orso polare e la balena non possono farsi guerra perché, confinati ognuno nel proprio elemento, non s'incontrano mai. Parimenti impossibile è per me discutere con quegli psicologi o specialisti in malattie nervose che non accettano le premesse della psicoanalisi e ne ritengono artefatti i risultati. Ma accanto al rifiuto di costoro si è sviluppata in questi ultimi anni l'opposizione di un'altra specie di studiosi, i quali, almeno a loro dire, restano sul terreno dell'analisi, non ne contestano la tecnica e i risultati, ma solo si ritengono autorizzati a trarre da questo stesso materiale conclusioni diverse e a inquadrarlo in concezioni differenti.

Le controversie teoriche sono generalmente sterili. Quando si comincia ad allontanarsi dal materiale al quale si dovrebbe attingere si corre il rischio di inebriarsi delle proprie affermazioni e di approdare a conclusioni che ogni osservazione empirica avrebbe potuto confutare. Mi sembra perciò di gran lunga più opportuno combattere le opinioni che divergono dalle nostre verificandone l'attendibilità su casi e problemi singoli.

Ho già dichiarato (vedi pp. 176 sg.) che le perplessità si sarebbero accentrate soprattutto sui seguenti punti: "In primo luogo se un bimbo della tenera età di un anno e mezzo sia in grado di accogliere le percezioni relative a un processo così complicato e di serbarle tanto fedelmente nel suo inconscio. In secondo luogo se l'elaborazione differita delle impressioni così ricevute possa prodursi e spingersi sino alla comprensione all'età di quattro anni. Infine, se esista un procedimento capace di render coscienti, in modo coerente e persuasivo, i particolari di una scena del genere, vissuta e compresa in quelle circostanze."

L'ultima è una pura questione di fatto. Chi, avvalendosi della tecnica prescritta, si dia la pena di spingere l'analisi a simili profondità si convincerà che la cosa è possibilissima. Chi invece non si dà questa pena e interrompe l'analisi a uno strato più superficiale, perde il diritto di formarsi un'opinione in proposito. Con ciò tuttavia non si risolve la questione di come vadano concepite le acquisizioni dell'analisi del profondo.

Gli altri due dubbi si basano su una sottovalutazione delle impressioni della prima infanzia, non ritenute suscettibili di effetti così durevoli. Chi si fa interprete di questi dubbi sostiene che l'etiologia delle nevrosi va ricercata quasi esclusivamente nei gravi conflitti della vita ulteriore, e pensa che sono gli stessi nevrotici, con la loro propensione a esprimere i propri interessi attuali attraverso reminiscenze e simboli di un passato lontano, a illuderci sull'importanza dell'età infantile. Una valutazione come questa del fattore infantile comporta la rinuncia a qualcosa che appartiene da tempo alle caratteristiche più profonde dell'analisi, ma implica altresì l'eliminazione di molti aspetti che provocano le resistenze contro la psicoanalisi e le alienano la fiducia del pubblico.

Il punto di vista che ci accingiamo ora a mettere in discussione è dunque il seguente: le scene della prima infanzia che ci vengono fornite da un'analisi esauriente, come ad esempio quella compiuta nel nostro caso, non sono la riproduzione di avvenimenti reali ai quali sarebbe possibile riconoscere un'influenza sulla vita ulteriore e sulla formazione dei sintomi; sono invece formazioni fantastiche, nate da stimoli occorsi in età adulta, destinate a fungere in certo qual modo da rappresentazione simbolica di desideri e interessi reali: tali fantasie debbono la loro origine a una tendenza regressiva, alla tendenza a sottrarsi ai compiti del presente. Se le cose stessero così potremmo ovviamente risparmiarci tutte quelle strane supposizioni sulla vita psichica e la capacità intellettuale dell'infante.

Numerose circostanze di fatto depongono in favore di questo punto di vista oltre al desiderio, comune a noi tutti, di razionalizzare e semplificare un compito difficile. È anche possibile fugare immediatamente un dubbio che potrebbe sorgere proprio nell'animo dell'analista pratico. Bisogna infatti ammettere che se anche la suddetta concezione delle scene infantili fosse giusta, lo svolgimento della cura analitica non subirebbe, a tutta prima, modificazione alcuna. Se fosse vero che il nevrotico ha la brutta abitudine di distogliere il suo interesse dal presente e ancorarlo a queste formazioni regressive e sostitutive della sua immaginazione, non potremmo far altro che seguirlo nel suo cammino e rendergli coscienti queste produzioni inconsce, giacché esse sarebbero – a parte il loro non-valore obiettivo – della massima importanza per noi quali attuali titolari e portatrici dell'interesse che vogliamo liberare per rivolgerlo ai compiti del presente. L'analisi dovrebbe dunque esser condotta esattamente come se prestassimo ingenuamente fede alla realtà delle fantasie in questione. Solo alla fine del trattamento, dopo aver portato in luce le fantasie stesse, ci sarebbe una differenza; l'analista dovrebbe dire al malato: – Benissimo; la sua nevrosi si è svolta come se lei avesse ricevuto queste impressioni nell'infanzia e poi avesse continuato a ricamarci sopra. Ma ammetterà che ciò non è possibile. Si trattava soltanto di prodotti della sua fantasia, destinati a distoglierla dai problemi reali che le stavano di fronte. Ora vediamo di scoprire quali fossero questi problemi e per quali vie si siano collegati alle sue fantasie –. Liquidate così le fantasie infantili, si inizierebbe una seconda fase del trattamento, rivolta alla vita reale.

Ogni scorciatoia, vale a dire ogni alterazione della cura analitica quale s'è praticata sino ad oggi, è pertanto tecnicamente inammissibile. Se queste fantasie non sono rese coscienti al malato in tutta la loro estensione diventa impossibile restituirgli la libera disponibilità degli interessi ad esse vincolati. Se cerchiamo di distogliere il paziente da queste fantasie non appena ne intravediamo l'esistenza e i contorni generali, non facciamo che aiutare l'opera della rimozione che le ha poste fuori della portata di tutti i suoi sforzi. Se infine le svalutiamo prematuramente ai suoi occhi, dicendogli che si tratta solo di fantasie destituite di significato obiettivo, non otterremo mai la sua collaborazione per riportarle alla coscienza. Dunque, se si procede correttamente, la tecnica analitica non subirà alcuna modifica, comunque si considerino le scene infantili.

Ho già detto che la tesi secondo la quale queste scene corrispondono a fantasie regressive può chiamare in suffragio diversi elementi di fatto. E innanzitutto questo: queste scene infantili non vengono riprodotte nell'analisi sotto forma di ricordi (almeno questa è la mia esperienza sino ad oggi), ma sono il frutto della costruzione analitica. Non c'è dubbio che questa ammissione sembrerà a molti sufficiente per dirimere la questione.

Non vorrei essere frainteso. Ogni analista sa e costata quotidianamente che in un trattamento ben riuscito il paziente comunica una quantità di ricordi spontanei della sua infanzia che affiorano – talora per la prima volta – senza che il medico se ne senta in alcun modo responsabile, non avendo egli compiuto alcun tentativo di costruire alcunché che avrebbe potuto suggerire al malato idee simili a quelle che formano il contenuto del ricordo. Non è neanche detto che questi ricordi sino ad allora inconsci siano sempre veri; possono esserlo, ma spesso sono deformati rispetto alla verità, infarciti di elementi fantastici, proprio come i cosiddetti ricordi di copertura, spontaneamente conservati. Quel che intendo dichiarare è semplicemente questo: scene come quella del mio paziente, che si riferiscono a un'epoca così remota e hanno un contenuto di quel genere, scene che rivendicano in seguito un'importanza così straordinaria per la storia del caso, non vengono di norma riprodotte sotto forma di ricordi, ma devono esser desunte – ossia costruite –, faticosamente e passo per passo, da un insieme d'indizi. Sarebbe d'altronde sufficiente all'argomentazione se mi limitassi ad ammettere che nei casi di nevrosi ossessiva queste scene non divengono coscienti a mezzo di ricordi; o se quest'asserzione la limitassi al singolo caso che qui stiamo esaminando.

Cionondimeno, io non sono d'avviso che queste scene debbano necessariamente essere fantasie per il solo fatto che non ritornano sotto forma di ricordi. Mi sembra assolutamente equivalente al ricordo se esse – come nel nostro caso – ritornano sotto forma di sogni la cui analisi ci riporta invariabilmente alla stessa scena, riproducendo ogni parte del suo contenuto in una inesauribile varietà di forme nuove. Del resto anche sognare è un modo di ricordare, anche se un ricordare soggetto alle leggi della notte e della formazione onirica. Questo ritornare nei sogni delle scene primarie spiega a mio parere il fatto che nel paziente s'instaura gradualmente il sicuro convincimento che si tratti di scene reali, convincimento in nulla inferiore a quello fondato sul ricordo.[1]

Non pretendo certo che i miei oppositori si arrendano definitivamente davanti a questi argomenti. Si sa, i sogni possono essere orientati.[2] E il convincimento dell'analizzato può essere un effetto della suggestione alla quale si vogliono attribuire funzioni sempre nuove nel giuoco di forze del trattamento analitico. In tal caso la differenza tra uno psicoterapeuta di vecchia scuola e uno psicoanalista consisterebbe solo in questo: il primo suggestionerebbe il paziente dicendogli che sta benissimo, che le sue inibizioni sono ormai superate ecc.; il secondo lo suggestionerebbe dicendogli che da bambino gli è capitata questa o quell'esperienza che ora deve ricordare se vuole guarire.

Siamo franchi: con quest'ultimo tentativo di spiegazione i miei oppositori si sbarazzano delle scene infantili assai più radicalmente di quanto si potesse pensare all'inizio. Si era cominciato col dire che queste scene non sono realtà, ma fantasie. Adesso le cose si chiariscono: non sono fantasie del malato, ma fantasie dell'analista che le impone al malato per qualche suo complesso personale. Naturalmente l'analista che si sente rivolgere quest'accusa, per tranquillizzarsi rammenterà con quanta gradualità sia stata costruita la fantasia di cui egli sarebbe il presunto ispiratore, in quanti punti essa sia emersa da sola, senza alcun incitamento da parte sua, come, a partire da una certa fase del trattamento, tutto sembrasse convergere su di essa, e in che modo poi, al momento della sintesi, ne siano scaturiti gli esiti più svariati e sorprendenti; rammentando infine come i problemi grandi e piccoli e le particolarità della storia del malato trovino in quell'unica ipotesi la loro soluzione, dichiarerà di non potersi reputare ingegnoso abbastanza per aver escogitato un evento che risponde da solo a tutti questi requi-

[1] Un punto della prima edizione della mia *Interpretazione dei sogni* (1899) indica da quanto tempo io mi occupi ormai di questo problema. A pagina 181 [dell'edizione italiana, Universale scientifica Boringhieri NN. 96/97] si fa l'analisi della seguente frase contenuta in un sogno: "*Non ne può più avere*"; e si precisa ch'essa deriva da una frase pronunciata da me. Difatti alcuni giorni prima avevo spiegato alla signora in questione "che i più remoti episodi infantili '*non si possono più avere come tali*', ma vengono sostituiti da 'traslazioni' e da sogni".

[2] Il meccanismo del sogno non è influenzabile; ma sul materiale onirico si può agire, almeno sino a un certo punto.

siti. Ma neppure questo modo di perorare la propria causa avrà effetto sugli oppositori che non hanno sperimentato l'analisi personalmente. Automistificazioni raffinate, diranno alcuni; ottusità critica, diranno altri; e la questione rimarrà al punto di prima.

Esaminiamo ora un altro fattore che parrebbe confermare la concezione dei nostri oppositori in merito alle scene infantili che sono state costruite. Tutti i processi che sono stati messi avanti per spiegare queste formazioni problematiche come fantasie esistono realmente, né si può negarne il valore. La sottrazione d'interesse dai compiti della vita reale,[3] l'esistenza di fantasie come formazioni sostitutive di azioni non portate a termine, la tendenza regressiva che si esprime in queste produzioni – regressiva in più d'un senso, perché il malato indietreggia davanti alla vita e al tempo stesso si sente riportato al passato – sono tutti fatti verissimi che l'analisi conferma invariabilmente. Tanto basta – si potrebbe dire – a spiegare queste presunte reminiscenze infantili; e, per il principio economico della scienza,[4] questa spiegazione avrebbe il diritto di precedenza sulle altre che sono costrette a ricorrere a ipotesi nuove e strane.

Qui mi permetto di far osservare che nella letteratura psicoanalitica d'oggigiorno le confutazioni vengono di norma confezionate secondo il principio della *pars pro toto*. Da un insieme assai articolato e complesso si isola una parte dei fattori che in esso operano, la si proclama l'unica verità e in suo nome si ripudia tutto il resto e l'insieme stesso. Se si esamina da vicino a quale gruppo di fattori viene attribuito questo privilegio ci si accorge che è il gruppo che contiene elementi già noti per altro verso, o che a elementi di tal genere potrebbe più facilmente esser ricondotto. Così nel caso di Jung si tratta dell'attualità e della regressione, in quello di Adler dei motivi egoistici. Viene scartato e rigettato come errore proprio ciò che la psicoanalisi contiene di nuovo, proprio ciò che le è più peculiare. È questa la via più facile per respingere le offensive rivoluzionarie dell'importuna psicoanalisi.

Non è superfluo sottolineare che nessun elemento addotto dai

[3] Per buoni motivi preferisco dire: il distogliersi della *libido* dai *conflitti* attuali.

[4] [Altrimenti noto come "il rasoio di Occam".]

miei oppositori per spiegare le scene infantili aveva bisogno di Jung che venisse a svelarlo come una gran novità. I conflitti attuali, il distogliersi dalla realtà, il soddisfacimento sostitutivo ottenuto grazie alla fantasia, la regressione verso il materiale del passato, tutto ciò fa da gran tempo parte integrante della mia dottrina in cui trova un analogo impiego, seppure con qualche differenza terminologica. Ma la mia dottrina non è tutta qui; questi sono solo alcuni dei fattori causali che a mio parere danno luogo alla formazione delle nevrosi: i fattori che assumono la realtà come punto di partenza e agiscono in direzione regressiva. Accanto a questa derivazione le mie teorie lasciano campo a un'altra forma d'influsso, progressivo in questo caso: quello che agisce a partire dalle impressioni dell'infanzia, traccia il cammino alla libido che indietreggia davanti alla vita e ci permette di comprendere la regressione verso l'infanzia, altrimenti inspiegabile. Nella mia concezione questi due ordini di fattori cooperano entrambi alla formazione dei sintomi; ma altrettanto importante mi sembra un concorso di fattori i cui effetti risalgono a un'epoca più antica. Io affermo che *l'influsso dell'infanzia si fa sentire già nello stadio iniziale della formazione delle nevrosi, poiché concorre in modo decisivo a determinare se e in qual punto l'individuo subirà uno scacco nel tentativo di padroneggiare i problemi reali della sua esistenza.*

Oggetto della controversia è dunque l'importanza del fattore infantile. Il problema è di trovare un caso che dimostri questa importanza senza possibilità di dubbio. Il caso clinico di cui qui ci occupiamo così dettagliatamente – caratterizzato dal fatto che la nevrosi dell'età adulta è preceduta da una nevrosi dei primi anni dell'infanzia – risponde appunto a tale requisito. Proprio per questo ho deciso di renderlo pubblico. Chi lo giudicasse indegno di esser preso in considerazione ritenendo la zoofobia non abbastanza importante per essere assunta come una nevrosi indipendente, tenga presente che questa fobia fu immediatamente seguìta da un cerimoniale ossessivo, nonché da azioni e idee ossessive di cui parleremo nei paragrafi seguenti.

Un'affezione nevrotica che insorge nel quarto o quinto anno di età prova innanzitutto che le esperienze infantili sono atte di per sé a produrre una nevrosi, senza bisogno della fuga di fronte alla necessità di affrontare un problema della vita. Si dirà che anche il bambino si trova continuamente di fronte a compiti cui preferirebbe sottrarsi. È vero; ma la vita di un bambino d'età pre-scolastica è facile da abbracciare ed è facile verificare se in essa si trovi un "compito" capace di provocare una nevrosi. In verità in questo caso non scopriamo altro che moti pulsionali che il bambino non riesce a soddisfare e che non è abbastanza grande per padroneggiare, insieme alle fonti da cui essi scaturiscono.

L'enorme abbreviamento dell'intervallo tra l'insorgere della nevrosi e l'epoca delle esperienze infantili in questione consente, com'era prevedibile, di ridurre al minimo la parte etiologica regressiva, e di mettere in piena luce la parte progressiva, l'influsso delle impressioni di più antica data. Questo caso clinico darà, spero, un'immagine netta di questo stato di cose. Ma anche per altri motivi le nevrosi infantili forniscono una risposta decisiva circa la natura delle scene primarie – le più remote esperienze infantili che l'analisi è riuscita a rintracciare.

Accettiamo senza discutere l'ipotesi che una scena primaria siffatta sia stata ricavata con tecnica corretta, ch'essa sia indispensabile a una soluzione coordinata di tutti gli enigmi posti dalla sintomatologia della nevrosi infantile, che tutte le conseguenze procedano da essa e tutti i fili dell'analisi vi si riconducano. Dovremo ammettere allora ch'essa non può non costituire la riproduzione di una realtà vissuta dal bambino. Poiché il bambino, come l'adulto, può produrre fantasie soltanto con materiale attinto a qualche fonte; e nel bambino molte vie per quest'acquisizione (la lettura ad esempio) sono precluse; il tempo di cui dispone per l'acquisizione è breve e facile da ripercorrere nella ricerca delle fonti.

Nel nostro caso, la scena primaria ha per contenuto l'immagine di un rapporto sessuale tra i genitori, effettuato in posizione particolarmente favorevole all'osservazione del bambino. Se la trovassimo nel caso di un malato i cui sintomi, ossia gli effetti della scena, fossero apparsi durante l'età adulta, ciò non comproverebbe in alcun modo la realtà della scena stessa. Nel lungo intervallo tra scena e sintomi il malato potrebbe infatti aver avuto diverse occasioni per acquisire impressioni, rappresentazioni e conoscenze che più tardi potrebbe aver trasformato in un'immagine fantastica e aver proiettato nell'infanzia connettendole ai suoi genitori. Ma quando gli effetti della scena appaiono nel quarto o quinto anno di vita, il bambino deve necessariamente aver assistito alla scena in età ancora antecedente. E se le cose stanno davvero così, restano in piedi tutte le sconcertanti conclusioni che abbiamo ricavato dall'analisi di questa nevrosi infantile. Qualcuno potrebbe ancora supporre che il mio paziente abbia inconsciamente prodotto con la sua fantasia non soltanto la scena primaria, ma altresì l'alterazione del proprio carattere, la paura dei lupi e la coazione religiosa; ma ciò sarebbe in contrasto sia con la natura misurata della personalità in questione, sia con la diretta tradizione della sua famiglia. Insomma, non v'è altra alternativa; o tutta l'analisi basata su questa nevrosi infantile del paziente è un vaneggiamento, o le cose stanno precisamente come ho indicato sopra.

Più addietro ci siamo imbattuti nella seguente ambiguità; da una parte, la predilezione del paziente per le natiche femminili e per il coito effettuato nella posizione in cui esse sporgono particolarmente sembra esigere la sua derivazione dall'osservazione del coito dei genitori; dall'altra siffatta predilezione costituisce una caratteristica comune alle costituzioni arcaicamente predisposte alla nevrosi ossessiva. Qui va sottolineato un elemento che risolve la contraddizione in sovradeterminazione. La persona che il bambino ha osservato in questa posizione durante il coito non è altri che il suo diletto papà dal quale egli potrebbe anche aver ereditato la suddetta predilezione costituzionale. Né la successiva malattia del padre né le vicende della famiglia depongono a sfavore di questa ipotesi; ricordiamo che un fratello del padre è morto in circostanze che vanno considerate l'esito di una grave sofferenza ossessiva.

Rammentiamo a questo proposito che la sorella del paziente, seducendo il fratellino di tre anni e tre mesi,[5] aveva proferito contro la brava vecchia bambinaia una sconcertante calunnia, affermando che costei metteva tutti a testa sotto e poi li prendeva per i genitali (p. 158). Ora ci viene fatto di pensare che forse la bambina aveva essa pure, e verso la stessa tenerissima età del fratello, assistito alla scena osservata più tardi da quest'ultimo; di qui potrebbe aver tratto la nozione del "mettere a testa sotto" durante l'atto sessuale. L'ipotesi ci

[5] [Nelle edizioni che precedono quella del 1924 era scritto: "di tre anni e sei mesi".]

fornirebbe oltretutto un'indicazione su una delle fonti della precocità sessuale della bimba.

{Non[6] avevo originariamente intenzione di proseguire a questo punto la discussione sul valore di verità delle "scene primarie". Ma poiché nel frattempo ho avuto occasione, nella mia *Introduzione alla psicoanalisi* (1915-17) [lez. 23], di trattare l'argomento più ampiamente e ormai senza intenti polemici, riterrei fuorviante non applicare le considerazioni esposte in quella sede a questo caso. A titolo di integrazione e precisazione aggiungerò dunque che è concepibile un'altra ipotesi circa la scena primaria che è alla base del sogno, ipotesi che si discosta notevolmente dalle conclusioni precedenti ed elimina molte difficoltà. Comunque questa modificazione non gioverà affatto alla teoria che vorrebbe degradare le scene infantili a simboli regressivi; tale teoria mi sembra insomma definitivamente liquidata da questa (come da qualsiasi altra) analisi di una nevrosi infantile.

Le cose potrebbero dunque spiegarsi anche nel modo seguente. All'ipotesi che il bambino abbia osservato un coito traendone la convinzione che l'evirazione può essere qualcosa di più che una vuota minaccia, non possiamo rinunciare; né possiamo fare a meno di supporre che si trattasse di un *coitus a tergo, more ferarum,* data l'importanza assunta in seguito dalla posizione dell'uomo e della donna sia nell'evoluzione della sua angoscia sia come condizione della successiva vita amorosa. Ma un altro elemento non è altrettanto insostituibile e può esser lasciato cadere. Forse quello di cui il bambino fu testimone non fu un coito tra i genitori, ma un coito tra animali, in seguito spostato sui genitori, come se egli avesse presunto che anche i genitori lo facessero in quel modo.

Collima con questa supposizione innanzitutto il fatto che i lupi del sogno sono in realtà cani da pastore e come tali appaiono anche nel disegno del paziente. Poco tempo prima del sogno il bambino era stato più volte condotto a visitare le greggi, e qui aveva visto i grossi cani bianchi, osservandone probabilmente anche il coito. Desidero mettere in relazione con questo fatto anche il numero tre citato dal paziente senza

[6] [Parentesi di Freud. Vedi p. 145, nota.]

alcun dichiarato motivo, e suppongo che si sia serbata nella sua memoria la nozione di aver assistito tre volte al coito dei cani. Ciò che sopraggiunse nel clima di eccitazione e di attesa nella notte del sogno fu dunque una trasposizione sui genitori dell'immagine mnestica recentemente acquisita con tutte le sue particolarità, trasposizione senza la quale non si sarebbero potute ottenere così potenti conseguenze affettive. In tale occasione si produsse una comprensione "ritardata" delle impressioni ricevute alcune settimane o alcuni mesi prima, fenomeno che molti di noi possono aver sperimentato di persona. La trasposizione sui genitori della copula tra i cani non si compì in forza di un qualche processo di inferenza connesso alla verbalizzazione, ma in virtù del fatto che il soggetto ricercò nella propria memoria una scena realmente avvenuta in cui i genitori apparissero insieme, e che potesse essere combinata con la situazione del coito. Tutti i dettagli della scena individuati dall'analisi del sogno potevano esser riprodotti fedelmente. Era veramente un pomeriggio estivo e il bambino soffriva di malaria; a un tratto, destatosi dal sonno, vide nella stanza entrambi i suoi genitori, vestiti di bianco... ma la scena era innocente. Il resto fu aggiunto da un desiderio ispirato più tardi dalla sua brama di sapere e fondato sulle sue esperienze relative ai cani: egli desiderava assistere non visto anche a un rapporto amoroso fra i genitori. E ora la scena edificata dalla fantasia dispiegò tutti gli effetti che le abbiamo ascritto, gli stessi che si sarebbero avuti se essa fosse realmente avvenuta e non fosse invece una giustapposizione di due diverse componenti, una anteriore e indifferente, l'altra posteriore e tale da suscitare profondissime impressioni.

È chiaro che in questo modo si alleggerisce considerevolmente la parte affidata alla nostra credulità. Non abbiamo più bisogno di ricorrere alla supposizione – ostica per molti di noi – che i genitori avessero compiuto un atto sessuale in presenza del proprio bambino, sia pure piccolissimo. L'intervallo coperto dall'effetto ritardato si riduce di molto: si estende soltanto a pochi mesi del quarto anno di vita, senza più risalire ai primi, oscuri anni dell'infanzia. Nel comportamento del bambino che compie la trasposizione dai cani ai genitori e ha paura del lupo invece che del padre non c'è quasi più nulla di strano. Egli si trova infatti in quella fase evolutiva della concezione del mondo che in *Totem e tabù* (1912-13) ho definito il ritorno del totemismo. La teoria secondo cui le scene primarie dei nevrotici si spiegherebbero come fantasie retrospettive elaborate in epoche ulteriori sembra trovare un validissimo sostegno nell'osservazione di questo caso, nonostante il nostro piccolo nevrotico avesse solo quattro anni. Pur nella sua tenera età egli è riuscito infatti a sostituire un'impressione avuta a quattro anni con la fantasia di un trauma relativo all'età di un anno e mezzo. Questa regressione non ha però nulla di enigmatico e tendenzioso. La scena da edificare doveva rispondere a certi requisiti che, date le circostanze della vita del sognatore, potevano esser trovati appunto in quell'epoca lontana, e solo in quella; per esempio, il trovarsi a letto nella camera dei genitori.

Alla maggior parte dei lettori sembrerà però decisivo, per valutare la correttezza della tesi qui prospettata, quel che posso addurre a conforto di essa dall'esame analitico di altri casi. La scena osservata nella prima infanzia di un rapporto sessuale tra i genitori – sia essa ricordo reale o fantasia – è tutt'altro che una rarità nell'analisi dei nevrotici. Forse potrebbe esser trovata con altrettanta frequenza anche nella vita di coloro che non sono diventati nevrotici. D'altra parte, ogniqualvolta l'analisi è riuscita a portare alla luce una di queste scene è emersa la stessa particolarità che ci ha colpiti nel caso del nostro paziente: la scena si riferiva a un *coitus a tergo*, l'unico che permetta allo spettatore la visione dettagliata dei genitali. Non sussiste dunque alcun dubbio che si tratta in questi casi di fantasie, forse generalmente stimolate dall'osservazione dell'accoppiamento di animali. Ma non basta: ho detto a suo tempo che la mia descrizione della scena primaria era incompleta perché mi ripromettevo di indicare più innanzi il modo in cui il bambino aveva disturbato il rapporto dei genitori. Debbo ora aggiungere che anche il modo in cui si verifica quest'interruzione è in tutti i casi lo stesso.

Posso facilmente immaginare di aver suscitato gravi sospetti da parte dei lettori di questo caso clinico. Se disponevo di questi argomenti in suffragio di una siffatta concezione della "scena primaria", come ho potuto sostenerne a tutta prima un'altra, dall'apparenza così assurda? O forse nell'intervallo tra la stesura del resoconto e quest'aggiunta ho fatto nuove esperienze che mi hanno costretto a modificare la mia concezione originaria, e per qualche motivo non ho voluto ammettere questo fatto? No, le cose non stanno così; ma in compenso ammetterò qualcos'altro. Per questa volta intendo concludere la discussione sul valore di realtà della scena primaria con un *non liquet*. L'analisi di questo caso clinico non è ancora terminata; e nel suo corso ulteriore emergerà un fattore che scuoterà la sicurezza di cui ora crediamo di poterci compiacere. Dunque non mi resta altro che rimandare i lettori ai passi dell'*Introduzione alla psicoanalisi* (1915-17) in cui ho trattato il problema delle fantasie primarie o scene primarie.}[7]

[7] [Vedi la lezione 23 dell'*Introduzione alla psicoanalisi* (1915-17 e 1932) Universale scientifica Boringhieri NN. 39-40, pp. 332 sgg.]

6. *La nevrosi ossessiva*

Per la terza volta il soggetto subì un influsso che modificò in modo decisivo il corso della sua evoluzione. Quando ebbe raggiunto i quattro anni e mezzo senza che il suo stato di eccitazione e ansietà mostrasse segni di miglioramento, la madre decise di fargli apprendere la storia biblica, nella speranza di distrarlo ed elevarlo spiritualmente. La cosa le riuscì giacché l'introduzione dell'elemento religioso mise fine alla fase precedente; ma contemporaneamente esso provocò la sostituzione dei sintomi di angoscia con sintomi di tipo ossessivo. Fino ad allora il bambino si era addormentato con difficoltà perché temeva di fare brutti sogni, come quella notte prima di Natale. Adesso prima di coricarsi doveva baciare tutte le immagini sacre della camera, recitare preghiere e fare innumerevoli segni della Croce su sé stesso e sul letto.

L'infanzia del paziente può dunque esser suddivisa approssimativamente nei seguenti periodi:

1) fase precedente alla seduzione (avvenuta quando egli aveva tre anni e tre mesi) in cui si colloca la scena primaria;

2) fase dell'alterazione del carattere, fino al sogno d'angoscia (quattro anni);

3) fase della zoofobia fino all'iniziazione religiosa (quattro anni e mezzo);

4) fase della nevrosi ossessiva, che si protrae oltre il decimo anno.

Una transizione netta e repentina da una fase all'altra non sarebbe stata nella natura delle cose né avrebbe corrisposto alla natura del nostro paziente, il quale, al contrario, aveva la peculiarità di conservare il passato e di lasciar coesistere in sé le correnti più disparate. La "cattiveria" non scomparve quando si manifestò l'angoscia e, pur diminuendo gradualmente, perdurò anche nella fase della devozione religiosa. In quest'ultimo periodo è però liquidata la fobia dei lupi. La nevrosi ossessiva ebbe un decorso discontinuo; il primo accesso fu il più lungo e intenso, altre crisi si manifestarono intorno agli otto e ai dieci anni, sempre per motivi occasionali in rapporto evidente col contenuto della nevrosi. La madre gli narrava lei stessa la storia sacra e oltre a ciò incaricava la nanja di fargli delle letture in proposito traendole da un libro illustrato. L'enfasi ovviamente cadeva soprattutto sulla storia della Passione. La nanja, donna devotissima e superstiziosa, integrava la lettura con propri commenti, ma non poteva non prestare ascolto alle obiezioni e ai dubbi del piccolo critico. Se i dissidi che allora cominciarono a scuotere il bambino si risolsero infine con la vittoria della fede, ciò fu dovuto certamente anche all'influsso della nanja.

I ricordi del malato circa le proprie reazioni di fronte all'iniziazione religiosa incontrarono dapprima la mia decisa incredulità. Ero convinto che quelli non potevano essere i pensieri di un bambino di quattr'anni e mezzo. Verosimilmente egli spostava a quell'epoca remota della sua vita pensieri scaturiti dalle riflessioni di un adulto ormai quasi trentenne.[1] Ma il paziente non volle saperne di questa rettifica; come spesso accadeva quando le nostre opinioni divergevano, non mi riuscì di persuaderlo. Infine, la concordanza dei pensieri che ricordava con i sintomi che descriveva e il modo stesso in cui i pensieri s'inserivano nel suo sviluppo sessuale mi indussero a prestar fede alle sue parole. Mi dissi anche che proprio quel tipo di critica alla dottrina religiosa che mi ero rifiutato di attribuire a lui bambino viene compiuta soltanto da un'infima minoranza di persone adulte.

Esporrò ora il materiale emerso dai ricordi del paziente, riservandomi di indagare in seguito come esso vada inteso.

[1] Ho più volte tentato di spostare di almeno un anno tutta la storia del malato, ossia la seduzione a quattro anni e tre mesi, il sogno al quinto compleanno ecc. La durata degli intervalli non poteva essere variata. Ma il soggetto si rifiutò sempre fermamente di modificare le proprie asserzioni, pur senza riuscire a eliminare i miei dubbi. Comunque, una differenza di un anno sarebbe evidentemente irrilevante ai fini dell'impressione che produce la storia di questo malato e per tutte le discussioni e deduzioni che da essa conseguono.

A quanto egli riferisce, le prime impressioni ricevute dalla storia sacra non furono gradevoli. Egli insorse innanzitutto contro la sofferenza che caratterizza la figura del Cristo, poi contro tutto l'insieme della sua storia. Rivolse la sua critica e il suo scontento contro Dio padre; se egli era davvero onnipotente, sua era la colpa se gli uomini erano cattivi e si tormentavano a vicenda, finendo poi all'inferno per questo. Doveva farli buoni. Dio stesso era responsabile di tutti i mali e di tutti i tormenti. Il bambino si sentiva contrariato dal comandamento che dice di porgere l'altra guancia dopo esser stati colpiti sulla prima, dal fatto che Cristo sulla Croce[2] avesse desiderato che il calice fosse allontanato da sé, e che non fosse avvenuto un miracolo per dimostrare che egli era figlio di Dio. Insomma, con vigile acutezza e inesorabile severità riusciva a trovare i punti deboli dei sacri testi.

Ma a queste critiche razionalistiche si associarono ben presto elucubrazioni e dubbi che ci consentono di intuire quali impulsi nascosti operavano simultaneamente in lui. Una delle prime domande che il bambino rivolse alla nanja fu se anche Cristo avesse il sedere. La nanja lo informò che Egli era Dio e uomo al tempo stesso, e come uomo aveva tutto quello che hanno gli uomini, ed era fatto come loro. Al bambino la cosa non piacque affatto, ma si consolò pensando che in fondo il sedere non è che la continuazione delle gambe. Tuttavia, acquietato a malapena il timore di esser costretto a svilire la figura sacra, ecco che un altro interrogativo lo rinvigorì: Cristo faceva anche la cacca? Non osò rivolgere questa domanda alla devotissima nanja, ma trovò una scappatoia che meglio non avrebbe potuto aiutarlo: se Cristo poteva creare il vino dal nulla, doveva anche poter trasformare in nulla la roba mangiata, e così risparmiarsi la defecazione.

Capiremo meglio queste elucubrazioni se ci rifaremo a una componente dell'evoluzione sessuale del bambino di cui abbiamo già parlato. Sappiamo che dopo la ripulsa della nanja e la conseguente repressione dell'esordiente attività genitale la sua vita sessuale si era sviluppata in direzione del sadismo e del masochismo. Tormentava e maltrattava piccoli animali, im-

[2] [Il riferimento è naturalmente al Monte degli ulivi. Freud informò i traduttori inglesi Alix e James Strachey che l'errore risaliva allo stesso paziente.]

maginava di percuotere cavalli e al tempo stesso di essere percosso in qualità di erede al trono.[3] Nel sadismo egli serbò l'antica identificazione con il padre, mentre nel masochismo elevò il padre stesso a oggetto sessuale. Egli si trovava dunque in pieno in quella fase dell'organizzazione pregenitale in cui io ravviso la disposizione alla nevrosi ossessiva. In virtù del sogno che lo aveva riportato sotto l'influsso della scena primaria, egli avrebbe potuto compiere il passo che lo separava dall'organizzazione genitale e trasformare il suo masochismo verso il padre in un atteggiamento femminile verso di lui, ossia in omosessualità. Ma il sogno non permise questo passo giacché si risolse in angoscia. Il rapporto con il padre avrebbe dovuto progredire dall'obiettivo sessuale di esser percosso da lui all'obiettivo immediatamente successivo di servire al suo coito come una donna; ma per l'opposizione della virilità narcisistica, questo rapporto venne rigettato in uno stadio ancor più primitivo e, in grazie di uno spostamento su un sostituto paterno, subì una scissione sotto forma di paura di esser divorato dal lupo; il che, peraltro, non lo esauriva affatto. Al contrario la situazione che appare assai complicata diventa intelligibile soltanto se si tiene conto della coesistenza di tre aspirazioni sessuali orientate verso il padre: dopo il sogno, dal punto di vista dell'inconscio il bambino era omosessuale; dal punto di vista della nevrosi si trovava sul piano del cannibalismo; il precedente atteggiamento masochistico, infine, restava dominante. Tutte e tre queste correnti avevano una meta sessuale passiva; si trattava dello stesso oggetto e dello stesso impulso sessuale, ma quest'ultimo aveva subìto una scissione su tre piani diversi.

La conoscenza della storia sacra dava ora al soggetto la possibilità di sublimare l'atteggiamento masochistico dominante nei confronti del padre. Egli diventò Cristo, e in ciò fu agevolato soprattutto dalla circostanza che entrambi erano nati nello stesso giorno. Si era dunque trasformato in qualcosa di grande e perdipiù in un uomo – fatto che provvisoriamente non fu accentuato abbastanza. Quando il bambino si chiedeva se anche Cristo avesse un sedere lasciava trasparire il proprio atteggiamento omosessuale rimosso; quel rimuginio altro non significava infatti che la domanda se egli stesso potesse essere usato dal

[3] Soprattutto sul pene (vedi pp. 164 sgg. [e pp. 184 sg.]).

padre come una donna, e cioè come la madre nella scena primaria. La soluzione di altre idee ossessive ci darà, più avanti, conferma di quest'interpretazione. Il suo dubbio che potesse essere riprovevole mettere in rapporto il personaggio sacro con idee del genere corrispondeva alla rimozione dell'omosessualità passiva. Notiamo ch'egli si sforzava di tenere la sua nuova sublimazione al riparo dagli elementi che scaturivano dal materiale rimosso. Ma non vi riusciva.

Non comprendiamo ancora perché il bambino insorgesse anche contro il carattere passivo del Cristo e contro il cattivo trattamento riservatogli dal Padre; in altre parole, perché cominciasse a ripudiare anche il proprio ideale masochistico, persino nella sua forma sublimata. Possiamo supporre che questo secondo conflitto fosse particolarmente favorevole all'affiorare dall'inconscio dei pensieri ossessivi degradanti propri del primo conflitto (quello tra la corrente masochistica dominante e la corrente omosessuale rimossa); infatti è ben naturale che in un conflitto psichico tutte le correnti contrastanti, anche se emananti da fonti diversissime, si sommino. Apprenderemo da informazioni ulteriori il motivo di questo suo ribellarsi e al tempo stesso delle critiche rivolte alla dottrina religiosa.

Anche l'esplorazione sessuale aveva tratto profitto dalle cognizioni che il bambino veniva apprendendo sulla storia sacra. Fino ad allora egli non aveva avuto alcun motivo per supporre che i bambini fossero messi al mondo soltanto dalle donne. Al contrario, la nanja gli aveva fatto credere che lui era il figlio del papà mentre la sorella era la figlia della mamma, e questa maggior intimità del suo rapporto col padre gli era parsa preziosa. Ora apprendeva che Maria veniva chiamata la Madre di Dio; ma allora, i bambini provenivano dalla donna, e non poteva più credere a quanto gli aveva detto la nanja. Un'altra cosa che non capiva era chi fosse stato in definitiva il padre di Cristo. Era incline a identificarlo con Giuseppe, dato che i due, a quanto aveva inteso, erano vissuti sempre insieme; ma la nanja diceva che Giuseppe era solo *come* il padre, che il padre vero era Dio. Non ci si raccapezzava proprio. Solo questo gli pareva di capire: se qualcosa era possibile concluderne, era che il rapporto tra padre e figlio non era così intimo come se l'era figurato fino ad allora.

Il bimbetto avvertiva in qualche modo l'ambivalenza emotiva

nei confronti del padre che sta al fondo di tutte le religioni, e insorse contro la propria religione a causa di questo affievolirsi del rapporto tra padre e figlio. Com'è naturale, la sua opposizione cessò presto di manifestarsi come dubbio sulla verità della dottrina per rivolgersi direttamente contro la persona di Dio. Dio aveva trattato il figlio duramente e crudelmente, né si era dimostrato migliore verso gli uomini. Aveva sacrificato suo figlio e preteso da Abramo lo stesso sacrificio. Il bambino cominciò a temere Dio.

Se lui era Cristo, suo padre era Dio. Ma il Dio che la religione gli imponeva non era un buon sostituto per il padre ch'egli aveva amato e che non voleva lasciarsi portar via. L'amore per il padre acuiva il suo senso critico; resisteva a Dio per poter rimanere accanto al padre, in realtà difendeva il vecchio padre contro il nuovo. Il compito che gli stava di fronte era una parte gravosa di quel processo che porta al distacco dal padre.

Era dunque l'antico amore per il padre, l'amore che si era manifestato nei primissimi anni della sua vita, ciò da cui il bambino traeva e l'energia per combattere Dio e l'acume per criticare la religione. Ma d'altra parte anche l'ostilità contro il nuovo Dio non era una reazione originale poiché aveva il suo prototipo negli impulsi ostili contro il padre nati sotto l'influsso del sogno d'angoscia; in definitiva l'ostilità contro Dio non era che una reviviscenza di quegli impulsi. Le due correnti affettive antagoniste destinate a dominare tutta la vita ulteriore del paziente si incontravano qui in una lotta di tipo ambivalente condotta sul terreno religioso. Ciò che risultò da questa lotta sotto forma di sintomo – le idee blasfeme, la coazione a pensare improvvisamente "Dio merda", "Dio porco" – costituiva dunque un autentico prodotto di compromesso, come vedremo dall'analisi di queste idee che collegheremo all'erotismo anale del paziente.

Alcuni altri sintomi ossessivi di carattere meno tipico sono riconducibili con altrettanta certezza al padre e consentono al tempo stesso di rintracciare il nesso tra la nevrosi ossessiva e gli avvenimenti di più antica data.

Il cerimoniale devoto del paziente – con cui in fondo egli espiava i suoi empi pensieri contro Dio – comprendeva anche l'ordine di respirare solennemente in determinate circostanze. Per esempio, facendosi il segno della Croce, doveva inspirare o espirare con forza. Ora, data l'equivalenza di "alito" e "spirito" nella sua madrelingua, era lo Spirito Santo che entrava in scena in questo modo: egli doveva inspirare lo Spirito Santo ed espirare gli spiriti maligni di cui aveva letto e sentito parlare.[4] A questi spiriti maligni egli attribuiva anche i pensieri blasfemi che lo costringevano a infliggersi tante penitenze. Tuttavia si sentiva costretto a espirare anche quando vedeva accattoni, storpi, persone brutte, vecchie o miserabili; non riusciva a mettere in rapporto con gli spiriti quest'ultima coazione. Doveva contentarsi di pensare che faceva così per non diventare come quei disgraziati.

L'analisi, in occasione della comparsa di un sogno, poté accertare che la coazione a espirare alla vista di persone degne di commiserazione era iniziata solo dopo i sei anni e aveva a che fare con la persona del padre. I bambini non vedevano il padre da parecchi mesi quando, un bel giorno, la madre annunciò che li avrebbe condotti in città dove avrebbe loro mostrato qualcosa di cui si sarebbero assai rallegrati. Qui li accompagnò in una clinica dove poterono rivedere il padre; aveva un brutto aspetto, un aspetto che al piccino fece molta pena. Il padre era dunque il prototipo di tutti gli storpi, gli accattoni e i miserabili al cui cospetto il bambino era costretto a espirare. La figura di un padre costituisce del resto in generale il prototipo degli spauracchi che appaiono negli stati d'angoscia, e all'immagine paterna si ispirano spesso le caricature disegnate con l'intento di schernire il prossimo. Più avanti vedremo che l'atteggiamento compassionevole del paziente risaliva a un certo dettaglio della scena primaria che cominciò a produrre i suoi effetti solo molto più tardi, nel corso della nevrosi ossessiva.

L'intento dell'espirazione alla vista di storpi ecc. — quello di non diventare come loro — era dunque la vecchia identificazione con il padre trasformata in senso negativo. Tuttavia il bambino copiava il padre anche in senso positivo, perché la sua respirazione profonda costituiva un'imitazione di quel rumore che aveva udito emettere dal padre durante il coito.[5] Per il paziente lo Spirito Santo doveva la sua origine a questo segno dell'eccitazione sensuale nel maschio. In forza della rimozione,

[4] Come vedremo il sintomo si era sviluppato quando il paziente sapeva già leggere, all'età di sei anni.

[5] Se si ammette, naturalmente, la realtà della scena primaria.

questa respirazione aveva preso il senso di uno spirito maligno, che aveva del resto anche un'altra genealogia: la malaria di cui il bambino aveva sofferto all'epoca della scena primaria.

L'allontanamento di questi spiriti maligni corrispondeva a un evidente tratto ascetico della personalità del bambino, che si esprimeva anche in altre reazioni. Un giorno gli avevano raccontato che Cristo aveva fatto entrare i demoni nelle scrofe, che poi erano cadute in un precipizio. Ciò gli aveva fatto pensare a un episodio di cui era stata protagonista la sorella nei primi anni dell'infanzia, quando egli era ancora troppo piccolo per potersene rammentare: mentre camminava su un sentiero tra le rocce, vicino al porto, la piccina era scivolata ruzzolando fin sulla spiaggia. Dunque, anche la sorella era uno spirito maligno e una scrofa; e di qui la strada al "Dio porco" era breve. Anche il padre, infatti, si era come lei dimostrato in balìa della sensualità.

Quando apprese la storia dei primi uomini, il bambino fu colpito dall'analogia tra la propria sorte e quella di Adamo. Parlando con la nanja, mostrò ipocritamente gran meraviglia per il fatto che Adamo si fosse lasciato dannare da una donna, e le promise che non si sarebbe mai maritato. Un atteggiamento ostile nei confronti delle donne, determinatosi per conseguenza della seduzione da parte della sorella, si espresse in forma assai spiccata in questo periodo. E tale ostilità disturbò in più di un'occasione la sua successiva vita amorosa. La sorella divenne per lui l'incarnazione permanente della tentazione e del peccato. Dopo la confessione si sentiva puro e senza colpa; ma gli sembrava che la sorella stesse lì in agguato per trascinarlo nuovamente al male. Allora, in men che non si dica, provocava un litigio con lei da cui risultava di nuovo colpevole. In tal modo era costretto a riprodurre in forme sempre nuove la circostanza della seduzione. D'altra parte durante la confessione non era mai riuscito a dare libero corso ai suoi pensieri blasfemi, che pure lo opprimevano molto.

Siamo giunti senza accorgercene alla sintomatologia degli ultimi anni della nevrosi ossessiva; passiamo dunque alla descrizione di com'essa si è conclusa, sorvolando gli avvenimenti della fase intermedia. Sappiamo che a prescindere dalla sua abituale consistenza, la malattia era soggetta a occasionali intensificazioni: è quel che accadde quando morì un bambino che abitava nella stessa strada del nostro paziente, e con cui egli stesso si era identificato. Non possiamo ancora renderci conto dei motivi di questo fatto.

A dieci anni il nostro paziente fu affidato a un precettore tedesco che ben presto riuscì a esercitare su di lui una profonda influenza. È assai istruttivo osservare che quando il bambino si accorse e apprese dalle dotte conversazioni col maestro che questo sostituto del padre non attribuiva valore alcuno alla religiosità e non credeva affatto alla verità della dottrina, tutta la sua rigida devozione scomparve per non riapparire mai più. La religiosità si era dileguata col venir meno della dipendenza dal padre, ora sostituito da un padre nuovo e più alla mano. Tutto ciò non avvenne, peraltro, senza un'ultima impennata della nevrosi ossessiva. Il ricordo saliente di questo periodo è la coazione a pensare alla Santissima Trinità quando vedeva sulla strada tre mucchietti di sterco l'uno accanto all'altro. Egli non cedeva infatti mai a un nuovo stimolo senza fare un ultimo tentativo di rimanere aggrappato all'atteggiamento precedente e ormai svalorizzato. Quando il precettore lo persuase a smettere le sue crudeltà contro i piccoli animali, egli pose fine a queste cattive azioni, ma non senza essersi preso l'ultima soddisfazione di tagliuzzare dei bruchi. Continuò a comportarsi in questo modo nel corso del trattamento analitico, sviluppando "reazioni negative" transitorie; ogniqualvolta un sintomo veniva definitivamente risolto, il soggetto tentava di contraddire gli effetti del successo terapeutico mediante un aggravamento temporaneo del sintomo stesso. Lo stesso contegno si osserva generalmente nei bambini di fronte alle proibizioni. Se per esempio li sgridiamo perché fanno un fracasso insopportabile, prima di smettere ce lo fanno sentire ancora una volta; ciò serve a far loro credere che hanno smesso di propria volontà, infischiandosene del divieto.

Sotto l'influenza del precettore tedesco si produsse una nuova e più conveniente sublimazione del sadismo del fanciullo, sadismo che con l'approssimarsi della pubertà aveva preso il sopravvento sul masochismo. Cominciò a entusiasmarsi per le cose militari, per le uniformi, le armi e i cavalli con cui alimentò i suoi frequentissimi sogni a occhi aperti. Così, grazie all'influenza di un uomo il paziente si liberò del proprio atteggiamento passivo e si avviò per una strada abbastanza normale. Il precettore lo lasciò poco tempo dopo, ma l'affetto che il fanciullo aveva nutrito per lui lasciò traccia in tutta la sua vita ulteriore nella preferenza accordata all'elemento tedesco (medici, cliniche, donne) rispetto a quello del suo paese d'origine (che rappresentava il padre); fatto, questo, da cui anche la traslazione nel corso della cura trasse notevolissimo giovamento.

All'epoca che precede l'affrancamento dovuto al precettore appartiene anche il sogno seguente, rimasto dimenticato fino alla sua riapparizione durante l'analisi, e che appunto per questo riferisco: Egli si vede a cavallo, inseguito da un bruco gigantesco. In questo sogno il soggetto riconosce un'allusione a un sogno più antico, che avevamo interpretato già da tempo, e che apparteneva al periodo precedente l'arrivo del precettore. In esso compariva un diavolo vestito di nero, nella posizione eretta in cui in passato il lupo e il leone avevano ispirato tanto terrore al bambino. Il diavolo indicava col dito proteso un'enorme lumaca. Il paziente aveva presto scoperto che questo diavolo corrispondeva al demone di un noto poema,[6] e tutto il sogno alla rielaborazione di un'immagine molto diffusa rappresentante una scena d'amore tra il demone stesso e una giovanetta. La lumaca teneva il posto della donna, quale perfetto simbolo sessuale femminile. Orientati dal gesto indicatore del demone, fummo presto in grado di comprendere che il sogno stava a significare l'aspirazione del paziente a trovare qualcuno che gli desse le informazioni che ancora gli mancavano sul mistero del rapporto sessuale, così come suo padre gli aveva dato in proposito i primi ragguagli nella scena primaria.

In relazione al sogno successivo – in cui il simbolo femminile era sostituito da un simbolo maschile – il paziente ricordò un preciso avvenimento accaduto poco tempo prima del sogno stesso. Cavalcando nella proprietà paterna, egli era passato accanto a un contadino che stava dormendo vicino al proprio figlioletto. Quest'ultimo aveva svegliato il padre e gli aveva detto qualcosa; al che l'uomo si era messo a ingiuriare il cavaliere correndogli appresso e costringendolo ad allontanarsi rapidamente sul suo cavallo. Un secondo ricordo dice che nella stessa proprietà vi erano degli alberi che parevano bianchi perché completamente rivestiti di filamenti prodotti dai bru-

[6] [*Il demone* (1838) di M. I. Lermontov.]

chi. Ci rendiamo conto che egli era fuggito dinanzi alla realizzazione della fantasia del figlio che dorme accanto al padre, e che aveva menzionato gli alberi bianchi per stabilire un collegamento con il sogno angoscioso dei lupi bianchi sul noce. Si trattava cioè di un'irruzione diretta della paura in lui provocata dall'atteggiamento femminile verso l'uomo, paura contro la quale egli si era dapprima protetto con la sublimazione religiosa e si sarebbe protetto di lì a poco con la più efficace sublimazione "militare".

Sarebbe tuttavia gravemente erroneo supporre che dopo la scomparsa dei sintomi ossessivi la nevrosi ossessiva non abbia lasciato dietro di sé alcun effetto permanente. Il processo aveva condotto a una vittoria dell'atteggiamento fideistico e religioso sullo spirito ribelle, critico e indagatore; d'altra parte aveva avuto come presupposto la rimozione dell'atteggiamento omosessuale. Da entrambi questi fattori risultò un danno permanente. L'attività intellettuale rimase, a partire da quella prima disfatta, gravemente menomata: non si sviluppò nel paziente alcuna ansia di imparare, nulla si vide più dell'acume con cui, alla tenera età di cinque anni, aveva dissezionato criticamente le dottrine religiose. D'altro canto, la rimozione della violentissima omosessualità compiuta durante il sogno d'angoscia fece sì che quest'importante impulso fosse riservato all'inconscio, mantenendosi per ciò stesso orientato verso l'oggetto che ne costituiva la meta originaria, e sottraendosi dunque a tutte le sublimazioni di cui altrimenti sarebbe stato suscettibile. Conseguenza di ciò fu che vennero a mancare al paziente tutti gli interessi sociali che danno un contenuto alla vita. Solo quando, col procedere della cura analitica, venimmo liberando l'omosessualità da questi vincoli, tale stato di cose cominciò a migliorare, e fu assai interessante osservare come — senza alcuna sollecitazione diretta da parte del medico — ogni frammento di libido omosessuale divenuto libero cercasse di volgersi alla vita e di trovare un ancoraggio nei grandi interessi collettivi dell'umanità.

7. *Erotismo anale e complesso di evirazione*

Ricordi il lettore che questa storia di una nevrosi infantile l'ho ricavata, come una sorta di sottoprodotto, dall'analisi di una malattia contratta in età adulta. Fui quindi costretto a ricomporla a partire da frammenti ancora più minuti di quelli che generalmente abbiamo a disposizione per compiere una sintesi. Questo lavoro, peraltro non difficile, incontra una barriera naturale quando si tratta di portare sul piano descrittivo bidimensionale una struttura in sé pluridimensionale. Debbo perciò accontentarmi di presentare le singole parti di questo insieme, che il lettore potrà ricomporre in un tutto vivente. Come abbiamo più volte rilevato, la nevrosi ossessiva del nostro paziente si sviluppò sulla base di una costituzione sadico-anale. Fin qui abbiamo considerato soltanto uno dei due fattori basilari: il sadismo e le sue trasformazioni. Tutto quanto concerne l'erotismo anale è stato intenzionalmente accantonato e sarà ora messo in luce nel suo complesso.

Gli analisti sono da tempo unanimi nell'attribuire ai multiformi moti pulsionali che raggruppiamo sotto la denominazione di erotismo anale un'importanza incalcolabile nell'edificazione della vita sessuale e dell'attività psichica umana in generale. Si è del pari concordi nel ritenere che una delle manifestazioni principali delle trasformazioni dell'erotismo che risale a questa fonte è costituita dal contegno dell'uomo nei confronti del denaro, la preziosa materia che nel corso dell'esistenza attira su di sé l'interesse psichico che originariamente ineriva alle feci, al prodotto della zona anale. Noi psicoanalisti ci siamo ormai abituati a ricondurre l'interesse annesso al denaro – nella misura in cui questo interesse sia di natura libidica e non razionale – al piacere escrementizio; pretendiamo pertanto dalle persone normali un atteggiamento nei confronti del denaro completamente libero da influssi libidici e ispirato a considerazioni meramente realistiche.

Nel nostro paziente quest'atteggiamento si mostrava, all'epoca della malattia più tarda, perturbato in modo particolarmente grave, il che costituiva un elemento non trascurabile della sua incapacità di condurre una vita indipendente, e in genere di affrontare la vita. Avendo ereditato dal padre e dallo zio, era divenuto molto ricco, ci teneva palesemente ad esser considerato tale e si affliggeva assai se veniva sottovalutato da questo punto di vista. Tuttavia non sapeva mai quanto possedesse, quanto avesse speso e quanto gli rimanesse. Era difficile dire se fosse un avaro o un prodigo: si comportava ora in un modo ora nell'altro, e comunque mai secondo un criterio che potesse far pensare a un proposito coerente. Certi suoi tratti appariscenti di cui parlerò più avanti lo facevano sembrare un riccone borioso e indurito che considerava la ricchezza il suo privilegio più grande e non lasciava che neppure per un istante le faccende sentimentali interferissero con questioni di interesse. Ma d'altra parte non valutava gli altri secondo il loro patrimonio, e, in molte occasioni, si mostrava invece modesto, soccorrevole e pietoso. In effetti l'elemento denaro si sottraeva al suo controllo cosciente e significava per lui qualcosa di diverso.

Ho già detto che mi aveva dato molto da pensare il suo modo di consolarsi per la perdita della sorella, divenuta negli ultimi anni la sua migliore amica: si era detto semplicemente che ora non avrebbe avuto più bisogno di dividere con lei l'eredità paterna. Anche più sorprendente era forse la calma con cui raccontava la cosa, come se non si avvedesse affatto della brutalità emotiva che una tale ammissione implicava. L'analisi, è vero, lo riabilitò dimostrando che il dolore per la morte della sorella aveva solo subìto uno spostamento; ma ciò non faceva che rendere più inspiegabile ch'egli avesse voluto trovare in un aumento di ricchezza un sostituto alla perdita di lei.

Il contegno tenuto in un'altra circostanza appariva enigmatico ai suoi stessi occhi. Dopo la morte del padre il patrimonio che costui aveva lasciato fu diviso tra il paziente e sua madre. La madre amministrava l'intero patrimonio e provvedeva alle necessità finanziarie del figlio, come egli stesso riconosceva, in modo irreprensibile e con liberalità. Tuttavia, ogni colloquio tra i due in materia di denaro si concludeva regolarmente con violentissimi rimproveri da parte sua: che la madre non gli voleva bene, che cercava di economizzare a sue spese, che probabilmente avrebbe preferito vederlo morto per disporre da sola di tutta la sostanza. La madre piangendo protestava il proprio disinteresse, egli provava vergogna di come s'era comportato, e assicurava, a ragione, che non pensava nulla di quello che aveva detto; sapeva però benissimo che avrebbe ripetuto la stessa scena alla successiva occasione.

Che molto tempo prima dell'analisi le feci avevano avuto per il paziente il significato di denaro è dimostrato da molti episodi. Ne riferirò due. In un'epoca in cui l'intestino non aveva ancora parte nelle sue sofferenze, egli aveva reso visita in una grande città a un cugino povero. Preso commiato da lui, si era rimproverato di non aver mai aiutato finanziariamente questo parente e subito dopo aveva provato "forse il più urgente bisogno corporale di tutta la sua vita". Due anni dopo cominciò effettivamente a passare una rendita al cugino. Ed ecco l'altro episodio. A 18 anni, mentre si preparava all'esame di maturità, si era recato da un suo compagno di scuola con cui aveva concertato un piano per evitare la bocciatura che tutti e due avevano motivo di temere.[1] Avevano preso la decisione di corrompere un bidello, e il contributo del paziente alla somma necessaria era naturalmente il più forte. Al ritorno aveva pensato che avrebbe pagato anche di più pur di passare, purché all'esame non gli capitasse un disastro; ma quello che gli capitò fu un "disastro"[2] diverso, prima ancora di raggiungere la soglia di casa.

Non ci stupiremo ora di apprendere che nel corso della sua malattia ulteriore il paziente soffrì di persistenti disturbi della funzione intestinale, seppure d'intensità variabile a seconda delle circostanze. Quando entrò in trattamento con me ricorreva già da tempo agli enteroclismi, che si faceva praticare da un domestico; trascorrevano mesi e mesi senza che si producesse una sola evacuazione spontanea, a meno che non soprav-

[1] [In tedesco *Durchfall* significa sia "bocciatura, fiasco" che "diarrea".] Il paziente m'informò che nella sua lingua madre non vi è una parola che corrisponda all'uso familiare tedesco di *Durchfall* per indicare disturbi intestinali.

[2] L'espressione ha lo stesso significato nella madre lingua del paziente e in tedesco.

venisse un improvviso eccitamento derivante da una certa fonte (caso in cui la funzione diveniva normale per alcuni giorni). Il paziente lamentava principalmente che per lui il mondo era avvolto da un velo, ovvero che egli stesso era separato dal mondo da questo velo. Il velo si squarciava soltanto nel momento in cui, dopo l'enteroclisma, il contenuto intestinale abbandonava l'intestino; allora si sentiva di nuovo a posto e normale.[3]

Il collega cui indirizzai il paziente per avere un responso sul suo stato intestinale fu abbastanza perspicace da intenderlo come un fatto funzionale o addirittura determinato psichicamente, e da astenersi dal prescrivere un trattamento medico attivo. Del resto, né medicamenti né diete servivano a nulla. Durante tutti gli anni del trattamento analitico il malato non ebbe alcuna evacuazione spontanea (se prescindiamo da quelle dovute alle improvvise occorrenze cui accennavo più sopra). Il malato si lasciò convincere che ogni trattamento attivo dell'organo disturbato ne avrebbe solo peggiorato lo stato, e si contentò di ottenere un'evacuazione una o due volte la settimana per mezzo di un enteroclisma o di un purgante.

Occupandomi dei disturbi intestinali ho riservato alla malattia ulteriore del paziente maggior spazio di quanto ne prevedesse il piano di questo lavoro, dedicato alla nevrosi infantile. Ma a ciò sono stato indotto da due motivi: primo, i sintomi intestinali erano passati dalla nevrosi infantile a quella successiva in forma quasi immutata; secondo, essi ebbero un'importanza fondamentale per la conclusione del trattamento.

È nota l'importanza del dubbio per il medico che analizza una nevrosi ossessiva. È l'arma più potente di cui il malato disponga, lo strumento preferito della sua resistenza. Anche il nostro paziente riuscì, grazie al dubbio, a trincerarsi dietro una rispettosa indifferenza e a mantenersi per anni impermeabile ad ogni sforzo terapeutico. Non si verificava alcun mutamento, non c'era mezzo di persuaderlo di alcunché. Finalmente mi avvidi dell'importanza che i disturbi intestinali potevano rivestire per i miei fini; essi rappresentavano quella particella d'isteria che troviamo regolarmente alla base di ogni nevrosi

[3] Medesimo effetto se l'enteroclisma era praticato da un'altra persona o da lui stesso.

ossessiva. Promisi dunque al paziente la completa normalizzazione della sua attività intestinale, lo costrinsi, con questa promessa, a rendere esplicita la sua incredulità, ed ebbi in seguito la soddisfazione di vedere sparire i suoi dubbi quando l'intestino — come un organo istericamente affetto — cominciò a "partecipare al discorso" durante il nostro lavoro, per poi ritrovare, dopo qualche settimana, la funzione normale da tanto tempo perduta.

Torniamo ora all'infanzia del paziente, epoca in cui le feci non potevano ancora aver assunto per lui il significato di denaro.

Molto presto si erano manifestati disturbi intestinali, soprattutto quello che nei bambini è il più frequente e il più normale, l'incontinenza. Siamo certamente nel giusto se non cerchiamo per questo antico fenomeno una spiegazione patologica, ma ravvisiamo in esso la prova che il bambino non intendeva esser disturbato o interrotto nel piacere connesso all'evacuazione. Motti di spirito ed esibizioni di carattere anale lo divertivano moltissimo, atteggiamento, questo, generalmente conforme ai gusti grossolani di classi sociali diverse dalla sua e che si mantenne fin dopo l'inizio della malattia ulteriore.

All'epoca della governante inglese accadde più volte che il bambino e la nanja fossero costretti a condividere la camera da letto di quell'essere detestabile. Ora, la nanja si accorse benissimo che il bambino — già da tempo avvezzo a non farlo più — in quelle determinate notti sporcava il letto. Egli non se ne vergognava affatto: si trattava di un atto di sfida verso la governante.

Un anno più tardi (a quattro anni e mezzo), durante la fase dell'angoscia, gli accadde di farsela addosso durante il giorno. Si vergognò terribilmente, e mentre lo pulivano disse gemendo che non poteva più vivere così. Qualcosa doveva dunque esser cambiato rispetto all'anno prima, qualcosa sulle cui tracce fummo condotti dalla sua lagnanza. Risultò che le parole "non posso più vivere così" riproducevano una frase che il bambino aveva udito pronunciare da qualcuno. Un giorno[4] la madre se lo era portato appresso riaccompagnando il medico alla stazione dopo una visita; cammin facendo si era lamentata dei suoi

[4] La data dell'episodio non poté essere accertata con precisione: sicuramente prima del sogno d'angoscia fatto a quattro anni e probabilmente prima che i genitori si assentassero per il viaggio estivo.

dolori e delle sue emorragie, e a un certo punto aveva esclamato: – Non posso più vivere così! – certamente senza immaginare che quelle parole si sarebbero impresse nella memoria del piccino che teneva per mano. La lamentela del bambino (che egli avrebbe d'altronde ripetuto innumerevoli volte nel corso della malattia ulteriore) aveva dunque il significato di un'identificazione con la madre.

Per l'epoca in cui si colloca e per il suo contenuto, un fatto di cui il paziente si sovvenne poco dopo rappresenta l'anello di congiunzione tra i due episodi or ora citati. All'inizio della fase dell'angoscia la sollecita madre aveva dato disposizione che si usassero alcune precauzioni per proteggere i bambini dalla dissenteria, di cui si erano avuti diversi casi nei dintorni della tenuta. Il bambino si informò di cosa si trattasse e quando gli fu risposto che la dissenteria fa venire il sangue nelle feci si preoccupò moltissimo e dichiarò che nelle sue feci c'era del sangue. Ebbe dunque paura di morire di dissenteria; tuttavia durante una visita si lasciò convincere che si era sbagliato e che non aveva nulla da temere. È evidente che con questa sua paura il bambino mirava a un'identificazione con la madre, la quale, davanti a lui, aveva parlato col medico delle proprie emorragie. Nel suo successivo tentativo di identificazione (a quattro anni e mezzo) non si era più trattato di sangue; il piccino non capiva più sé stesso, credeva di vergognarsi e non sapeva che ciò che lo sconvolgeva era la paura della morte, paura che peraltro la sua lagnanza tradì in modo inequivocabile.

In quell'epoca la madre, sofferente di una malattia del basso ventre, era in generale apprensiva per sé e per i bambini; è probabilissimo che l'apprensività del bambino si fondasse, oltre che sui motivi propri, anche sull'identificazione con la madre.

Ma che cosa significava l'identificazione con la madre?

Tra l'abuso sfacciato dell'incontinenza a tre anni e mezzo e l'orrore che questa gli ispirava a quattro anni e mezzo si colloca il sogno con cui ebbe inizio la fase dell'angoscia; questo sogno gli consentì la comprensione posticipata della scena osservata a un anno e mezzo[5] e gli mise in chiaro il ruolo che spetta alla donna nell'atto sessuale. Viene naturale di porre in rapporto con questo grande rivolgimento anche il mutato atteggiamento

[5] Vedi sopra p. 183 e n. 18.

del bambino nei confronti della defecazione. Per lui "dissenteria" era evidentemente il nome della malattia di cui aveva udito lamentarsi la mamma, della malattia con cui non si può vivere; per lui questa malattia non riguardava il basso ventre, ma l'intestino della madre.

Sotto l'influsso della scena primaria egli pervenne alla conclusione che la madre si era ammalata a causa di ciò che il padre aveva fatto con lei;[6] e la sua paura di avere del sangue nelle feci, di essere dunque malato come la madre, corrispondeva al rifiuto di identificarsi con lei in quella scena sessuale, lo stesso rifiuto con il quale s'era svegliato dal sogno. Tuttavia tale paura testimoniava altresì che nell'ulteriore elaborazione della scena primaria egli s'era messo al posto della madre e le aveva invidiato quella relazione col padre. L'organo attraverso il quale l'identificazione con la donna – e cioè l'atteggiamento omosessuale passivo verso l'uomo – poteva estrinsecarsi, era la zona anale. I disturbi della funzione di questa zona avevano ora acquistato il significato di impulsi di tenerezza femminile, e tale significato conservarono anche durante la malattia ulteriore.

A questo punto dobbiamo prestar ascolto a un'obiezione la cui disamina potrà contribuire considerevolmente a chiarire lo stato apparentemente confuso dei fatti. Abbiamo dovuto supporre che durante lo svolgimento del sogno il paziente avesse ritenuto che la donna fosse evirata e avesse, in luogo del membro virile, una ferita; nella sua interpretazione la ferita doveva servire al rapporto sessuale e l'evirazione era la condizione della femminilità. Abbiamo supposto che la minaccia della perdita del membro avesse fatto rimuovere al bambino l'atteggiamento femminile verso l'uomo e lo avesse destato in stato d'angoscia dalla sua infatuazione omosessuale. Ora, come si concilia questa comprensione del rapporto sessuale, questo riconoscimento della vagina con la scelta dell'intestino per l'identificazione con la donna? I sintomi intestinali non risalgono piuttosto all'altra teoria, verosimilmente più antica e del tutto contrastante con la paura dell'evirazione, teoria secondo la quale è l'orifizio anale la sede del rapporto sessuale?

Certo, questa contraddizione esiste, e le due concezioni sono fra loro incompatibili. Soltanto, si tratta di sapere se sia proprio

[6] Questa conclusione, probabilmente, non era erronea.

necessario renderle compatibili. Il nostro disorientamento, in realtà, nasce solo da questo: che siamo sempre propensi a considerare i processi psichici inconsci alla stessa stregua di quelli consci, dimenticando le profonde differenze che separano i due sistemi psichici.

Quando l'eccitata aspettativa del sogno natalizio ebbe evocato nel bambino la scena una volta osservata (o costruita) del rapporto sessuale dei genitori, la prima concezione che di tale rapporto gli si presentò fu certo l'antica, quella per cui la parte del corpo femminile che riceve il membro virile è l'orifizio anale. Cos'altro avrebbe potuto credere infatti quando a un anno e mezzo aveva assistito a quella scena?[7] Ora però che aveva quattro anni, accadde qualcosa di nuovo. Si risvegliarono le esperienze vissute nel frattempo, gli accenni che aveva udito al tema dell'evirazione; tutto ciò mise in dubbio la "teoria cloacale" e lo portò a riconoscere la differenza tra i sessi e il ruolo sessuale assegnato alla donna. Egli si comportò allora come si comportano d'abitudine i bambini quando si dà loro un chiarimento indesiderato su argomenti sessuali o di altra natura. Respinse cioè il nuovo – nel nostro caso per motivi attinenti alla paura dell'evirazione – e si attenne al vecchio. Si decise per l'ano contro la vagina, nello stesso modo e per gli stessi motivi per cui più tardi prese partito per il padre contro Dio. La spiegazione nuova fu scartata, l'antica mantenuta; quest'ultima gli forniva il materiale per l'identificazione con la donna: identificazione che più tardi si espresse nella paura della morte per disturbi intestinali e sotto forma di incipienti elucubrazioni religiose (il problema se Cristo avesse il sedere, e simili). Non si deve credere però che la nuova concezione rimanesse senza esito: al contrario essa produsse un effetto straordinariamente intenso costituendosi a fondamento del fatto che l'intero processo del sogno fu mantenuto nella rimozione e sottratto ad ogni ulteriore elaborazione cosciente. In ciò, tuttavia, l'effetto di questa concezione si esaurì e non influì in alcun modo sulla soluzione dei problemi sessuali. È certo contraddittorio che da allora in poi la paura dell'evirazione potesse coesistere accanto all'identificazione con la donna attraverso l'intestino; ma non si trattava che di una contraddizione logica,

[7] Allora, o fintantoché non ebbe compreso il coito dei cani.

e quindi scarsamente significativa. L'intero processo, anzi, appare caratteristico del modo in cui lavora l'inconscio. Una rimozione è qualcosa di diverso da un ripudio cosciente.

Quando abbiamo esaminato la genesi della fobia dei lupi abbiamo inseguito gli effetti derivanti dalle nuove cognizioni che il paziente aveva acquisito su come si svolge l'atto sessuale; ora che studiamo i disturbi della funzione intestinale ci troviamo sul terreno della vecchia teoria cloacale. I due punti di vista erano tenuti separati da uno stadio di rimozione. L'atteggiamento femminile verso l'uomo, ripudiato mediante l'atto di rimozione, si ritrasse nella sintomatologia intestinale, manifestandosi nelle frequenti diarree, costipazioni e dolori intestinali degli anni infantili. Le fantasie sessuali ulteriori, fondate sulle nuove e corrette cognizioni sessuali, poterono così esternarsi regressivamente come disturbi intestinali. Non potremo tuttavia comprendere questi ultimi se non avremo prima scoperto quale mutamento di significato subirono le feci a partire dai primissimi giorni di vita del paziente.[8]

Ho accennato più sopra che al contenuto della scena primaria mancava un frammento; è ora giunto il momento di inserirlo. Il bambino aveva interrotto il rapporto sessuale dei genitori defecando, ciò che gli aveva permesso di mettersi a gridare. Per la valutazione critica di questa aggiunta rimando il lettore a tutte le considerazioni che ho svolto a proposito del restante contenuto della scena. Il paziente accettò la mia costruzione di questo atto conclusivo della scena e sembrò confermarla sviluppando dei "sintomi passeggeri". Dovetti rinunciare invece a un'altra aggiunta che avevo prospettato: e cioè che il padre, così disturbato, avesse sfogato il suo disappunto sgridando il bambino. Il materiale dell'analisi non reagì affatto a questa costruzione.

Il dettaglio testé aggiunto non può, naturalmente, essere posto sullo stesso piano degli altri. Non si tratta, infatti, di una impressione esogena, di cui ci si potrebbe attendere la ripetizione in numerose manifestazioni ulteriori, ma di una reazione propria del bambino. La storia del caso non sarebbe cambiata in nulla se tale manifestazione, allora, non si fosse verificata o

[8] Vedi il mio scritto *Trasformazioni pulsionali, particolarmente dell'erotismo anale* (1915).

se fosse stata desunta da un periodo successivo e quindi inserita nel corso della vicenda. Ma la sua interpretazione non lascia luogo a dubbi: essa indica un eccitamento della zona anale (in senso lato). In altri casi dello stesso genere, una simile osservazione dell'atto sessuale si conclude con una minzione; un uomo adulto, in circostanze analoghe, avrebbe un'erezione. Il fatto che il nostro bimbetto abbia prodotto una defecazione come segno dell'eccitamento sessuale va ritenuto una peculiarità della sua costituzione sessuale congenita. Egli assunse subito un atteggiamento passivo e si dimostrò più incline a identificarsi in seguito con la donna che non con l'uomo.

Così facendo, come tutti i bambini del resto, egli usò il proprio contenuto intestinale in uno dei suoi primi e più originari significati. Lo sterco è il primo *regalo*, il primo sacrificio d'affetto del bambino, parte del suo stesso corpo di cui egli si aliena solo in favore di una persona amata.[9] La defecazione come atto di sfida (ricordiamo, nel nostro caso, come il bambino se ne servisse, a tre anni e mezzo, per far dispetto alla governante) rappresenta semplicemente l'aspetto negativo del significato originario, quello del "regalo". Il *grumus merdae* che lo scassinatore lascia sul luogo del misfatto sembra avere entrambi i significati: da una parte scherno, e dall'altra risarcimento — espresso in modo regressivo — dei danni. Sempre, quando sia stato raggiunto uno stadio superiore, lo stadio inferiore può continuare a sussistere assumendo un significato negativo e denigratorio. La rimozione trova appunto espressione in questa trasformazione nel contrario.[10]

In uno stadio ulteriore dello sviluppo sessuale, le feci assu-

[9] Una facile conferma di ciò, mi sembra, si ha nel fatto che i neonati imbrattano con i loro escrementi solo le persone che conoscono e amano; non onorano gli estranei della stessa attenzione. Nei miei *Tre saggi sulla teoria sessuale* (1905) [secondo saggio] ho accennato al primissimo uso che il bambino fa delle sue feci: egli se ne serve autoeroticamente, come eccitante della mucosa intestinale; successivamente però diventa determinante per la defecazione l'attenzione rivolta a un oggetto al quale il bambino vuole mostrarsi ubbidiente o gradito. Questa relazione si mantiene per un certo tempo, com'è mostrato dal fatto che anche il bambino più grandicello non si lascia mettere sul vaso o aiutare a urinare se non da certe persone privilegiate, ciò che è peraltro connesso alla prospettiva di ottenere forme diverse di soddisfacimento.

[10] È noto che nell'inconscio non esistono "no"; i contrari vi coincidono. La negazione interviene solo con il processo di rimozione.

mono il significato di *bambino*: del bambino che quando nasce esce, come le feci, dall'ano. Questo nuovo significato, del resto, non si discosta molto da quello di regalo. È d'uso comune parlare del bambino come di un "regalo". Sentiamo spesso dire che una donna "ha regalato un bimbo" a un uomo; ma l'inconscio, nel suo linguaggio, ha ragione di considerare con la stessa attenzione anche l'altro aspetto di questo rapporto, e di dire che la donna ha "ricevuto" dall'uomo, in regalo, un bambino.

Il significato di *denaro* attribuito alle feci si innesta anch'esso, ma in un'altra direzione, sullo stesso significato di regalo.

L'antico ricordo di copertura del nostro malato, quello secondo il quale egli avrebbe avuto il primo accesso di collera per non aver ricevuto abbastanza regali a Natale, rivela ora il suo significato più profondo. Ciò di cui egli aveva avvertito la mancanza era il soddisfacimento sessuale, da lui inteso come soddisfacimento anale. Già prima del sogno la sua investigazione sessuale lo aveva preparato a ciò che durante il sogno comprese perfettamente, e cioè che l'atto sessuale risolve l'enigma della venuta al mondo dei bambini. Già prima del sogno egli aveva antipatia per i neonati. Una volta aveva trovato un uccelletto caduto dal nido, ancora implume; l'aveva preso per un bambino piccolissimo, e s'era sentito inorridire. L'analisi mostrò che tutte le bestiole, bruchi, insetti, contro i quali egli infuriava, avevano per lui il significato di neonati.[11] La sua posizione rispetto alla sorella maggiore gli aveva dato motivo di riflettere molto sulla reciproca condizione dei fratelli maggiori e minori; e poiché la nanja gli aveva ben detto una volta che la madre gli voleva tanto bene perché era il più piccolo, egli aveva un comprensibile motivo di desiderare che non sopravvenisse alcun altro bambino più piccolo di lui. La paura di questo bambino più piccolo si ravvivò poi sotto l'influsso del sogno, che gli presentava il rapporto sessuale fra i suoi genitori.

Dobbiamo dunque aggiungere, a quelle che già conosciamo, una nuova corrente sessuale, derivante anch'essa, come le altre, dalla scena primaria riprodotta nel sogno: nella sua identificazione con la donna (la madre) egli è pronto a regalare un bam-

[11] Allo stesso modo, nei sogni e nelle fobie, i vermi intestinali fanno spesso le veci dei neonati.

bino al padre, ed è geloso della madre che gli ha già fatto questo dono e forse altri gliene farà.

Dunque, in virtù del fatto che sia il denaro sia il bambino sono designati comunemente col significato di regalo, il denaro può acquistare il significato di bambino, e assume in tal modo su di sé l'espressione del soddisfacimento femminile (omosessuale). Ciò accadde, nel nostro paziente, in occasione del seguente episodio: trovandosi in un sanatorio tedesco insieme alla sorella, egli vide suo padre dare a quest'ultima due grosse banconote. Egli aveva sempre sospettato, nella sua fantasia, che il padre avesse rapporti con la sorella; la sua gelosia allora si risvegliò; appena furono soli, egli vi avventò sulla sorella e le reclamò con una tal furia e tali accuse la sua parte di denaro, che quella, in lacrime, glielo gettò tutto. Ciò che l'aveva eccitato in quel modo non era stato soltanto il denaro in quanto tale, ma il denaro in quanto bambino, in quanto soddisfacimento anale donato dal padre. Quando poi, essendo il padre ancora in vita, la sorella morì, egli poté consolarsi al pensiero di quel soddisfacimento. In effetti, la deprecabile idea che gli passò per il capo alla notizia della morte della sorella non significava che questo: "Ormai sono io l'unico bambino, ormai il papà dovrà amare soltanto me." Ma il sostrato omosessuale di questa riflessione, che altrimenti avrebbe potuto benissimo divenir cosciente, era talmente intollerabile che il suo travestimento in un pensiero ispirato alla più sordida avidità di ricchezza dovette sembrare un grande sollievo.

Lo stesso dicasi di quando, dopo la morte del padre, egli rivolse alla madre l'ingiusto rimprovero di volergli sottrarre la sua parte di denaro e di amare quest'ultimo di più di quanto amasse suo figlio. Proprio la sua antica gelosia per l'amore che la madre aveva rivolto all'altra sua figlia, e in relazione alla mera possibilità che ella avesse desiderato altri figli dopo di lui, lo avevano spinto a rivolgerle quelle imputazioni, che egli stesso riconosceva essere destituite di ogni fondamento.

Attraverso questa analisi del significato delle feci, arriviamo a comprendere che i pensieri ossessivi per cui il paziente si trovava obbligato a mettere Dio in rapporto con lo sterco avevano anche un altro significato oltre a quello oltraggioso che egli stesso ammetteva. Questi pensieri rappresentavano un compromesso tra una corrente ostile e ingiuriosa, e un'altra corrente, non meno forte, di affetto e dedizione. "Dio-merda" costituiva verosimilmente il modo abbreviato di esprimere un'offerta che accade di udire, certe volte, anche in forma non abbreviata. L'espressione tedesca *Auf Gott scheissen, Gott etwas scheissen* ["cacare su Dio", "cacare qualcosa a Dio"] significa anche regalargli un bambino, o farsene regalare uno da lui. Il vecchio significato di regalo in forma negativa e denigratoria e quello, derivatone ulteriormente, di bambino si sono fusi nelle parole ossessive. Attraverso il secondo di questi significati si esprime una tenerezza femminile, la disponibilità a rinunciare alla propria virilità se, in cambio, si ottiene di essere amati come una donna. Un tale atteggiamento verso Dio coincide perfettamente con l'impulso che con parole non ambigue aveva proclamato nel suo sistema delirante il paranoico presidente Schreber.

Quando più oltre verrò a trattare della risoluzione definitiva dei sintomi del mio paziente, risulterà ancora una volta evidente in che modo i suoi disturbi intestinali si ponessero al servizio della corrente omosessuale ed esprimessero l'atteggiamento femminile verso il padre. Per il momento, un nuovo significato assunto dalle feci ci consentirà la disamina del complesso di evirazione.

La colonna di feci, nella misura in cui eccita la mucosa erogena intestinale, svolge nei confronti di quest'ultima la parte di un organo attivo (la stessa parte che ha il pene nei confronti della mucosa vaginale) e costituisce pertanto, nello stadio cloacale, una sorta di precursore del pene stesso. Il dar via le feci in favore (per amore) di un'altra persona rappresenta a sua volta un prototipo dell'evirazione, il primo caso in cui si rinuncia a una parte del proprio corpo[12] per accattivarsi il favore di un'altra persona, di una persona che si ama. L'amore, per altri aspetti narcisistico, per il proprio pene, non esclude dunque un apporto derivante dall'erotismo anale. Le feci, il bambino, il pene, costituiscono pertanto un'unità, un — *sit venia verbo* — concetto inconscio, il concetto di una "piccolezza" che può essere staccata dal proprio corpo. Attraverso nessi di questo genere si producono talora spostamenti e rafforzamenti dell'investimento libidico la cui grande importanza patologica l'analisi è stata in grado di rilevare.

[12] Come tale considerano sempre i bambini le proprie feci.

L'atteggiamento inizialmente assunto dal nostro paziente nei confronti del problema dell'evirazione ci è ormai noto da tempo. Egli la respinse e si attenne alla teoria del coito anale. Quando dico "respinse", il significato più immediato dell'espressione è che non ne volle sapere affatto, e cioè la rimosse. Nessun giudizio, dunque, fu propriamente formulato circa l'esistenza dell'evirazione, ma si fece semplicemente conto che essa non esistesse. Un tale atteggiamento, tuttavia, non poteva durare indefinitamente, neppure negli anni della nevrosi infantile. Come vedremo più innanzi abbiamo buone ragioni per ritenere che a quest'epoca il paziente avesse riconosciuto la realtà dell'evirazione. Si era comportato comunque, anche in ciò, nel modo che gli era caratteristico e che rende così difficile esporre il suo caso e immedesimarsi nei processi psichici che gli erano peculiari. Egli aveva dapprima resistito, poi aveva ceduto, ma la seconda reazione non aveva sospeso completamente la prima. Il risultato fu che, alla fine, coesistevano in lui, una accanto all'altra, due correnti contrarie, per cui da un lato aveva in orrore l'evirazione, e dall'altro era disposto ad accettarla e a consolarsi con la femminilità a titolo di risarcimento. Continuava, poi, a restare virtualmente operante, la terza corrente, la più antica e profonda, quella che si era limitata a respingere l'evirazione, senza porsi neppure il problema di esprimere un giudizio circa la sua realtà. Ho parlato altrove[13] di un'allucinazione che questo stesso paziente aveva avuto durante il suo quinto anno di età; la riferisco aggiungendovi qui un breve commento:

"Avevo cinque anni. Stavo giocando in giardino, vicino alla mia bambinaia, e col mio temperino incidevo la corteccia di uno di quei noci che compaiono anche nel mio sogno.[14] Improvvisamente con indicibile terrore mi accorsi che mi ero tagliato il mignolo della mano (destra o sinistra?) in modo che stava appeso solo per la pelle. Non provavo dolore ma una grande angoscia. Non osai dire nulla alla bambinaia che si trovava solo pochi passi più in là, mi lasciai cadere sulla panchina più vicina e rimasi seduto, incapace di dare una sola

[13] *Falso riconoscimento ("già raccontato") durante il lavoro psicoanalitico* (1913).

[14] Vedi *Materiale fiabesco nei sogni* (1913).

occhiata al dito. Alla fine mi calmai, guardai il dito e vidi che non era minimamente ferito."[15]

Sappiamo che a quattro anni e mezzo, dopo esser stato istruito sulla storia sacra, il paziente intraprese quell'intenso sforzo intellettuale che si concluse con la sua devozione ossessiva. Possiamo dunque presumere che questa allucinazione risalga all'epoca in cui egli si decise ad accettare la realtà dell'evirazione, o addirittura, forse, che essa stigmatizzi questo passo. Anche la piccola rettifica apportata dal paziente non è irrilevante. Se la sua allucinazione riproduce la stessa terribile esperienza che Tasso, nella *Gerusalemme liberata*, fa vivere al suo eroe Tancredi, diventa legittima l'interpretazione che anche per il mio piccolo paziente l'albero significasse la donna.[16] In quell'occasione, dunque, egli sostenne la parte del padre e mise in rapporto le emorragie materne che gli erano familiari con l'evirazione – la "ferita" delle donne di cui ora ammetteva l'esistenza.

Lo spunto dell'allucinazione del dito tagliato gli era stato fornito, come spiegò più tardi, da ciò che aveva udito a proposito di una sua parente, della quale si raccontava che fosse nata con sei dita a un piede, e che il dito superfluo le fosse stato subito spiccato con un'accetta. Le donne dunque non avevano il pene perché esso era stato loro reciso al momento della nascita. Egli accettò per questa via, all'epoca della nevrosi ossessiva, quel che durante il sogno aveva già appreso e allontanato da sé in virtù di una rimozione. Inoltre dalle letture e dalle discussioni relative alla storia sacra era certo venuto a conoscenza della circoncisione rituale di Cristo e degli ebrei in generale.

È indubbio che in questa fase il padre divenne per lui il terrificante personaggio da cui pendeva la minaccia dell'evirazione. Il Dio crudele contro il quale egli allora lottava, quel Dio che faceva peccare gli uomini per poi castigarli, che sacrificava suo figlio e i figli degli uomini, riversò il suo carattere sul padre

[15] Nel corso di una narrazione successiva fu apportata la seguente rettifica: "Non mi pare che stessi intagliando l'albero. Debbo aver fuso insieme con questo un altro ricordo, anch'esso falsato in modo allucinatorio, in cui facevo, col coltello, un taglio in un albero e dall'albero sgorgava 'sangue'."

[16] [Nella *Gerusalemme liberata* l'anima di Clorinda, la fanciulla amata da Tancredi, viene imprigionata in un albero; quando l'eroe, ignaro di questo, colpisce il tronco con la spada, ne sgorga copioso il sangue dell'amata.]

del paziente: su quello stesso padre che il figlio peraltro cercava di difendere contro Dio. Il maschietto si trovava, qui, a dover adempiere alle condizioni di uno schema filogenetico; e vi adempì, nonostante le sue esperienze personali non vi si accordassero. Le allusioni e le minacce di evirazione che egli aveva udito, erano state in verità pronunziate principalmente da donne;[17] ciò non poteva tuttavia ritardare di molto il risultato finale. Nonostante tutto e alla fin fine fu suo padre a diventare per lui la persona da temere per l'evirazione. In ciò l'ereditarietà ebbe il sopravvento sulle circostanze accidentali della sua esistenza; nella preistoria dell'umanità fu certo il padre a praticare l'evirazione come castigo, ridimensionandola poi in epoche successive alla semplice circoncisione. Quanto più, dunque, evolvendosi la sua nevrosi ossessiva, il nostro paziente procedeva nella rimozione della sua sensualità,[18] tanto più doveva diventargli naturale attribuire al padre (che rappresentava per lui la persona dedita per eccellenza alla sensualità) quei minacciosi propositi.

L'identificazione del padre con l'eviratore[19] acquistò una grande importanza come fonte sia di una intensa, ma inconscia ostilità contro di lui (giunse al punto di desiderarne la morte), sia dei sentimenti di colpa con cui reagì a tale ostilità. Ma in tutto ciò non c'era niente di anormale, egli si comportava come qualsiasi nevrotico in preda a un complesso edipico positivo. Il fatto singolare era invece costituito dall'esistenza in lui, anche a questo riguardo, di una controcorrente grazie alla quale il padre era piuttosto l'individuo evirato, che come tale esigeva la sua compassione.

Analizzando il cerimoniale respiratorio eseguito dal mio paziente alla vista di storpi, mendicanti e simili, potei mostrargli come anche questo sintomo si riallacciasse a suo padre, e pre-

[17] Sappiamo ciò che gli disse la nanja; vedremo più avanti ciò che gli aveva detto un'altra donna.

[18] Vedi i chiarimenti su questo punto alle pp. 204 sgg.

[19] Tra i sintomi più tormentosi, ma anche tra i più grotteschi, della sua malattia ulteriore, è da ricordare il suo singolare comportamento nei confronti di tutti i sarti [*Schneider*, sarto, viene da *schneiden*, tagliare, donde deriva pure *Beschneidung*, circoncisione] dai quali si faceva confezionare i suoi capi di vestiario: aveva di questi eminenti personaggi la più grande soggezione, cercava di ingraziarseli con grosse mance e si mostrava sempre angustiatissimo circa il risultato del lavoro.

cisamente alla pena che egli aveva provato per lui quando era andato a trovarlo nella clinica in cui giaceva malato. Ma seguendo questa traccia l'analisi riuscì a risalire ancora più addietro. Viveva nella tenuta di famiglia, in un tempo assai lontano (probabilmente prima ancora della seduzione, avvenuta quando il paziente aveva tre anni e tre mesi), un povero bracciante a cui era stato affidato il compito di portar l'acqua in casa. Costui era privo della parola perché – dicevano – gli era stata tagliata la lingua. Verosimilmente si trattava di un sordomuto. Il bambino lo amava molto e lo compiangeva di cuore; quando morì, la cercò in cielo.[20] Quello fu, dunque, il primo storpio di cui egli ebbe compassione; dal contesto dell'analisi e dal momento in cui l'episodio vi fece la sua comparsa risultò chiaramente che il bracciante era un sostituto del padre.

Nell'analisi, d'altra parte, il ricordo di costui si associava con quello di altri domestici che il paziente aveva avuto in simpatia, e dei quali sottolineò che erano malaticci o ebrei (circoncisione). Anche il domestico che l'aveva aiutato a ripulirsi in occasione del "disastro" occorsogli a quattro anni e mezzo era ebreo e malato di petto, e aveva suscitato la sua compassione. I ricordi di tutte queste persone sono relativi al periodo che precedette il soggiorno del padre in sanatorio; che precedette, cioè, la formazione del sintomo respiratorio, il quale per contro, come espirazione, rappresentava un opporsi del paziente all'identificazione con l'oggetto della sua pietà. A questo punto, in conseguenza di un certo sogno, l'analisi ritornò improvvisamente ai tempi più remoti e indusse il paziente a dichiarare che durante il coito della scena primaria egli aveva osservato la sparizione del pene, aveva avuto compassione del padre in ragione di questo fatto e s'era poi rallegrato alla ricomparsa di ciò che aveva creduto perduto. Ecco dunque un nuovo impulso emotivo originato dalla scena primaria. L'origine narcisistica della compassione, di cui la parola stessa reca testimonianza,[21] risulta qui nel modo più evidente.

[20] Rammento a questo proposito alcuni sogni successivi al sogno d'angoscia, che risalivano però ancora al tempo della prima tenuta; in questi sogni la scena del coito si svolgeva tra corpi celesti.

[21] [Come l'italiano compassione (con-passione), la parola tedesca *Mitleid* significa letteralmente "patire con".]

8. *Materiale aggiuntivo dai tempi remoti. Soluzione*

In molte analisi affiorano improvvisamente, proprio quando ci si avvicina alla fine, nuovi ricordi che fino a quel momento erano stati tenuti accuratamente celati. Ovvero accade che il paziente, un bel giorno, faccia una certa osservazione: un'osservazione di poco conto, gettata là con tono indifferente, come se si trattasse di qualcosa di superfluo; ma ad essa, di lì a poco, segue qualcos'altro che si impone all'attenzione del medico; alla fine, in quel negletto frammento mnestico si giunge a riconoscere la chiave dei più significativi segreti che la nevrosi del malato aveva reso irriconoscibili.

Il mio paziente m'aveva comunicato assai per tempo un ricordo relativo all'epoca in cui la sua "cattiveria" andava mutandosi in angoscia. Egli inseguiva una bella grande farfalla striata di giallo, le cui grandi ali terminavano in appendici appuntite: un macaone dunque. Improvvisamente, essendosi la farfalla posata sopra un fiore, s'era sentito assalire da una terribile paura dell'animale, ed era corso via gridando.

Questo ricordo, che ritornava di tanto in tanto nell'analisi, esigeva una spiegazione che per molto tempo non fu possibile dare. Era comunque presumibile, in via di principio, che questo dettaglio non si fosse iscritto nella memoria per virtù propria, ma in forza di qualche altra cosa più importante, ad esso in qualche modo connessa e ch'esso dissimulava in qualità di ricordo di copertura. Un giorno, il paziente mi informò che, nella sua lingua, farfalla si dice babuška, "nonnina"; le farfalle, del resto, gli erano sempre sembrate donne e ragazze, i coleotteri e i bruchi maschi. Doveva essere, dunque, il ricordo di una creatura femminile quello che s'era destato in lui in quella scena angosciosa. Confesso che allora prospettai la possibilità che le striature gialle della farfalla gli rammentassero strisce simili di un indumento femminile. Menziono questo fatto soltanto a titolo d'esempio, per mostrare quanto in genere siano inadeguate le prime combinazioni escogitate dal medico per risolvere certe questioni, e quanto sia ingiusto attribuire i risultati dell'analisi alla fantasia e all'influsso suggestivo del medico.

Parecchi mesi più tardi, in un contesto completamente diverso, il paziente rilevò che il motivo del suo turbamento di allora era stato l'aprirsi e il chiudersi delle ali della farfalla che si posava sul fiore; era come — egli disse — quando una donna apre le gambe, sì che esse formano un V, un cinque romano, corrispondente — come sappiamo — all'ora in cui già nella sua fanciullezza, e ancora adesso, il suo umore era solito oscurarsi. Era questa un'associazione alla quale io non sarei mai pervenuto da solo, ma che si rivelava degna d'esser tenuta in conto per il carattere spiccatamente infantile del processo associativo che l'aveva prodotta. L'attenzione infantile, come ho avuto spesso occasione di rilevare, è attirata molto più dai movimenti che dalle forme immobili; i bambini stabiliscono spesso associazioni in base a movimenti simili che a noi adulti sfuggono o ai quali comunque non prestiamo attenzione.

Dopo di ciò, il piccolo problema rimase accantonato ancora per molto tempo. Citerò solo un'altra facile ipotesi che si poteva fare, e cioè che quei prolungamenti appuntiti o a forma di stecco delle ali della farfalla potessero avere un significato come simbolo genitale.

Un giorno affiorò una specie di ricordo esitante e indistinto: in un tempo lontanissimo, quando non c'era ancora la nanja, doveva esserci stato qualcun altro, una giovane bambinaia, che l'aveva amato molto e aveva lo stesso nome di sua madre. Egli aveva di certo contraccambiato la tenerezza di costei. Dunque, un primo amore poi obliato. Convenimmo peraltro che doveva essere accaduto qualcosa, allora, che avrebbe acquistato importanza in seguito.

In un'occasione successiva il paziente rettificò questo ricordo. Quella ragazza non poteva chiamarsi come sua madre; doveva trattarsi di un suo errore, il quale provava però, naturalmente, che nel suo ricordo ella s'era fusa con la madre. Il suo vero nome gli era invece venuto in mente in modo indiretto. Si era ricordato, d'un tratto, di un certo ripostiglio esistente nella casa della prima tenuta, dove si conservavano le frutta appena colte, e così aveva pensato a una certa specie di pere saporitissime, la cui buccia presentava delle striature gialle. Pera, nella sua lingua, si diceva *gruša*, e Gruša era anche il nome della bambinaia.

Fu chiaro dunque che dietro il ricordo di copertura della farfalla inseguita si nascondeva il ricordo della bambinaia. Le strisce gialle non erano peraltro quelle di un suo vestito, ma quelle del frutto che aveva il suo nome. Ma da dove proveniva l'angoscia connessa all'attivazione del ricordo di lei? La congettura più immediata e grossolana sarebbe stata che il paziente, quand'era ancora piccolissimo, avesse visto questa ragazza fare quei movimenti delle gambe che egli aveva messo in rapporto con il segno del V romano, e che questi movimenti avessero reso visibili i genitali della ragazza. Ci astenemmo, tuttavia, dal formulare congetture del genere, e restammo piuttosto in attesa di altro materiale.

Ben presto, in effetti, si presentò il ricordo di una scena, che pur essendo incompleta, si era serbata nitida nella memoria: Gruša era inginocchiata sul pavimento, con accanto un secchio e una corta scopa fatta di ramoscelli legati insieme; il bambino era là ed essa lo burlava o lo rimbrottava.

Ciò che mancava alla scena era facilmente rintracciabile da altre fonti. Durante i primi mesi del trattamento, il paziente mi aveva raccontato di un suo improvviso e ossessivo innamoramento per una giovane contadina, dalla quale all'età di diciotto anni aveva contratto l'affezione che fece precipitare la sua ulteriore malattia nervosa. A quel tempo tuttavia egli s'era astenuto con i più singolari pretesti dal dirmi il nome di questa ragazza. Ciò costituiva una resistenza del tutto isolata, poiché d'abitudine egli obbediva senza riserve alla regola fondamentale dell'analisi. Ora egli riteneva che la ragione della sua vergogna a dirmi quel nome dovesse risiedere in questo, che si trattava di un nome affatto rustico, quale una ragazza d'una certa distinzione non avrebbe mai portato. Questo nome, che alla fine venne fuori, era *Matrona*, un nome dal suono materno. La vergogna era evidentemente spostata. Il fatto in sé stesso che questi suoi innamoramenti si rivolgessero esclusivamente a ragazze della più infima condizione sociale, non gli faceva vergogna; ciò che gli faceva vergogna era soltanto il nome. Se si fosse potuto accertare che l'avventura con Matrona aveva qualcosa in comune con la scena di Gruša, allora il motivo della vergogna sarebbe stato da ricercare in quell'antico episodio.

Un'altra volta il paziente mi aveva raccontato che, appresa la storia di Giovanni Huss, ne era rimasto assai colpito, e che la sua attenzione era rimasta particolarmente fissata sulle fascine di sterpi con le quali era stato acceso il rogo. La simpatia per Huss desta un ben preciso sospetto; l'ho riscontrata spesso nei miei pazienti giovani e sono riuscito a chiarirla sempre nello stesso modo. Uno di questi malati era giunto a elaborare un dramma sul destino di Huss, e aveva cominciato a scriverlo il giorno stesso in cui aveva perduto l'oggetto di un suo amore segreto. Huss muore per fuoco, e diviene con ciò, come tutti gli altri che possiedono gli stessi requisiti, l'eroe di coloro che in passato hanno sofferto di enuresi. Quanto al mio paziente, egli giunse da solo a connettere le fascine di sterpi del rogo di Huss con la scopa (insieme di ramoscelli) della bambinaia.[1]

Questo materiale veniva dunque a ordinarsi da sé, e permetteva di colmare senza sforzo la lacuna mnestica relativa alla scena con Gruša. Il bambino, guardando la ragazza che lavava il pavimento, aveva urinato nella stanza, e quella aveva perciò pronunciato, certo scherzosamente, una minaccia di evirazione.[2]

Non so se il lettore abbia già indovinato perché io abbia posto tanta cura nel riferire questo episodio della prima infanzia del paziente. Esso costituisce un importante anello di congiunzione tra la scena primaria e la successiva coazione amorosa che ha avuto conseguenze così decisive per il suo destino; l'episodio mette in luce inoltre una condizione a cui è soggetto il suo innamoramento e ne spiega il carattere coattivo.

[1] È molto notevole il fatto che la reazione di vergogna sia così intimamente legata allo svuotamento involontario (diurno o notturno) della vescica, e non altrettanto – come ci si potrebbe attendere – all'incontinenza intestinale. L'esperienza, comunque, non lascia dubbi su questo punto. Il regolare rapporto dell'incontinenza d'urina con il fuoco dà egualmente da riflettere. È possibile che anche in queste reazioni e interdipendenze si nascondano residui della storia della civiltà umana, ma residui che risalgono ancora più lontano di tutto ciò che, allo stato di tracce, ci è stato conservato nel mito e nel folklore.

[2] L'episodio dovette svolgersi quando il bambino aveva circa due anni e mezzo, tra la supposta scena del coito e la seduzione.

Quando vide la bambinaia inginocchiata a terra mentre lavava il pavimento, le natiche protese e la schiena in posizione orizzontale, il bambino ritrovò nell'atteggiamento di costei la posizione che la madre aveva assunto nella scena del coito. La ragazza divenne per lui sua madre; e a causa della riattivazione di quell'immagine,[3] l'eccitamento sessuale lo prese; egli si comportò allora verso di lei in modo maschile, come il padre, il cui atto, allora, egli non poteva interpretare che come un'emissione di urina. Il suo urinare sul pavimento fu, propriamente, un tentativo di seduzione, e la ragazza vi rispose con una minaccia di evirazione, come se lo avesse compreso.

La coazione derivante dalla scena primaria si traspose su questa scena con Gruša, e continuò a vigere grazie ad essa. La condizione relativa all'innamoramento, tuttavia, subì una modificazione che testimonia l'influsso della seconda scena; essa si trasferì dalla posizione della donna all'attività svolta da costei in tale posizione. Ciò divenne evidente, per esempio, nell'episodio di Matrona. Il paziente stava facendo una passeggiata nel villaggio – villaggio che faceva parte della (successiva) tenuta – quando vide in riva a uno stagno una giovane contadina inginocchiata a lavar panni. Egli si innamorò istantaneamente e con violenza irresistibile della giovane lavandaia, nonostante non fosse riuscito neppure a vederla in viso. In ragione della sua posizione e di ciò che stava facendo ella aveva preso ai suoi occhi il posto di Gruša. Noi comprendiamo ora come la vergogna che si riferiva al contenuto della scena con Gruša potesse annodarsi al nome di Matrona.

L'influenza coercitiva della scena con Gruša risulta ancora più chiara in un altro innamoramento del paziente, precedente di alcuni anni l'episodio di Matrona. Serviva in casa una giovane contadinella che egli s'era sempre astenuto, benché già da tempo gli piacesse, dall'avvicinare. Ma un giorno che la trovò sola in una stanza fu sopraffatto dall'amore. Ella era inginocchiata a terra nell'atto di lavare, con accanto un secchio e una scopa come la ragazza della sua infanzia.

La stessa scelta oggettuale definitiva del nostro paziente, che tanta importanza ebbe per tutta la sua vita, dimostrò (per le sue peculiarità che non staremo qui a riferire) di dipendere da quella

[3] Ciò accadeva prima del sogno!

condizione; di essere, cioè, un esito della coazione che a partire dalla scena primaria, e passando per la scena con Gruša, era diventata dominante per le sue scelte amorose. Ho fatto osservare più sopra come io avessi ben riconosciuto nel paziente la tendenza a sminuire l'oggetto d'amore. Essa andava spiegata come reazione alla superiorità della sorella che tanto lo aveva oppresso. Ma avevo anche promesso di mostrare (vedi pp. 160 sg.) come questo motivo ispirato al suo bisogno di affermarsi non fosse l'unico, e fosse inteso invece a coprire un fattore determinante più profondo, di carattere squisitamente erotico. Il ricordo della bambinaia in atto di lavare per terra, in quella posizione effettivamente avvilente, mette in luce questa motivazione. Tutti i suoi ulteriori oggetti d'amore furono persone sostitutive della bambinaia, e cioè della persona che casualmente, in virtù di quella posizione, era divenuta essa stessa il primo sostituto della madre. La prima idea che era venuta in mente al paziente circa il problema della sua angoscia di fronte alla farfalla è retrospettivamente interpretabile con facilità come una lontana allusione alla scena primaria (le ore cinque). Egli confermò, d'altra parte, il rapporto tra la scena con Gruša e l'evirazione grazie a un sogno singolarmente significativo, che riuscì a interpretare da sé.

— Ho sognato — disse — di *un uomo che strappava le ali a un'espa*.

— *Espa?* — chiesi. — Che cosa intende?

— Ebbene, quell'insetto con strisce gialle sul corpo, che punge. Deve trattarsi di un'allusione a Gruša, alla pera striata di giallo.

— Ma allora lei vuol dire *vespa*, — corressi.

— Ah, si dice vespa? Credevo si dicesse espa. (Come molte altre persone il paziente si serviva delle sue difficoltà linguistiche col tedesco per coprire degli atti sintomatici.) Ma espa, allora, sono io: S. P. (le sue iniziali).[4] L'espa è ovviamente una vespa mutilata, e il sogno rappresentava chiaramente una vendetta del paziente su Gruša per la sua minaccia di evirazione.

L'azione compiuta dal bambino di due anni e mezzo nella scena con Gruša è il primo effetto della scena primaria di cui

[4] [Queste iniziali in tedesco suonano es-pe, appunto come espe invece di Wespe.]

siamo venuti a conoscenza; essa ci presenta il bambino nell'atto di imitare il padre e ci permette di riconoscere in lui una tendenza a evolversi in una direzione che in seguito potrà essere chiamata virile. La seduzione ad opera della sorella lo costrinse a una passività alla quale d'altra parte era già stata preparata la strada dal suo comportamento come spettatore del coito dei genitori.

Tornando alla storia del trattamento, devo sottolineare che una volta padroneggiata la scena con Gruša – cioè la prima esperienza che egli poté realmente ricordare senza congetture e interventi da parte mia – si ebbe l'impressione che il problema della cura fosse risolto. Da allora in poi non vi furono più resistenze; non restava che raccogliere e coordinare i fatti. La vecchia teoria traumatica, che del resto era stata edificata su impressioni tratte dalla terapia psicoanalitica, riacquistava a un tratto tutto il suo valore. Spinto da un interesse di ordine critico, rinnovai allora il tentativo di imporre al paziente un'altra concezione della sua storia, più accettabile per il sobrio intelletto. Certamente la scena con Gruša non poteva esser messa in dubbio, ma si doveva pensare che essa non avesse significato nulla in sé stessa, e fosse stata rafforzata in un secondo tempo: a partire, regressivamente, dalle circostanze che avevano caratterizzato la scelta oggettuale del paziente, scelta che a seguito della sua tendenza a svalutare l'oggetto stesso era stata sviata dalla sorella per rivolgersi alle donne di servizio. Quanto all'osservazione del coito, essa non sarebbe stata che una fantasia dei suoi anni più tardi, il cui nucleo storico poteva essere costituito da un qualche innocente lavaggio osservato o fors'anche sperimentato di persona da lui stesso. Diversi miei lettori sono forse d'opinione che soltanto con queste ipotesi io mi fossi finalmente avvicinato alla comprensione del caso; ma il paziente, quando gli esposi questa concezione, mi guardò come se non capisse, anzi con un certo disprezzo, né mai più reagì ad essa. I miei argomenti contro simili razionalizzazioni li ho già sviluppati a dovere in un altro contesto.

{La[5] scena con Gruša non soltanto ci chiarisce le condizioni della scelta oggettuale del paziente, condizioni che influirono

[5] [Parentesi di Freud. Vedi p. 145, nota.]

profondamente sulla sua vita; e non solo ci salva dall'errore di sopravvalutare la sua tendenza a sminuire la donna; essa legittima altresì il rifiuto che io opposi (pp. 197 sg.) a ricondurre senz'altro la scena primaria a un'osservazione di animali compiuta poco prima del sogno, e ad ancorarmi a quest'unica spiegazione. La scena con Gruša era emersa spontaneamente nel ricordo del paziente, senza alcun intervento da parte mia. La paura, da essa originata, della farfalla striata di giallo dimostrò che la scena stessa aveva avuto un contenuto significativo, o che comunque, retrospettivamente, era stato possibile attribuirglielo. Questa significatività, che mancava al ricordo in quanto tale, si poteva accertare con sicurezza dalle associazioni che l'avevano accompagnato e dalle conclusioni che da esso andavano tratte. Risultò dunque che la paura della farfalla era perfettamente analoga a quella del lupo: in entrambi i casi paura dell'evirazione, paura innanzitutto riferita alla persona che per prima aveva pronunciato la minaccia di evirazione, e in seguito trasposta su un'altra persona, alla quale restò ancorata in virtù di un modello filogenetico. La scena con Gruša s'era svolta quando il bambino aveva due anni e mezzo, mentre l'episodio angoscioso della farfalla gialla era certamente posteriore al sogno d'angoscia. Era facile rendersi conto che la comprensione avvenuta dopo della possibilità dell'evirazione aveva generato retrospettivamente in lui l'angoscia connessa alla scena con Gruša; ma la scena stessa non aveva niente di fastidioso o inverosimile, ed era anzi costituita di banalissimi dettagli di cui non avevamo motivo di dubitare. Nulla ci spingeva dunque a riportarla a una fantasia del paziente, e anzi ciò era praticamente impossibile.

Si pone tuttavia la questione: siamo autorizzati a ravvisare una prova dell'eccitamento sessuale del bambino nel suo urinare mentre assiste alla scena di Gruša che in ginocchio lava il pavimento? Se è così, questo eccitamento testimonierebbe dell'influsso di un'impressione anteriore che avrebbe potuto derivare sia dall'effettivo svolgersi della scena primaria, sia da una osservazione compiuta sugli animali prima dei due anni e mezzo. O invece dobbiamo credere che tutta la situazione sia perfettamente innocente, che lo svuotamento della vescica fu puramente accidentale, e che l'intera scena venne sessualizzata soltanto in seguito, quando il bambino ebbe appreso a riconoscere come significative situazioni analoghe?

Non m'arrischio a pronunciarmi su tale questione. Debbo dire, del resto, che considero un alto merito della psicoanalisi il solo fatto che essa sia giunta a porsi interrogativi di questa natura. Non posso negare, tuttavia, che la scena con Gruša, la parte che essa ebbe nell'analisi, e le conseguenze che ne risultarono per la vita del paziente, si spiegano nel modo più chiaro e meno forzato ove si ammetta che la scena primaria, che in altri casi può anche essere una fantasia, corrispondesse in questo caso alla realtà. Dopotutto essa non implica nulla di impossibile, e l'ipotesi della sua realtà si accorda perfettamente anche con l'influenza eccitatrice delle osservazioni sugli animali cui allude la presenza dei cani da pastore nell'immagine onirica.

Passo ora, da questa insoddisfacente conclusione, all'esame di una questione di cui mi sono già occupato nell'*Introduzione alla psicoanalisi* (1915-17) [lez. 23]. Io stesso amerei sapere se la scena primaria, nel caso del mio paziente, sia stata una realtà o solo una sua fantasia; ma si deve convenire, tenuto conto di altri casi analoghi, che la cosa non riveste una grande importanza. Le scene di osservazione del coito dei genitori, di atti di seduzione subìti nell'infanzia e di minacce di evirazione costituiscono indubbiamente un patrimonio ereditato, un'eredità filogenetica; esse tuttavia possono altresì esser acquisite in virtù di una personale esperienza. Nel caso del mio paziente, la seduzione da parte della sorella maggiore corrispondeva a una realtà incontestabile; perché non vi poteva corrispondere anche l'osservazione del coito dei genitori?

La preistoria delle nevrosi ci insegna una cosa sola: che il bambino ricorre a questa esperienza filogenetica nel caso in cui la sua esperienza personale non sia sufficiente. Egli colma le lacune della verità individuale per mezzo della verità preistorica, pone l'esperienza dei progenitori al posto della propria esperienza. Convengo pienamente con Jung[6] nel riconoscere questa eredità filogenetica; ma non mi sembra corretto, dal punto di vista metodologico, ricorrere a un'interpretazione filogenetica prima di aver esaurito le possibilità dell'ontogenesi; e non comprendo perché si neghi così ostinatamente alla preistoria infan-

[6] C. G. Jung, *La psicologia dei processi inconsci* (1917), un lavoro che per la data in cui fu pubblicato, non poteva più influenzare la mia *Introduzione alla psicoanalisi* (1915-17).

tile un significato che si è disposti a riconoscere alla preistoria ancestrale. Non mi sembra che si possa negare, inoltre, che gli intenti e le produzioni filogenetiche hanno anch'essi bisogno di chiarimenti che in tutta una serie di casi l'infanzia individuale è in grado di fornire. Infine, non mi pare sorprendente che a parità di condizioni possa riprodursi nell'esperienza di un singolo organismo un evento prodottosi in tempi preistorici e successivamente tramandato come disposizione a riviverlo.}

Nell'intervallo di tempo tra la scena primaria e la seduzione (cioè tra l'età di un anno e mezzo e quella di tre anni e tre mesi) bisogna anche considerare il rapporto col muto portatore d'acqua che per il paziente rappresentava un sostituto del padre come Gruša era un sostituto della madre. Non credo che in questi due casi si possa parlare di tendenza alla svalutazione nonostante entrambi i genitori fossero qui rappresentati da persone di servizio. I bambini infatti trascurano le differenze sociali che significano ben poco per loro e pongono sullo stesso piano dei genitori anche gli individui di condizione più umile se da essi sono amati come dai genitori. Tanto meno dovrà parlarsi di tale tendenza a proposito della sostituzione dei genitori con animali, dato che i bambini sono ben lungi dal tenere gli animali in poco conto. Del pari è da escludere la tendenza svalutativa quando i genitori sono rappresentati da zii e zie; ciò è dimostrato anche dal caso del nostro paziente che operò sostituzioni di questo genere, testimoniate da parecchi dei suoi ricordi.

A questa stessa epoca risale anche una frase, di cui il paziente ha un oscuro ricordo, durante la quale egli non voleva mangiare niente altro che dolciumi, tanto che si temette per il suo futuro. In quell'occasione gli fu raccontata la storia di uno zio, che come lui aveva rifiutato il cibo ed era morto di consunzione in giovane età. Seppe anche che all'età di tre mesi egli stesso era stato così malato (di polmonite?) che gli avevano già preparato il sudario. Tutto ciò riuscì ad allarmarlo al punto che ricominciò a mangiare; negli anni successivi dell'infanzia esagerò addirittura nell'adempimento di questo dovere, come per salvaguardarsi dalla minaccia di morte. La paura della morte, che in quell'occasione gli era stata inculcata per il suo bene, si manifestò di nuovo più in là, quando la madre lo mise in guardia contro il pericolo della dissenteria. Più tardi ancora essa provocò un accesso di nevrosi ossessiva (pp. 206 sg.). Cercheremo in seguito di accertare l'origine e il significato di questa paura.

Per quanto riguarda l'inappetenza, tenderei a considerarla la primissima malattia nevrotica del paziente; sicché nell'inappetenza stessa, nella fobia dei lupi e nella religiosità ossessiva potremmo ravvisare la serie completa delle sue malattie infantili da cui risulterebbe la disposizione al crollo nevrotico verificatosi negli anni successivi alla pubertà. Mi si obietterà che pochi bambini sfuggono a disturbi come una temporanea perdita dell'appetito o una fobia di animali. Ma una tale obiezione è per me la benvenuta. Sono pronto a sostenere che la nevrosi dell'adulto è sempre costruita su una nevrosi infantile che non sempre però è abbastanza intensa da esternarsi per chiari segni ed essere riconosciuta come tale. Quella obiezione, dunque, non fa altro che sottolineare l'importanza teorica delle nevrosi infantili per una corretta valutazione di quelle malattie che noi trattiamo come nevrosi e che tendiamo a far derivare soltanto dalle circostanze della vita adulta. Se il nostro paziente, oltre che di un'inappetenza e di una zoofobia, non avesse sofferto anche di una religiosità ossessiva, la sua storia non si sarebbe distinta in modo particolare da quella di altri bambini, e noi saremmo rimasti privi di un prezioso materiale atto a salvaguardarci da facili errori.

L'analisi di questo caso sarebbe insoddisfacente, se non ci permettesse di comprendere la lagnanza in cui il paziente riassumeva tutti i suoi mali. Egli affermava che il mondo era per lui come avvolto da un velo, e la dottrina psicoanalitica ci vieta di supporre che quelle parole fossero prive di significato e come scelte a caso. Il velo si squarciava – fatto singolare – in una sola circostanza: quando, a seguito di un enteroclisma, il contenuto intestinale passava per l'ano. Allora il paziente si sentiva di nuovo bene e, per un brevissimo momento, vedeva il mondo chiaramente. Scoprire il significato di questo "velo" fu altrettanto difficile che interpretare la paura della farfalla. Il paziente, d'altra parte, non sempre si atteneva alla sua idea del velo, ma questo si dissolveva talora in una sensazione di crepuscolo, di *ténèbres*, e in altre sensazioni inafferrabili.

Solo poco prima di prender congedo dalla cura il paziente rammentò di aver udito dire che era venuto al mondo in un amnio.[7] Ecco perché aveva sempre ritenuto di essere particolarmente fortunato e che nulla di male potesse succedergli. Perdette questa fiducia solo quando dovette riconoscere che l'infezione blenorragica che lo aveva colto costituiva effettivamente un grave danno per il suo corpo. Questo colpo inferto al suo narcisismo provocò il crollo. Si ripeteva così, possiamo dire, il giuoco di un meccanismo che aveva già operato in lui una volta. Anche la sua fobia dei lupi, infatti, era scoppiata quando egli s'era trovato dinanzi alla possibilità reale dell'evirazione; evidentemente egli aveva poi assimilato la gonorrea all'evirazione.

L'amnio è dunque il velo che separa lui dal mondo e il mondo da lui. La sua lagnanza è in realtà una fantasia di desiderio realizzata che rappresenta il ritorno al ventre materno; è comunque una fantasia di fuga dal mondo. Ecco la sua traduzione: la mia vita è così infelice che debbo rientrare nel grembo di mia madre.

Cosa significava però che quel velo simbolico, una volta reale, si lacerasse nel momento dell'evacuazione dopo l'enteroclisma, e che in questa circostanza il suo fastidio sparisse? Il contesto ci permette di rispondere: quando il velo della nascita si squarcia, allora egli vede il mondo ed è come rinato; le feci sono il bambino, nella persona del quale egli nasce una seconda volta, a una vita più felice. Si tratterebbe dunque della fantasia di una seconda nascita, fantasia sulla quale Jung ha recentemente richiamato l'attenzione attribuendole una posizione di grande rilievo nella vita immaginativa dei nevrotici.

Tutto ciò sarebbe bellissimo se non mancasse qualcosa. Ma certe particolarità della situazione, e il confronto del suo contesto generale con la storia individuale del nostro paziente, ci obbligano a condurre più oltre l'interpretazione. Condizione della rinascita era che l'enteroclisma gli venisse praticato da un uomo (al quale solo più tardi, per necessità, egli sostituì sé stesso). Ciò non può voler dire altro che egli s'era identificato con la madre, che l'uomo faceva la parte del padre, e che l'enteroclisma rinnovava l'atto copulativo, come frutto del quale il bambino-feci (egli stesso) veniva partorito. La fantasia della

[7] [L'ammio è l'involucro del feto. Il termine tedesco (*Glückshaube*, letteralmente: cuffia fortunata) si presta al giuoco di parole che corrisponde al nostro "nascere con la camicia".]

rinascita è dunque strettamente connessa alla condizione del soddisfacimento sessuale procurato da un uomo. La traduzione è dunque ora la seguente: solo quando egli può mettersi al posto della donna e sostituirsi a sua madre per lasciarsi soddisfare dal padre e partorirgli un bambino, solo allora la sua malattia gli dà tregua. La fantasia della rinascita, dunque, altro non è in questo caso che una riedizione mutila, censurata, di una fantasia di desiderio omosessuale.

Se poi guardiamo le cose ancor più da vicino, ci accorgiamo che in realtà, ponendo questa condizione alla propria guarigione, il malato non faceva che rinnovare la situazione della cosiddetta scena primaria: in quest'ultima, egli aveva voluto confondersi con la madre, e aveva prodotto egli stesso, come abbiamo già riconosciuto da tempo, il bambino-feci. Egli continuava dunque ad esser fissato, come per un sortilegio, a quella scena che sarebbe stata decisiva per la sua vita sessuale, scena il cui ritorno, nella notte del sogno, inaugurò la sua malattia. Il lacerarsi del velo è analogo allo schiudersi degli occhi, all'aprirsi della finestra. La scena primaria si tramutò in condizione della guarigione.

Ciò che il paziente intendeva esprimere con la sua lagnanza e l'unica condizione che poteva acquietarla si integrano così in una unità che ne rende perfettamente intelligibile il senso. Il paziente desidera rientrare nel ventre materno non semplicemente per rinascere, ma per essere trovato là, durante il coito, dal padre, per ottenere il soddisfacimento da quest'ultimo, e per partorirgli un bambino.

Esser partorito dal padre (come al principio egli aveva creduto si potesse), ottenere da lui il soddisfacimento sessuale, regalargli un bambino a prezzo della propria virilità: tutti questi desideri, espressi nel linguaggio dell'erotismo anale, appartengono al circolo chiuso della fissazione sul padre e conferiscono all'omosessualità la sua estrema e più intima espressione.[8]

Mi sembra che questo esempio chiarisca altresì il significato e l'origine sia della fantasia di tornare nel ventre materno sia di quella della rinascita. La prima di esse si origina sovente,

[8] Il possibile significato accessorio secondo cui il velo sarebbe stato l'imene, che si lacera durante il rapporto sessuale con l'uomo, non trova preciso riscontro nella condizione posta alla guarigione, e non ha rapporto con la vita del paziente, il quale non annetteva importanza alla verginità.

come nel nostro caso, dall'attaccamento al padre. Si desidera tornare nel ventre della madre per sostituirsi a lei nel coito e prenderne il posto accanto al padre. Quanto alla fantasia della rinascita, verosimilmente essa è in tutti i casi un'attenuazione, un eufemismo per così dire, della fantasia di rapporti incestuosi con la propria madre: un'abbreviazione *anagogica* – per usare l'espressione di H. Silberer – di questa fantasia. Desiderando di ritrovarsi nella situazione in cui era nei genitali della madre, l'uomo si identifica col proprio pene e si rappresenta in esso. Le due fantasie si rivelano allora come una il corrispettivo dell'altra: esse esprimono cioè, a seconda che l'atteggiamento in giuoco sia quello maschile o quello femminile, il desiderio del rapporto sessuale con la madre o con il padre. Non è da escludere che nella lagnanza e nella condizione della guarigione del nostro paziente, si trovassero riunite entrambe le fantasie, e cioè entrambi i desideri incestuosi.

Voglio tentare, ancora una volta, di reinterpretare gli ultimi esiti dell'analisi secondo il modello dei miei oppositori. Il paziente lamentava la propria fuga dal mondo in una tipica fantasia di ritorno al ventre materno, e ravvisava l'unica via di guarigione in una caratteristica fantasia di rinascita. Egli esprimeva quest'ultima fantasia in sintomi anali corrispondenti alla sua inclinazione predominante. Secondo il prototipo della fantasia di rinascita attraverso l'ano, egli s'era raffigurato una scena infantile in cui i suoi desideri erano riprodotti in un linguaggio arcaico e simbolico. I suoi sintomi, pertanto, venivano a concatenarsi come se derivassero realmente da questa scena primaria. Era stato costretto a compiere tutto questo cammino a ritroso poiché s'era imbattuto in un problema vitale che la sua pigrizia non gli consentiva di risolvere, o forse, perché avendo degli ottimi motivi per temere la propria inferiorità, pensava di potersi proteggere alla meglio dai colpi che la vita gli avrebbe inferto ricorrendo a simili espedienti.

Tutto ciò andrebbe benissimo se soltanto l'infelice non avesse avuto già a quattro anni quel sogno che inaugurò la sua nevrosi, quel sogno che aveva preso lo spunto dalla storia del sarto e del lupo raccontatagli dal nonno, e la cui interpretazione rende necessaria l'ipotesi di una scena primaria di quel genere. Contro queste piccole, ma incontestabili circostanze di fatto vanno a picco purtroppo le semplificazioni proposteci dalle teorie di Jung e di Adler. Data la situazione, mi sembra più probabile che la fantasia della rinascita sia una propaggine della scena primaria piuttosto che viceversa quest'ultima sia un riflesso di quella fantasia. Si potrebbe forse obiettare che il paziente, all'età di quattro anni, era ancora troppo piccolo per desiderare già di nascere una seconda volta. Ma quest'argomentazione è meglio lasciarla perdere; le mie personali osservazioni dimostrano che i bambini sono stati sottovalutati, e che davvero non si sa più che cosa non sia lecito attribuire loro.[9]

[9] Ammetto che questo è il problema più spinoso di tutta la dottrina analitica. Non ho avuto bisogno delle sollecitazioni di Adler o di Jung per esaminare criticamente la possibilità che quelle esperienze che la psicoanalisi afferma vissute dai bambini – in età inverosimilmente tenera! – e poi dimenticate, siano fondate, piuttosto, su fantasie costruite in occasioni posteriori; e che perciò, dovunque si crede, nelle analisi, di riconoscere le conseguenze di certe impressioni infantili, debba invece vedersi la manifestazione di un fattore costituzionale o di una predisposizione ereditata filogeneticamente. Nulla, al contrario, mi ha mai turbato più di questo dubbio, e nessuna incertezza mi ha mai trattenuto più di questa dal pubblicare le mie conclusioni. E sono stato anzi io il primo, ciò che nessuno dei miei avversari rammenta, a riconoscere la parte che hanno le fantasie nella formazione dei sintomi, come anche a porre in rilievo quel processo del "fantasticare retrospettivo" per cui impressioni ulteriori vengono proiettate su avvenimenti della prima infanzia che vengono, così, ad essere sessualizzati *a posteriori*: vedi *L'interpretazione dei sogni* (1899) prima edizione, p. 49, e *Osservazioni su un caso di nevrosi ossessiva* (1909) [vedi *Casi clinici 5: L'uomo dei topi*, Biblioteca Boringhieri pp. 98-100 nota]. Se, malgrado ciò, mi sono attenuto alla concezione più difficile e meno verosimile, l'ho fatto in virtù di argomenti che il caso qui descritto, come ogni altro caso di nevrosi infantile, impone all'attenzione dell'investigatore; argomenti che ho sottoposto qui al lettore perché ne valuti egli stesso la portata.

[Il riferimento alla p. 49 della prima edizione dell'*Interpretazione dei sogni* (1899) – corrispondente alle pp. 85 sg. dell'edizione italiana citata sopra a p. 190, n. 1 – è certamente frutto di una svista, poiché in quella pagina non si trova alcun passo significativo sul tema in questione. Freud aveva in mente probabilmente un altro passo dello stesso libro (vedi p. 271 dell'edizione italiana, che corrisponde alla p. 198 della prima edizione tedesca), in cui è usato come qui il termine *zurückphantasieren*: fantasticare retrospettivo.]

9. *Ricapitolazione e problemi*

Non so se il lettore di questo resoconto d'analisi è riuscito a formarsi un quadro preciso dell'origine e dello sviluppo della malattia del mio paziente. Temo anzi che così non sia. Ma nonostante abitualmente io abbia ben poco da dire in difesa delle mie virtù espositive, questa volta vorrei invocare le circostanze attenuanti. Descrivere fasi così primordiali e strati così profondi della vita psichica è un'impresa in cui nessuno prima d'ora s'era mai cimentato, e piuttosto che perdersi d'animo e fuggire (il che fra l'altro non è esente da rischi), meglio è eseguire male il compito dinanzi al quale ci si trova. Tanto vale, dunque, che io proclami audacemente che non mi sono lasciato trattenere dalla consapevolezza dei miei limiti.

Il caso in sé stesso non era particolarmente favorevole. Se da una parte il fatto di studiare il bambino attraverso l'adulto consentiva l'accesso a un'abbondante messe di informazioni sul periodo infantile, d'altra parte ciò avveniva a prezzo di un esasperante sminuzzamento dell'analisi e di una corrispettiva incompiutezza espositiva. Peculiarità personali del paziente e un carattere nazionale estraneo al nostro mi resero faticosa l'immedesimazione con lui. Il contrasto profondo tra la sua personalità affabilmente accattivante, la sua acuta intelligenza, la sua signorile mentalità, e una vita pulsionale completamente priva di freni, rese necessario un lunghissimo lavoro di preparazione e di educazione, che accrebbe la difficoltà di pervenire a una visione d'insieme. Ma la difficoltà maggiore di tutte — difficoltà di cui il paziente non aveva davvero alcuna colpa — era quella intrinseca al carattere stesso del suo caso. Nella psicologia dell'adulto noi siamo felicemente riusciti a distinguere i processi psichici in processi consci e inconsci, e a descriverne in chiari termini entrambe le specie. Nello studio del bambino, per contro, questa distinzione ci procura guai piuttosto grossi. Siamo spesso imbarazzati quando si tratta di decidere cosa debba definirsi conscio e cosa inconscio. Processi che si sono rivelati dominanti, e che in base al loro andamento ulteriore debbono essere equiparati ai processi consci, non sono tuttavia stati tali nel bambino. Si può facilmente comprenderne il perché; la coscienza non ha ancora acquisito nel bambino tutti i suoi caratteri, essa è in via di sviluppo, e non possiede ancora appieno la capacità di convertirsi in rappresentazioni verbali. Incorriamo quindi continuamente nell'errore di non saper distinguere tra il dato fenomenico che affiora alla coscienza come percezione e ciò che appartiene a un supposto sistema psichico che dovremmo definire in qualche modo convenzionale, ma al quale diamo invece egualmente il nome di Coscienza (Sistema C); ora, mentre questa confusione è innocua nella descrizione psicologica degli adulti, essa è fuorviante quando si tratta di bambini piccoli. Né in questo caso serve a un gran che introdurre la nozione di "preconscio", poiché neppure il preconscio del bambino coincide necessariamente con il preconscio dell'adulto. Accontentiamoci dunque di aver riconosciuto chiaramente questa oscurità.

Va da sé che un caso come quello qui descritto potrebbe fornirci lo spunto per mettere in discussione tutti i dati acquisiti e tutti i problemi della psicoanalisi. Ma sarebbe un lavoro interminabile e privo di senso. Tanto vale riconoscere che non si può apprendere tutto né risolvere tutto attraverso un singolo caso e accontentarsi di utilizzarlo per ciò che da esso emerge con la massima chiarezza. Il compito esplicativo della psicoanalisi è peraltro rigorosamente delimitato. Oggetto di spiegazione sono le formazioni sintomatiche appariscenti di cui si tratta di scoprire la genesi; i meccanismi psichici e i processi pulsionali ai quali in tal modo si perviene non vanno spiegati ma solo descritti. Per giungere a nuove generalizzazioni in base a quel che s'è stabilito su questi due ultimi punti sarebbe necessario aver analizzato con altrettanta cura e altrettanto a fondo molti altri casi. Né è facile procurarsi materiale del genere: ogni caso esige un lavoro di anni. Il progresso in questi campi può dunque realizzarsi solo lentamente. Così stando le cose, grande è ovviamente la tentazione di limitarsi a scalfire la superficie psichica di un certo numero di persone, e di supplire poi con la speculazione a ciò che s'è trascurato (speculazione che verrà compiuta, magari, sotto il patrocinio di un qualche orientamento filosofico). In favore di un simile modo di procedere potranno anche esser fatte valere esigenze di carattere pratico; ma le esigenze della scienza non potranno mai accontentarsi di surrogati.

Cercherò ora di prospettare una sintetica veduta d'insieme dello sviluppo sessuale del mio paziente a partire dagli indizi più remoti che abbiamo a disposizione. La prima cosa che ci è nota di lui è un disturbo dell'appetito, che in base ad altre esperienze, sia pure con le dovute precauzioni, sarei propenso a valutare come il risultato di un processo che attiene alla sfera sessuale. Sono giunto alla conclusione che la prima organizzazione sessuale riconoscibile è la cosiddetta fase *cannibalesca* o *orale*, in cui ciò che domina la scena è ancora l'appoggio originario che l'eccitamento sessuale trova nella pulsione di nutrizione. Non possiamo attenderci estrinsecazioni dirette di questa fase, ma possiamo osservarne gli indizi quando si sia instaurato un disturbo. La menomazione della pulsione di nutrizione (che naturalmente può avere anche una diversa origine) ci consente quindi di rilevare che l'organismo non è riuscito a padroneggiare l'eccitamento sessuale. La meta sessuale propria di questa fase non può essere che il cannibalismo, il mangiare; ora, nel nostro paziente, il cannibalismo, in virtù di una regressione da uno stadio più elevato, si espresse nella paura di esser divorato dal lupo. Siamo già stati portati a interpretare questa paura come paura di esser posseduto carnalmente dal padre. È noto che in un'età ben più tarda (nelle giovinette all'epoca della pubertà o subito dopo) può darsi una nevrosi in cui il rifiuto della sessualità si esprime nell'anoressia. Tale nevrosi va messa in rapporto con questa fase orale della vita sessuale. L'obiettivo erotico dell'organizzazione orale ricompare al culmine del parossismo amoroso ("...ti mangerei da quanto ti amo") e nei rapporti di tenerezza con i bambini, in cui l'adulto si atteggia egli stesso come un bambino. In altro luogo, come si ricorderà, avevo detto di sospettare che anche il padre del nostro paziente avesse l'abitudine della "sgridata affettuosa", che avesse giocato col suo piccino al lupo o al cane, e l'avesse minacciato scherzosamente di mangiarlo (p. 171). Con il suo singolare comportamento durante la traslazione, il paziente non fece che confermare questo sospetto. Ogni volta che egli, dinanzi alle difficoltà della cura, retrocedeva nella traslazione, minacciava di divorarmi, oppure, ma questo più tardi, di usarmi ogni sorta di altri maltrattamenti: volendo tuttavia con queste minacce esprimere soltanto la sua tenerezza.

Il linguaggio comune ha serbato durevolmente certe tracce di questa fase sessuale orale: si parla correntemente di un oggetto d'amore "appetitoso", e per descrivere la donna amata si dice che è "dolce". Ricordiamoci che il nostro paziente non voleva mangiare altro che dolciumi. I dolciumi, i *bonbons*, rappresentano di regola nel sogno blandizie amorose, soddisfacimenti sessuali.

Sembra che a questa fase appartenga anche (solo in caso di disturbi, naturalmente) un'angoscia che si manifesta come paura per la propria vita e che può fissarsi su qualsiasi cosa venga indicata al bambino come idonea allo scopo. Nel caso del nostro paziente, ci si servì di tale paura per indurlo a superare la sua inappetenza, spingendolo addirittura a sovracompensarla. Possiamo giungere alla possibile fonte di questa inappetenza ricorrendo all'ipotesi già ampiamente menzionata di un'osservazione del coito, destinata a produrre tante lontane conseguenze, che si fosse effettivamente verificata a un anno e mezzo e comunque prima che sopravvenissero le difficoltà relative al mangiare. In questo caso possiamo azzardare la supposizione che quell'osservazione abbia affrettato il processo della maturazione sessuale, e abbia prodotto pertanto anche effetti immediati, sia pure poco vistosi.

So bene, naturalmente, che la sintomatologia di quel periodo, la paura del lupo e l'inappetenza si possono spiegare in una maniera diversa e più semplice, che non tiene conto della sessualità e di uno stadio pregenitale della sua organizzazione. Chi preferisce trascurare i segni nevrotici e le interdipendenze tra gli eventi si atterrà a quest'altra spiegazione, né io potrò impedirglielo. È comunque difficile, per quanto riguarda questi esordi della vita sessuale, stabilire qualcosa di preciso seguendo vie meno tortuose di quelle che ho indicato.

La scena con Gruša ci mostra il nostro piccino a due anni

e mezzo all'inizio di uno sviluppo che – a prescindere forse dalla sua precocità – può essere considerato normale: identificazione col padre, erotismo uretrale che fa le veci della virilità. Ma quello sviluppo sta anche, tutto intero, sotto l'influsso della scena primaria. Abbiamo concepito finora l'identificazione col padre come narcisista; ma se teniamo conto del contenuto della scena primaria, dobbiamo ammettere che essa ha già raggiunto lo stadio dell'organizzazione genitale. Il genitale maschile ha cominciato a svolgere la sua parte, e continuerà a svolgerla sotto l'influsso della seduzione ad opera della sorella.

Si ha tuttavia l'impressione che questa seduzione, se in una certa misura favorisce lo sviluppo, in misura ancora maggiore lo turba e lo devia, fornendo al bambino un obiettivo sessuale passivo che si rivela in fondo incompatibile con l'attività del genitale maschile. Al primo ostacolo esterno – l'allusione all'evirazione fatta dalla nanja – l'organizzazione genitale ancora incerta si sfascia (il bambino ha tre anni e mezzo[1]) e regredisce allo stadio precedente, cioè all'organizzazione sadico-anale, che egli, altrimenti, avrebbe forse potuto superare senza quasi accorgersene, come gli altri bambini.

L'organizzazione sadico-anale è facilmente riconoscibile come una continuazione e uno sviluppo dell'organizzazione orale. La sua peculiare e violenta attività muscolare rivolta all'oggetto si effettua come un atto preparatorio all'atto del mangiare, il quale cessa quindi di costituire un obiettivo sessuale. L'atto preparatorio, per contro, diventa fine a sé stesso. La novità rispetto allo stadio precedente consiste essenzialmente in questo: l'organo recettivo passivo viene distolto dalla zona orale e ricostituito in quella anale. Non sarebbe difficile stabilire qui dei parallelismi biologici interpretando le organizzazioni pregenitali maschili come il residuo di orientamenti che in diverse classi di animali si sono conservati in modo stabile. È pure caratteristico di questo stadio di sviluppo il costituirsi della pulsione di ricerca a partire dalle sue singole componenti.

Nel nostro caso, l'erotismo anale non si mostra per segni appariscenti. Le feci, sotto l'influsso del sadismo, hanno ceduto il loro significato di tenerezza e hanno assunto per contro il signi-

[1] [Nelle edizioni precedenti a quella del 1924 era scritto: "tre anni e nove mesi".]

ficato di oltraggio. Alla trasformazione del sadismo in masochismo concorre poi un senso di colpa che è indice di processi evolutivi in corso in sfere diverse dalla sfera sessuale.

La seduzione continua a esercitare la sua influenza facendo in modo che sia serbata la passività della meta sessuale. Essa trasforma ora gran parte del sadismo in masochismo, che del sadismo è il corrispettivo in forma passiva. Ci si può domandare, d'altra parte, se sia lecito mettere tutto intero il carattere della passività sul conto della seduzione, dal momento che la reazione del bambino, già all'età di un anno e mezzo, quando aveva assistito al coito dei genitori, si era rivelata prevalentemente passiva. Il concomitante eccitamento sessuale s'era manifestato sotto la forma di una evacuazione intestinale, evacuazione nella quale va peraltro individuata anche una componente attiva. A lato del masochismo, che domina le tendenze sessuali del bambino e si manifesta in fantasie, anche il sadismo permane, e si esercita contro piccoli animali. L'esplorazione sessuale infantile, avviata dalla seduzione, si concentra essenzialmente su due problemi; di dove vengano i bambini, e se sia possibile una perdita del genitale. Questa investigazione si intreccia con le manifestazioni dei moti pulsionali del paziente: essa orienta le sue inclinazioni sadiche verso i piccoli animali, quali rappresentanti dei piccoli bambini.

Abbiamo così condotto la nostra esposizione riassuntiva fin quasi al quarto compleanno del paziente, cioè fin quasi al punto in cui il sogno fa sì che l'osservazione del coito, compiuta a un anno e mezzo, produca il suo effetto ritardato. I processi che si svolgono da questo momento in poi non sono perfettamente intelligibili né ci è possibile descriverli esaurientemente. La riattivazione dell'immagine del coito che ora, grazie al progresso dello sviluppo intellettuale, può essere capita, opera come un evento recente ma anche come un nuovo trauma, come un intervento dall'esterno analogo a una seduzione. L'organizzazione genitale che s'era sfasciata, si trova di colpo ristabilita; ma il progresso compiuto nel sogno non può durare. Anzi, attraverso un processo equiparabile solo a una rimozione, si giunge al rigetto dell'elemento nuovo e alla sua sostituzione con una fobia.

L'organizzazione sadico-anale permane anche nella fase che ora viene instaurandosi della zoofobia, con la differenza che ad essa si aggiungono le manifestazioni di angoscia. Il bambino persiste nelle sue attività sadiche non meno che in quelle masochistiche, reagendo tuttavia con l'angoscia a una parte di esse; la trasformazione del sadismo nel suo contrario fa verosimilmente nuovi progressi.

Dall'analisi del sogno d'angoscia abbiamo inferito che la rimozione si connette al riconoscimento dell'evirazione. L'elemento nuovo viene rigettato perché la sua accettazione costerebbe al bambino il pene. Una riflessione più approfondita ci porta all'incirca alle conclusioni seguenti: ciò che è rimosso è l'impostazione omosessuale (in senso genitale) che si era formata sotto l'influsso del riconoscimento dell'evirazione; questa impostazione si serba tuttavia per l'inconscio, costituendosi come strato isolato e più profondo. Ciò che mette in moto questa rimozione sembra essere la virilità narcisistica del genitale, che entra in un conflitto, già da lungo tempo preparato, con la passività della meta omosessuale. La rimozione è dunque un successo della virilità.

Sulla base delle osservazioni che precedono si potrebbe esser tentati di introdurre una parziale modificazione della teoria psicoanalitica. Sembra in questo caso di toccar con mano che proprio il conflitto tra gli impulsi maschili e femminili, e dunque la bisessualità, abbia generato la rimozione e strutturato la nevrosi. Ma si tratta di un'interpretazione lacunosa. Dei due impulsi sessuali antagonisti, mentre uno è in sintonia con l'Io, l'altro è di pregiudizio agli interessi del narcisismo e *per questo* soggiace alla rimozione. Anche in questo caso, dunque, è l'Io che mette in moto la rimozione a beneficio di una delle due tendenze sessuali. In altri casi, non si dà conflitto tra virilità e femminilità; v'è soltanto una tendenza sessuale che chiede di esser riconosciuta e che urta invece contro determinate forze dell'Io che la respingono. Ora, i casi in cui il conflitto si svolge tra sessualità e tendenze morali dell'Io sono di gran lunga più frequenti di quelli in cui il conflitto avviene nell'ambito stesso della sessualità. Ma un tale conflitto morale manca nel nostro caso. Porre l'accento sulla sola bisessualità come motivo della rimozione sarebbe dunque troppo riduttivo, mentre invece il conflitto tra l'Io e gli impulsi sessuali (libido) esaurisce tutte le possibilità.

Contro la teorizzazione della "protesta virile" elaborata da

Adler va detto che la rimozione è ben lungi dal prendere costantemente partito per la virilità contro la femminilità; in tutta una serie di casi è proprio la virilità che è costretta a soccombere di fronte alla rimozione che promana dall'Io.

Una valutazione più precisa di come è avvenuto il processo di rimozione nel nostro caso ci condurrebbe del resto a contestare che la virilità narcisistica sia stata il solo motivo della rimozione. L'impostazione omosessuale che si stabilisce nel corso del sogno è talmente intensa che l'Io del piccino non riesce a dominarla e se ne difende mettendo in atto un processo di rimozione. Proprio a tal fine è chiamata in aiuto l'impostazione contraria, la virilità narcisistica del genitale. Aggiungerò, solo per evitare di esser frainteso, che tutti gli impulsi narcisistici si originano dall'Io e permangono nell'Io, mentre le rimozioni sono rivolte contro gli investimenti libidici oggettuali.

Passiamo ora dal processo di rimozione, di cui forse non siamo riusciti a impadronirci completamente, allo stato in cui il bambino si trovò al risveglio dal sogno. Se veramente durante il sogno la virilità avesse avuto la meglio sulla omosessualità (femminilità), dovremmo riscontrare, a sogno finito, il predominio di una tendenza sessuale attiva, dal carattere virile già ben accentuato. Niente, invece, di tutto ciò. Le caratteristiche essenziali dell'organizzazione sessuale non sono mutate, la fase sadico-anale continua a esercitare la sua prevalenza. Il trionfo della virilità si manifesta solo in questo: agli obiettivi sessuali passivi dell'organizzazione dominante (obiettivi masochistici, ma non femminili) il bambino reagisce ora con angoscia. Non siamo dunque di fronte a una tendenza sessuale virile vittoriosa, ma a una tendenza passiva e a una ribellione contro di essa.

Mi rendo conto delle difficoltà che può presentare per il lettore la netta distinzione (inconsueta ma indispensabile) tra attivo-virile da una parte e passivo-femminile dall'altra. Non esiterò dunque a ripetermi. La situazione del paziente dopo il sogno può essere descritta nel modo seguente: le tendenze sessuali sono state dissociate; nell'inconscio è stato raggiunto lo stadio dell'organizzazione genitale e si è costituita una omosessualità molto intensa; al di sopra (virtualmente nella coscienza) permane la precedente corrente sadica, e soprattutto masochistica; quanto all'Io, la sua posizione nei confronti della sessualità è profondamente mutata poiché ora ripudia la sessualità e respinge con angoscia i predominanti obiettivi masochistici, così come ha reagito con la formazione di una fobia agli obiettivi omosessuali più profondi. Il risultato del sogno non è dunque tanto la vittoria di una corrente virile quanto piuttosto la reazione a una corrente femminile e passiva. Attribuire a questa reazione il carattere della virilità sarebbe una forzatura; la verità è che l'Io non ha tendenze sessuali di sorta, ma è mosso esclusivamente dall'interesse per la propria conservazione e per il mantenimento del proprio narcisismo.

Consideriamo ora la fobia. Essa è sorta al livello dell'organizzazione genitale, ed evidenzia il meccanismo relativamente semplice di un'isteria d'angoscia. L'Io, sviluppando angoscia, si protegge da quello che reputa un pericolo straordinario, vale a dire il soddisfacimento omosessuale. Il processo di rimozione, tuttavia, lascia dietro di sé una traccia che non va trascurata. L'oggetto, al quale s'era connesso il temuto obiettivo sessuale, dev'essere sostituito con un altro oggetto dinanzi alla coscienza. Non la paura del *padre*, dunque, diverrà cosciente, ma quella del *lupo*. Ma il processo non si esaurisce nella formazione di una fobia con un unico contenuto. Il lupo viene sostituito, dopo un considerevole intervallo di tempo, dal leone. Parallelamente agli impulsi sadici contro i piccoli animali si instaura, d'altra parte, una fobia degli stessi, in quanto rappresentanti di quei possibili rivali che sono i bambini piccoli. Particolarmente interessante è poi l'insorgere della fobia della farfalla. È come una ripetizione del meccanismo che ha generato nel sogno la fobia dei lupi. Un'antica esperienza – la scena con Gruša – viene riattivata da uno stimolo fortuito, e la minaccia di evirazione, che quando era stata udita non aveva fatto impressione, produce posticipatamente il suo effetto.[2]

[2] Come abbiamo detto, la scena con Gruša fu ricordata dal paziente spontaneamente, senza che il medico intervenisse con costruzioni o sollecitazioni di sorta. Le sue lacune furono colmate dall'analisi in un modo che – se si riconosce un valore ai metodi di lavoro dell'analisi in generale – dovrà dirsi impeccabile. Una spiegazione razionalistica di questa fobia non potrebbe dirci altro che questo: non vi è nulla di straordinario se a un bambino predisposto all'apprensività viene un attacco d'angoscia vedendo una farfalla striata di giallo; ciò si spiega verosimilmente con una tendenza congenita all'angoscia: vedi S. HALL, *A Synthetic Genetic Study of Fear*, Amer. J. Psychol., vol. 25, 149 (1914). Il paziente, nell'ignoranza di quella causa primordiale, si sarebbe dato a cercare nella sua infanzia qualcosa che fosse in rapporto con la paura avuta, e si sarebbe servito di una coincidenza fortuita dei nomi e del ritorno

Possiamo affermare che la paura che presiede alla formazione di queste fobie è la paura dell'evirazione. Tale affermazione non contrasta in alcun modo con la concezione secondo cui l'angoscia fu generata dalla rimozione della libido omosessuale. Non si tratta, infatti, che di due modi differenti di descrivere lo stesso processo: il processo per cui l'Io sottrae libido all'impulso di desiderio omosessuale e questa libido, trasformatasi dapprima in angoscia liberamente fluttuante, viene poi a vincolarsi nelle fobie. Il primo modo di descrivere il processo non contiene, in più, che la menzione del motivo che spinge l'Io ad agire.

Osservando ora le cose più da vicino, troviamo che questa prima malattia del nostro paziente (a prescindere dall'inappetenza) non si esaurisce nella fobia da noi messa in luce e va invece considerata come una vera e propria isteria, che include fenomeni di conversione accanto a sintomi di angoscia. Una parte dell'impulso omosessuale è trattenuta dal relativo organo; a partire da questo momento infatti, e parimenti nella vita adulta del paziente, l'intestino si comporta come un organo istericamente affetto. L'omosessualità inconscia rimossa s'è ritratta nell'intestino. Questo lato isterico della prima malattia fu proprio quello che più ha contribuito al chiarimento della malattia ulteriore.

Prendiamo ora il coraggio a due mani e proviamo ad aggredire la struttura ancor più complicata della nevrosi ossessiva. Ricordiamo ancora una volta la situazione: da una parte una corrente masochistica predominante e una corrente omosessuale rimossa; dall'altra un Io in preda a un isterico ripudio di entrambe queste correnti. Quali processi trasformano questo stato di cose in quello di una nevrosi ossessiva?

delle strisce per costruirsi la fantasia di un'avventura con la bambinaia di cui ancora serbava il ricordo. Se però i dettagli di questa avventura in sé stessa innocente — il lavare, il secchio, la scopa — dimostrano, nella vita ulteriore del paziente, di poter condizionare permanentemente e coattivamente la sua scelta oggettuale, allora la fobia della farfalla assume un'importanza inspiegabile. Si crea una situazione almeno altrettanto sconcertante di quella da me ipotizzata, e il vantaggio della spiegazione razionalistica della scena viene a sfumare. La scena con Gruša acquista dunque per noi un valore particolare poiché in relazione ad essa possiamo formarci un giudizio sulla meno sicura scena primaria.

La metamorfosi non accade spontaneamente, in virtù di una evoluzione interiore, ma a seguito di un'influenza estranea ed esterna. Il suo risultato visibile è che l'emergente rapporto del bambino col padre, rapporto che fino a quel momento aveva trovato espressione nella fobia dei lupi, prende a manifestarsi come religiosità ossessiva. Non posso trattenermi dal rilevare che il corso degli eventi di cui il mio paziente è stato protagonista in questa fase conferma incontestabilmente una mia asserzione contenuta in *Totem e tabù* circa il rapporto fra animale totemico e divinità.[3] L'idea di Dio – affermavo – non è un'evoluzione ulteriore del totem, ma una rappresentazione che ha preso il posto di quest'ultimo dopo esser scaturita, indipendentemente da esso, da una radice comune. Il totem è il primo sostituto del padre, e Dio un sostituto ulteriore nella figura del quale il padre stesso riacquista la sua forma umana. È proprio quel che accade nel caso del nostro paziente. Con la fobia dei lupi, egli ha attraversato lo stadio del sostituto totemico del padre; questo stadio ora si interrompe, e, in seguito allo stabilirsi di nuovi rapporti col padre, viene sostituito da una fase di devozione religiosa.

Ciò che provoca questa trasformazione è la familiarità con la dottrina religiosa e la storia sacra che il paziente ha acquistato ad opera della madre. Il risultato è quello che con tale educazione ci si propone. L'organizzazione sadico-masochistica volge lentamente alla fine, la fobia dei lupi scompare rapidamente, e al ripudio angoscioso della sessualità subentra una repressione di essa in forma più elevata. La devozione religiosa diventa la forza dominante nella vita del bambino. Ma queste vittorie non avvengono pacificamente: lo testimonia la comparsa dei pensieri blasfemi nonché l'esagerazione ossessiva del cerimoniale religioso.

A prescindere da questi fenomeni patologici, possiamo dire che la religione ha realizzato, in questo caso, tutto ciò per cui ad essa vien fatto posto nell'educazione dell'individuo. Essa ha frenato gli impulsi sessuali del bambino offrendo loro il modo di sublimarsi e di trovare un ancoraggio sicuro; ha svalutato le sue relazioni familiari e tuttavia lo protegge da un minaccioso isolamento fornendogli l'accesso alla grande comunità degli

[3] Vedi *Totem e tabù* (1912-13) cap. 4, § 6.

uomini. Il bambino sfrenato e apprensivo diventa socievole, posato ed educabile.

L'influsso che la religione esercita sul paziente risale principalmente all'identificazione con la figura del Cristo, identificazione grandemente facilitata dalla circostanza casuale che entrambi sono nati nello stesso giorno. L'eccessivo amore per il padre, che aveva reso necessaria la rimozione, trova qui finalmente uno sbocco in una sublimazione ideale. Nella figura del Cristo, il bambino può amare il padre, che ora si chiama Dio, con un fervore che invano aveva cercato di dispiegarsi nel suo rapporto con il padre terrestre. Le vie per le quali è lecito manifestare quest'amore sono tracciate dalla religione, e ad esse non è più connesso il senso di colpa che era inseparabile dalle aspirazioni amorose individuali. In questo modo, mentre la corrente sessuale più profonda, già ridotta a omosessualità inconscia, può ancora subire un drenaggio, la tendenza masochistica più superficiale, senza bisogno di molte rinunce, trova una sublimazione incomparabile nella storia della Passione del Cristo, il quale su incarico e in onore del Padre divino s'è lasciato maltrattare e sacrificare. Con un misto di soddisfacimento, di sublimazione e di dirottamento della sensualità verso processi puramente spirituali la religione ha in tal modo compiuto l'opera sua nel piccolo sbandato, dischiudendogli altresì quell'accesso alle relazioni sociali che essa offre al credente.

La ribellione iniziale del paziente contro la religione prendeva le mosse da tre punti distinti. In primo luogo c'era quel suo modo, di cui abbiamo già visto alcuni esempi, di difendersi da tutte le novità. Egli difendeva accanitamente ogni posizione libidica acquisita, per paura della perdita che avrebbe potuto costituire il rinunciarvi, non fidando nella possibilità di trovare in una posizione libidica nuova un sostituto soddisfacente. Questo modo di comportarsi corrisponde a quella importante e fondamentale peculiarità psicologica che nei miei *Tre saggi sulla teoria sessuale* ho descritto come suscettibilità alla *fissazione*. Jung ha voluto farne, sotto il nome di "inerzia" psichica, la causa principale di tutti i fallimenti dei nevrotici. A torto, ritengo, poiché si tratta di qualcosa che ha una portata molto più vasta, e che svolge una funzione importante anche nella vita dei non nevrotici. La grande mobilità, o, per contro, la rigidità degli investimenti libidici (ed energetici in genere), costituiscono un carattere particolare che si riscontra non soltanto nei nevrotici (e non in tutti del resto), ma anche in molti individui normali; questo carattere, finora, non ha potuto essere ricondotto ad altri fattori, e appare come una sorta di numero primo indivisibile. A suo riguardo sappiamo soltanto questo: la mobilità degli investimenti psichici diminuisce visibilmente con l'età. Questo carattere ci fornisce una delle indicazioni circa i limiti entro i quali il trattamento psicoanalitico può essere efficace. Esistono tuttavia individui che conservano questa plasticità psichica ben oltre gli abituali limiti di età, e altri che la perdono assai precocemente. Se questi ultimi sono nevrotici, ci si accorge con disappunto che è impossibile rendere reversibili alterazioni che in condizioni apparentemente identiche siamo riusciti a padroneggiare facilmente in altri casi. Non meno che nel campo degli eventi fisici, dunque, quando si tratta di conversione di processi psichici è da tener conto del concetto di una *entropia*, cioè di una certa misura di irreversibilità degli eventi.

Il secondo punto da cui muoveva la ribellione del paziente contro la religione era costituito dal fatto che il rapporto col Dio-Padre su cui si fonda la dottrina religiosa è, già in sé stesso, non privo di ambiguità. La religione conserva infatti l'impronta di quell'atteggiamento ambivalente che ha presieduto all'instaurarsi stesso di questo rapporto. Il paziente, la cui personalità era contraddistinta da una fortissima ambivalenza, avvertì acutamente questo stesso tratto nella religione e vi collegò quelle sagaci osservazioni critiche che non potevano non sorprenderci in un bambino di non ancora cinque anni.

Ma il punto più importante, il punto al quale possiamo ricondurre l'esito patologico derivato dalla lotta del paziente contro la religione, è senza dubbio il terzo. La corrente sessuale che lo spingeva irresistibilmente verso l'uomo, corrente che avrebbe dovuto trovare una sublimazione nella religione, non era più libera: una parte di essa era stata requisita dalla rimozione e, in ragione di ciò, risultava sottratta alla sublimazione e fissata al suo obiettivo sessuale originario. In forza di questa situazione, la parte rimossa cercava di farsi strada verso la parte sublimata o di tirare quest'ultima giù con sé. Le prime elucubrazioni del bambino relative alla persona del Cristo contenevano già l'interrogativo se quel figlio sublime potesse soddisfare, nelle relazioni col padre, anche a quel tipo di rapporto sessuale che egli stesso serbava nel suo inconscio. Gli sforzi del bambino per sottrarsi a questa tendenza non ebbero altro risultato che di dar avvio a pensieri ossessivi di natura apparentemente blasfema, in cui la tenerezza fisica per la persona di Dio si esprimeva in forma denigratoria. Una violenta lotta difensiva contro queste formazioni di compromesso fu ciò che condusse alla esagerazione ossessiva di tutti quegli atti in cui la devozione religiosa, il puro amore di Dio, trovava sfogo attraverso vie predeterminate. La religione finì per riportare la vittoria, ma il suo fondamento pulsionale si rivelò incomparabilmente più intenso e più solido dei prodotti forniti dalle sue sublimazioni. Appena la vita offrì al paziente un nuovo sostituto del padre che esercitò su di lui un'influenza che contrastava con quella della religione, quest'ultima fu lasciata cadere e sostituita con qualcos'altro. Si tenga anche conto, infine, dell'interessante complicazione apportata dal fatto che la devozione religiosa sorse sotto l'influsso di donne (la madre e la bambinaia), mentre fu sotto un influsso maschile che il paziente poté poi liberarsene.

Il fatto che questa nevrosi ossessiva sia insorta sul terreno dell'organizzazione sessuale sadico-anale conferma nell'insieme ciò che ho affermato in altro luogo circa la disposizione alla nevrosi ossessiva.[4] Tuttavia, l'esistenza di una grave isteria in epoca precedente rende il caso piuttosto oscuro sotto questo aspetto.

Chiuderò questa esposizione d'insieme dell'evoluzione sessuale del nostro malato accennando brevemente ai suoi ulteriori mutamenti. Con gli anni della pubertà subentrò nel paziente, in concomitanza con l'obiettivo sessuale dell'organizzazione genitale, una corrente che definirei normale di tipo virile, e caratterizzata da una spiccata sensualità; le sue vicissitudini si estendono nell'arco di tempo che precede la malattia ulteriore. Questa corrente si riallacciava direttamente alla scena con Gruša, derivava da essa il suo carattere coattivo (innamoramenti improvvisamente suscitati o spenti da circostanze fortuite), e aveva da lottare contro le inibizioni derivanti dai residui della nevrosi infantile. Fu con un atto violento e dirompente verso

[4] *La disposizione alla nevrosi ossessiva* (1913).

la donna che il paziente conquistò finalmente la sua piena virilità. Da allora in poi il suo oggetto sessuale rimase la donna, ma egli non traeva gioia dal suo possesso poiché una forte inclinazione verso l'uomo – inclinazione ormai completamente inconscia che riuniva in sé tutte le forze delle fasi precedenti del suo sviluppo – lo induceva a ritrarsi sempre di nuovo dall'oggetto femminile, costringendolo, negli intervalli, a esagerare la sua dipendenza dalla donna. Nel corso del trattamento egli portò la lagnanza di non poter sopportare la vita con una donna, e tutto il nostro lavoro fu orientato a fargli scoprire la sua tendenza inconscia verso l'uomo. La sua infanzia – per riassumere la situazione in una formula – era stata caratterizzata da un oscillare tra attività e passività; la sua pubertà da una lotta per la virilità; e l'epoca che seguì allo scoppio della malattia da una battaglia per l'oggetto della sua tendenza virile. La causa occasionale della sua malattia non rientra fra i "modi tipici di ammalarsi nervosamente" che ho avuto occasione di raggruppare come casi particolari della "frustrazione",[5] e indica pertanto una lacuna di quella classificazione. Il crollo nervoso del nostro paziente avvenne a seguito di un'affezione organica del genitale che ravvivò la sua paura dell'evirazione, inferse un duro colpo al suo narcisismo e lo forzò ad abbandonare la convinzione di essere personalmente favorito dalla sorte. Egli si ammalò dunque a seguito di una "frustrazione" narcisistica. L'intensità smodata del suo narcisismo concordava perfettamente con le altre testimonianze di uno sviluppo sessualmente inibito, col fatto che la sua scelta amorosa eterosessuale concentrasse, malgrado tutta l'energia ripostavi, così poche delle sue aspirazioni psichiche, e col fatto che l'atteggiamento omosessuale – che è di gran lunga più affine al narcisismo – persistesse in lui, come forza inconscia, con tanta tenacia. È ovvio che in presenza di disturbi del genere il trattamento psicoanalitico non può produrre un rivolgimento subitaneo e ristabilire l'equivalente di una evoluzione normale; esso può solo rimuovere gli ostacoli e render la strada nuovamente praticabile, in modo che le stesse influenze della vita possano orientare lo sviluppo in direzioni migliori.

Menzionerò ora le peculiarità della personalità psichica del

[5] Vedi il mio scritto *Modi tipici di ammalarsi nervosamente* (1912).

malato che furono poste in luce, ma non ulteriormente dilucidate dal trattamento psicoanalitico, e che pertanto non si rivelarono suscettibili di un'influenza diretta: la già menzionata tenacia della fissazione; lo straordinario sviluppo dell'inclinazione all'ambivalenza; e, come terzo tratto di una costituzione che può definirsi arcaica, la capacità di conservare in funzione gli uni accanto agli altri i più svariati e contraddittori investimenti libidici. Le continue oscillazioni dagli uni agli altri investimenti (ciò che sembrò vietare per molto tempo ogni possibilità di soluzione e ogni progresso della cura) dominarono il quadro clinico della malattia contratta in età adulta, alla quale in queste pagine ho potuto accennare solo di sfuggita. Senz'alcun dubbio, quest'ultimo tratto traeva origine da una caratteristica tipica dell'inconscio che nel malato si era prolungata fino a raggiungere i processi pervenuti alla coscienza; questo suo tratto tuttavia non si mostrava che nelle risultanze dei moti affettivi, poiché nel campo puramente logico il paziente manifestava al contrario un'abilità particolare nel rilevare le contraddizioni e le incompatibilità. Così la sua vita psichica produceva un'impressione analoga a quella che produce la religione dell'antico Egitto, che ci appare così sconcertante per il fatto che ha conservato i suoi stadi evolutivi accanto ai suoi prodotti terminali, ha mantenuto le divinità più antiche con tutte le loro significazioni accanto agli dei più recenti, e ha insomma disposto in superficie ciò che in altre evoluzioni è stratificato in profondità.

Ho detto con ciò tutto quel che avevo da dire su questo caso clinico. Tra i molti problemi che esso solleva ne restano soltanto due che mi sembrano ancora meritevoli di esser sottolineati. Il primo attiene agli schemi filogenetici innati, che, al pari di "categorie" filosofiche, presiedono alla classificazione delle impressioni che derivano dall'esperienza. Per parte mia sono incline a pensare che questi schemi corrispondano a sedimenti dell'evoluzione storica della civiltà umana. Il complesso edipico, che abbraccia i rapporti del bambino con i genitori, è tra gli esempi di questi schemi di gran lunga il più noto. Laddove le esperienze individuali non si inscrivano in questo schema ereditario, esse vengono rimodellate in virtù di un processo dell'immaginazione che sarebbe assai utile poter seguire dettagliatamente. Infatti sono proprio questi i casi che meglio ci mostrano l'esistenza indipendente dello schema. Potremo notare come spesso lo schema prevalga sull'esperienza individuale; nel nostro caso, per esempio, il padre diventa l'eviratore e colui che minaccia la sessualità del bambino, benché il complesso edipico, sotto tutti gli altri riguardi, sia capovolto; un processo analogo si instaura quando la nutrice prende il posto della madre o si confonde con essa. Le contraddizioni fra le esperienze individuali e lo schema filogenetico sembrano fornire ampia materia ai conflitti infantili.

Il secondo problema non è molto lontano dal primo, ma è incomparabilmente più importante. Se si considera il comportamento del bambino quattrenne di fronte alla scena primaria riattivata,[6] o se si pensa anche soltanto alle reazioni ben più semplici del bambino di un anno e mezzo quando visse la scena stessa, è difficile trattenersi dal supporre che una sorta di sapere che sfugge a una esatta definizione, qualcosa che assomiglia a una preparazione alla comprensione, agisse fin da allora nel bambino.[7] In che cosa quel "sapere" potesse consistere, non possiamo figurarcelo in alcuna maniera; non abbiamo, come termine di raffronto, che l'eccellente analogia con l'esteso sapere *istintivo*[8] degli animali.

Se ammettessimo che anche gli uomini possiedono un patrimonio istintivo del genere, non vi sarebbe nulla di strano se questo sapere concernesse in modo del tutto particolare i processi della vita sessuale pur non potendosi ovviamente limitare a questi soltanto. Tale elemento istintivo costituirebbe il nucleo dell'inconscio, una sorta di attività mentale primitiva che in seguito verrebbe detronizzata e sommersa dall'avvento della ragione umana, ma che assai spesso e forse sempre conserve-

[6] Siamo autorizzati a prescindere dal fatto che questo comportamento poté esprimersi in parole soltanto due decenni più tardi, poiché tutti gli effetti che abbiamo fatto risalire a quella scena s'erano manifestati sotto forma di sintomi, coazioni ecc. già nell'infanzia, gran tempo prima dell'analisi. Sotto questo riguardo, pertanto, è indifferente considerare la scena stessa come una *scena primaria* o come una *fantasia primaria*.

[7] Debbo nuovamente sottolineare che queste riflessioni sarebbero oziose se tanto il sogno quanto la nevrosi non appartenessero essi stessi all'infanzia del paziente.

[8] [Qui e più sotto Freud usa l'aggettivo *instinktiv* e non *triebhaft* da noi invariabilmente reso con "pulsionale".]

rebbe la forza di attrarre a sé processi psichici più elevati. La rimozione sarebbe il ritorno a questo stadio istintivo, e l'uomo pagherebbe così, con la sua suscettibilità alla nevrosi, il suo grande, nuovo acquisto; inversamente, la possibilità della nevrosi attesterebbe l'esistenza degli stadi anteriori preliminari di natura istintiva. Il significato dei traumi infantili consisterebbe poi nel fatto che essi recano all'inconscio un materiale atto a preservarlo dalla consunzione ad opera delle fasi ulteriori dello sviluppo.

So che considerazioni simili, che pongono l'accento sull'elemento ereditario, filogeneticamente acquisito, della vita psichica, sono già state svolte da più parti; penso anzi che si sia stati fin troppo disposti a inserirle e a valorizzarle nell'ambito psicoanalitico. Per parte mia le considero valide solo quando la psicoanalisi giunga alle vestigia dell'elemento congenito rispettando rigorosamente la sequenza delle istanze: quando vi giunga cioé al termine del suo cammino attraverso le stratificazioni di ciò che gli uomini hanno acquisito individualmente.[9]

[9] [*Nota aggiunta nel 1923*] Do qui il prospetto cronologico degli avvenimenti riferiti in questa storia:

Nato il giorno di Natale.

Un anno e mezzo: Malaria. Osservazione del coito dei genitori, ovvero di quel loro stare insieme in cui inserirà più tardi la fantasia del coito.

Poco prima dei due anni e mezzo: Scena con Gruša.

Due anni e mezzo: Ricordo di copertura della partenza dei genitori insieme alla sorella. Questo ricordo lo mostra solo con la nanja e implica quindi un ripudio di Gruša e della sorella.

Qualche tempo prima dei tre anni e tre mesi: La madre si lagna col medico.

Tre anni e tre mesi: Inizio della seduzione da parte della sorella, a cui segue dopo breve tempo la minaccia di evirazione da parte della nanja.

Tre anni e mezzo: La governante inglese, inizio del mutamento di carattere.

Quattro anni: Sogno dei lupi, insorgere della fobia.

Quattro anni e mezzo: Influsso della storia biblica. Comparsa dei sintomi ossessivi.

Poco prima dei cinque anni: Allucinazione della perdita del dito.

Cinque anni: Partenza dalla prima tenuta.

Dopo i sei anni: Visita al padre malato. [Coazione a espirare.]

Otto anni - Dieci anni: Ultime violente manifestazioni della nevrosi ossessiva.

[*Diciassette anni*: Crollo nervoso occasionato dall'infezione blenorragica.]

[*Ventitré anni*: Inizio del trattamento.]

[Le date degli eventi seguenti non possono essere stabilite con precisione:

Fra la scena primaria (un anno e mezzo) e la seduzione (tre anni e tre mesi): Inappetenza.

Nello stesso periodo: Il portatore d'acqua muto.

Prima dei quattro anni: Probabile osservazione di rapporti sessuali fra cani.

Dopo il quarto compleanno: Angoscia di fronte alla farfalla striata di giallo.]

Si sarà compreso facilmente, dalla mia esposizione, che il paziente era russo. Io lo lasciai partire, a mio avviso guarito, poche settimane prima dell'inaspettato scoppio della [prima] guerra mondiale, e non lo rividi che quando le vicende della guerra ebbero aperto alle Potenze Centrali l'accesso al sud della Russia. Allora egli venne a Vienna e mi riferì che, subito dopo la fine della cura si era sforzato di liberarsi della mia influenza. In pochi mesi di lavoro, una parte di traslazione che ancora permaneva fu liquidata; da allora il paziente, a cui la guerra era costata la patria, il patrimonio e tutte le relazioni familiari, si è sempre sentito normale e si è comportato in modo ineccepibile. Forse proprio le sue sventure, soddisfacendo il suo senso di colpa, hanno contribuito a consolidare la guarigione.

L'edizione Bollati Boringhieri delle Opere *di Freud*

Punto fermo per l'editore Paolo Boringhieri, nell'accingersi all'impresa verso la metà degli anni cinquanta, fu quello che dovesse trattarsi di un'edizione definitiva, capace di costituire per decenni il termine di riferimento degli studiosi italiani. La traduzione doveva quindi conformarsi con assoluta fedeltà al testo tedesco anche nelle minuzie, dando al lettore la sicurezza che Freud aveva detto «quelle» cose.

La direzione dell'opera fu affidata a Cesare Musatti, il patriarca della psicoanalisi italiana, ma la casa editrice si assunse in proprio il compito – più minuto ma decisivo – della revisione e uniformazione stilistica e terminologica delle varie traduzioni. Nel 1966, dopo anni di lunghi esami e ripensamenti, apparve finalmente il volume inaugurale dell'edizione, *L'interpretazione dei sogni*, accolto con entusiastico favore sia da Anna Freud, la custode dell'eredità paterna, sia da James Strachey, il curatore della cosiddetta *Standard Edition*.

Come è noto, le eccezionali qualità dello stile di Freud costituiscono un fattore integrativo determinante per la valutazione del suo pensiero. In particolare tre sono le caratteristiche fondamentali della sua scrittura: la straordinaria limpidezza della formulazione espositiva; la messa al bando di ogni neologismo o tecnicismo estraneo alla tradizione scientifica e filosofica tedesca; l'uso intellettualmente rigoroso dei termini adottati.

La traduzione italiana dell'edizione Bollati Boringhieri, nell'attenta revisione commissionata a Renata Colorni, aderisce perfettamente al modello freudiano, non solo uniformando la mano dei singoli traduttori così da mantenere una traccia dell'«autore unico», ma fondando un corpus terminologico coerente, che è ormai alla base dell'elaborazione psicoanalitica italiana. In questo modo, come è stato autorevolmente detto, il lettore può ripercorrere le tappe del viaggio freudiano «in un dettato che non teme confronti».

L'edizione Bollati Boringhieri delle *Opere* di Freud, la prima e fino a oggi la sola completa e annotata realizzata in Italia, appartiene di pieno diritto alla storia della psicoanalisi italiana e di questa storia costituisce anzi uno dei principali momenti fondativi, il contributo teorico e culturale forse maggiore.

CRONOLOGIA FREUDIANA

1856 Il 6 maggio nasce a Freiberg in Moravia, da famiglia ebraica, Sigmund Freud, secondo figlio di Jacob Freud e Amalie Nathanson. Il padre da un precedente matrimonio aveva avuto due figli, Emanuel e Philipp, che vivevano con lui e avevano all'incirca la stessa età della giovane matrigna. Emanuel era sposato e aveva un figlio, John, di un anno maggiore di Sigmund

1860 Jacob Freud si trasferisce definitivamente a Vienna con la famiglia. Sigmund è allevato nell'osservanza delle più importanti tradizioni ebraiche. Oltre al tedesco e all'ebraico apprende il francese e l'inglese, e studierà per proprio conto lo spagnolo e l'italiano

1872 Sigmund si invaghisce di Gisela Fluss, sorella di un suo amico d'infanzia

1873 Supera brillantemente l'esame di maturità e si iscrive alla facoltà di medicina dell'Università di Vienna. Segue anche corsi di biologia generale e di zoologia, e un seminario di filosofia tenuto da Franz Brentano

1876 Entra come allievo ricercatore nell'Istituto di fisiologia diretto da Ernst Wilhelm von Brücke (1819-1892)

1881 Si laurea in medicina

1882 Brücke lo esorta ad abbandonare la via degli studi teorici, a causa delle difficoltà economiche in cui versa la famiglia Freud. Sigmund conosce Martha Bernays, di famiglia ebraica di Amburgo, con cui si fidanza segretamente. Entra come praticante all'Ospedale generale di Vienna. Josef Breuer lo mette al corrente del caso di Anna O., e lo onora della sua protezione e di un'amicizia che durerà fino al 1894

1883 Freud diviene assistente di Theodor Meynert (1833-1892) e si specializza in malattie nervose

1883-85 Lavori sul midollo e ricerche sulla cocaina

1885 Ottiene una borsa di studio per seguire a Parigi le lezioni del grande neurologo Jean-Martin Charcot (1825-1893). Attratto dalle ricerche che questi stava svolgendo con criteri nuovi sulle forme isteriche, Freud modifica radicalmente i suoi interessi, scoprendo il lato psicologico della neuropatologia

1886 Dopo un soggiorno a Berlino per motivi di studio torna a Vienna e inizia la pratica medica come specialista in malattie nervose. Il 14 settembre si sposa con Martha Bernays

1887 Conosce Wilhelm Fliess, il medico biologo berlinese con cui si stringerà di un'intima amicizia a partire dal 1895. Nasce la prima figlia Mathilde

1889 Soggiorno a Nancy presso Hippolyte Bernheim (1840-1919). Nasce il figlio Martin

1891 Si trasferisce nella Berggasse 19. Nasce Oliver. Pubblica i lavori sulle afasie e le paralisi infantili

1892 Scrive insieme a Breuer la *Comunicazione preliminare: Sul meccanismo psichico dei fenomeni isterici*. Nasce Ernst, a cui seguirà Sophie, l'anno successivo

1895 Pubblicazione degli *Studi sull'isteria*, di cui alcune parti sono firmate da Breuer, altre da Freud. Nei casi clinici dell'isteria Freud impiega per la prima volta il metodo analitico delle associazioni libere. Nasce l'ultima figlia Anna. Freud scrive il *Progetto di una psicologia*

1896 Muore il padre

1897 Inizia l'autoanalisi

1899 Esce a novembre *L'interpretazione dei sogni*, il libro che inaugura l'applicazione del metodo di esplorazione psicoanalitica a produzioni non soltanto patologiche, ma anche normali. Individuando la logica e i meccanismi del lavoro onirico, Freud costruisce un vero e proprio modello per accedere all'inconscio

1900 Rottura con Fliess

1901 Estende il campo di indagine alla *Psicopatologia della vita quotidiana*. Stesura del *Caso clinico di Dora*. Primo viaggio a Roma col fratello

1902 Iniziano in casa Freud le riunioni della «Società psicologica del mercoledì», che nel 1908 diventerà la «Società psicoanalitica di Vienna»

1905 Con i *Tre saggi sulla teoria sessuale* Freud applica il suo metodo analitico alla dimensione sessuale dell'esistenza. Parallelamente pubblica *Il motto di spirito e la sua relazione con l'inconscio*. La psicoanalisi esce dall'isolamento e comincia a essere praticata anche all'estero

1906 Inizia la corrispondenza tra Freud e Carl Gustav Jung, il quale andrà a fargli visita l'anno successivo. Seguiranno altre visite dei primi seguaci della psicoanalisi

1908 Stesura del *Caso clinico del piccolo Hans*. Primo congresso internazionale di psicoanalisi a Salisburgo. Karl Abraham fonda la «Società psicoanalitica di Berlino». In Italia si comincia a scrivere di psicoanalisi.

1909 Pubblica il *Caso clinico dell'uomo dei topi* sulla nevrosi ossessiva. Viaggio con Jung e Sándor Ferenczi in America dove tiene le *Cinque conferenze sulla psicoanalisi*. Con il conferimento a Freud della laurea *honoris causa* in psicologia, la psicoanalisi ottiene il suo primo riconoscimento internazionale

1910 Congresso di Norimberga e fondazione dell'Associazione psicoanalitica internazionale. *Un ricordo d'infanzia di Leonardo*; e *Caso clinico del presidente Schreber*

1911 A.A. Brill fonda la Società di New York. Alfred Adler si dimette dalla Società viennese. Congresso di Weimar

1912 Ernest Jones fonda un «Comitato» segreto di pochi ma fedeli seguaci della psicoanalisi. Freud inizia la stesura, che termina nell'anno successivo, di *Totem e tabù*, un'indagine psicoanalitica applicata alla storia dei popoli, trattata come una psiche collettiva

1913 Ferenczi fonda la Società di Budapest e Jones quella di Londra. Congresso di Monaco. Rottura tra Freud e Jung

1914 Jung si dimette dall'Associazione psicoanalitica internazionale. Freud pubblica *Per la storia del movimento psicoanalitico*, un'appassionata ricostruzione dei capisaldi irrinunciabili dell'ortodossia psicoanalitica, e *Introduzione al narcisismo*, uno scritto di importanza fondamentale per gli sviluppi più propriamente teorici della dottrina freudiana. Stesura del *Caso clinico dell'uomo dei lupi*, l'ultima delle grandi narrazioni cliniche

1915 Stesura di alcuni saggi di *Metapsicologia* che costituiscono la chiave interpretativa unitaria dei fondamenti della psicoanalisi

1915-17 Freud prepara per il suo ultimo corso universitario una serie di lezioni, la celebre *Introduzione alla psicoanalisi*, che più di ogni altro libro ha contribuito alla diffusione delle sue idee nel mondo

1918 Fondazione dell'Internationaler psychoanalytischer Verlag, la casa editrice del movimento psicoanalitico. Congresso di Budapest

1920 Muore la figlia Sophie. Con *Al di là del principio di piacere* inizia una nuova fase di scoperte che definiscono la pluralità del soggetto, diviso tra gli sforzi costruttivi e unificanti delle pulsioni di vita e l'attività distruttrice delle pulsioni di morte. Congresso dell'Aia

1921 Pubblica *Psicologia delle masse e analisi dell'Io*, uno studio sui comportamenti irrazionali della psiche collettiva

1922 Scrive *L'Io e l'Es* sulla struttura della personalità psichica che si articola in tre istanze fondamentali (Io, Es, Super-io). Congresso di Berlino

1923 Freud è sottoposto a due operazioni per un cancro alla mascella. Muore il diletto nipotino Heinz, figlio di Sophie

1925 Fondazione della Società psicoanalitica italiana. *Inibizione, sintomo e angoscia* è un saggio di ulteriore approfondimento teorico sui meccanismi sottostanti alla nevrosi. Anna Freud entra a far parte del «Comitato»

1926 Scrive *Il problema dell'analisi condotta da non medici*. Celebrazioni per il settantesimo compleanno di Freud. Fondazione della Società di Parigi. Freud si incontra a Berlino con Einstein

1927 *L'avvenire di un'illusione*. Si scioglie il «Comitato»

1929 *Il disagio della civiltà*, insieme con lo scritto del 1927, contiene attualissime riflessioni sulle illusioni, le ipocrisie e le violenze su cui poggiano le istituzioni della nostra convivenza

1930 Ultime vacanze fuori Vienna. Riceve il «Premio Goethe». Muore la madre

1932 Esce il primo numero della «Rivista italiana di psicoanalisi» diretta da Edoardo Weiss. Freud scrive la seconda serie di lezioni dell'*Introduzione alla psicoanalisi*, un necessario aggiornamento alle lezioni del 1915-17 con le successive fondamentali acquisizioni della dottrina freudiana

1934 Prima stesura di *L'uomo Mosè e la religione monoteistica*, che terminerà nel 1938: un «romanzo storico», secondo l'espressione dello stesso Freud, sulle origini del popolo ebraico

1936 I nazisti sequestrano a Lipsia il magazzino della casa editrice. Thomas Mann scrive un discorso per l'ottantesimo compleanno di Freud. Gli inglesi lo nominano membro della «Royal Society of Medicine». Prima recidiva del cancro

1938 Vienna è occupata dai nazisti. Freud si decide a lasciarla per raggiungere Londra. Ultima operazione. *Compendio di psicoanalisi* è l'opera estrema di Freud, rimasta incompiuta

1939 Sigmund Freud muore il 23 settembre

CORPUS FREUDIANO

Per chi intenda procedere a una lettura commentata e seguire lo sviluppo del pensiero di Freud secondo criteri tematici, il Corpus freudiano pubblicato nella «Universale Bollati Boringhieri» (UBB) e nei «Saggi» (S) costituisce uno strumento di lavoro indispensabile, che offre le stesse garanzie delle «Opere» per il rigoroso impegno scientifico con cui sono preparate traduzioni e annotazioni. Il piano si articola come segue:

Guida alla lettura e sintesi generale:

1. *Introduzione alla psicoanalisi* (1915-17 e 1932) (UBB, nn. 39/40)

Psicologia dell'inconscio:

2. *L'interpretazione dei sogni* (1899) (UBB, nn. 96/97)
3. *Psicopatologia della vita quotidiana* (1901) (UBB, n. 2)
4. *Il motto di spirito* (1905) (UBB, nn. 210/211)
5. *La teoria psicoanalitica* (UBB, nn. 181/182). Contiene:
   Precisazioni sui due princìpi dell'accadere psichico (1911)
   Nota sull'inconscio in psicoanalisi (1912)
   Introduzione al narcisismo (1914)
   Metapsicologia (1915):
      Pulsioni e loro destini
      La rimozione
      L'inconscio
      Supplemento metapsicologico alla teoria del sogno
      Lutto e melanconia
   Al di là del principio di piacere (1920)
   L'Io e l'Es (1922)
   Nevrosi e psicosi (1923)
   Il problema economico del masochismo (1924)
   La perdita di realtà nella nevrosi e nella psicosi (1924)
   Nota sul «notes magico» (1924)
   La negazione (1925)
   Feticismo (1927)
   La scissione dell'Io nel processo di difesa (1938)

Sessualità e nevrosi:

6. *La vita sessuale* (UBB, n. 51). Contiene:
   La sessualità nell'etiologia delle nevrosi (1898)
   Tre saggi sulla teoria sessuale (1905)
   Il ruolo della sessualità nell'etiologia delle nevrosi (1905)
   Contributi alla psicologia della vita amorosa (1910-17)
   L'organizzazione genitale infantile (interpolazione nella teoria sessuale) (1923)
   Il tramonto del complesso edipico (1924)
   Alcune conseguenze psichiche della differenza anatomica tra i sessi (1925)
   Tipi libidici (1931)
   Sessualità femminile (1931)

7. *Isteria e Angoscia* (UBB, nn. 100/101). Contiene:
   Meccanismo psichico dei fenomeni isterici (1893)
   Legittimità di separare dalla nevrastenia un preciso complesso di sintomi come «nevrosi d'angoscia» (1894)
   Etiologia dell'isteria (1896)
   Il caso di Dora (1901)
   Fantasie isteriche e loro relazione con la bisessualità (1908)
   Osservazioni generali sull'attacco isterico (1908)
   I disturbi visivi psicogeni nell'interpretazione psicoanalitica (1910)
   Modi tipici di ammalarsi nervosamente (1912)
   Inibizione, sintomo e angoscia (1925)
8. *Ossessione Paranoia Perversione* (UBB, nn. 173/174). Contiene:
   Azioni ossessive e pratiche religiose (1907)
   Carattere ed erotismo anale (1908)
   L'uomo dei topi (1909) con gli «Appunti di lavoro» del 1907-08.
   La disposizione alla nevrosi ossessiva (1913)
   Trasformazioni pulsionali, particolarmente dell'erotismo anale (1915)
   Parallelo mitologico con una rappresentazione ossessiva plastica (1916)
   Il presidente Schreber (1910)
   Comunicazione di un caso di paranoia in contrasto con la teoria psicoanalitica (1915)
   Alcuni meccanismi nevrotici nella gelosia, paranoia e omosessualità (1921)
   «Un bambino viene picchiato» (1919)
   Psicogenesi di un caso di omosessualità femminile (1920)
   Una nevrosi demoniaca nel secolo XVII (1922)
9. *Psicoanalisi infantile* (UBB, n. 29). Contiene:
   Istruzione sessuale dei bambini (1907)
   Teorie sessuali dei bambini (1908)
   Il piccolo Hans (1908)
   L'uomo dei lupi (1914)
10. *Casi clinici* (UBB, n. 561). Contiene:
    Dagli «Studi sull'isteria» (1892-95) (in collaborazione con Joseph Breuer)
      Signorina Anna O. (Breuer)
      Signorina Emmy von N.
      Miss Lucy R.
      Katharina...
      Signorina Elisabeth von R.

    Frammento di un'analisi d'isteria (Caso clinico di Dora) (1901)
    Analisi della fobia di un bambino di cinque anni (Caso clinico del piccolo Hans) (1908)
    Osservazioni su un caso di nevrosi ossessiva (Caso clinico dell'uomo dei topi) (1909)
    Osservazioni psicoanalitiche su un caso di paranoia (dementia paranoides) descritto autobiograficamente (Caso clinico del presidente Schreber) (1910)
    Dalla storia di una nevrosi infantile (Caso clinico dell'uomo dei lupi) (1914)

Comunicazione di un caso di paranoia in contrasto con la teoria psicoanalitica (1915)
Psicogenesi di un caso di omosessualità femminile (1920)
Appendice Due casi «di routine»
Caso clinico di Mathilde S. (1889)
Caso clinico di Nina R. (1891-94)

Applicazioni della psicoanalisi alle scienze morali:

11. *Totem e tabù* (1912-13) (UBB, n. 36)

12. *Il disagio della civiltà e altri saggi* (S). Contiene:
La morale sessuale «civile» e il nervosismo moderno (1908)
Considerazioni attuali sulla guerra e la morte (1915)
Psicologia delle masse e analisi dell'Io (1921)
L'avvenire di un'illusione (1927)
Il disagio della civiltà (1929)
Perché la guerra? (1932)

13. *L'uomo Mosè e la religione monoteistica* (1934-38) (S)

14. *Saggi sull'arte, la letteratura e il linguaggio* (S). Contiene:
Personaggi psicopatici sulla scena (1905)
Delirio e sogni nella *Gradiva* di Wilhelm Jensen (1906), con il racconto di Jensen e un commento di C.L. Musatti
Il poeta e la fantasia (1907)
Significato opposto delle parole primordiali (1910)
Un ricordo d'infanzia di Leonardo da Vinci (1910)
Il motivo della scelta degli scrigni (1913)
Il Mosè di Michelangelo (1913)
Caducità (1915)
Alcuni tipi di carattere tratti dal lavoro psicoanalitico (1916)
Un ricordo d'infanzia tratto da *Poesia e verità* di Goethe (1917)
Il perturbante (1919)
L'umorismo (1927)
Dostoevskij e il parricidio (1927)
Premio Goethe 1930 (1930)

I Grandi Pensatori

Sigmund Freud

Casi clinici 1

Dora
Il piccolo Hans

All'origine della grande rivoluzione psicoanalitica, quella che venne chiamata la cura delle parole, sono gli incontri che Sigmund Freud tenne con i suoi primi pazienti. È qui, nel suo studio, che si codifica un linguaggio e si sperimenta un nuovo metodo scientifico e terapeutico. Sono quelli che la storia ci ha tramandato come i casi clinici da cui Freud ha potuto muovere e desumere le strutture e i meccanismi di fondo della psiche; vere e proprie storie, o parabole, che attraverso la sua maestria, anche narrativa, giungono a noi come appassionanti resoconti, oltre che come strumenti di conoscenza e di ricerca. È in questi racconti che ritroviamo la vera voce e la natura prima della psicoanalisi, il rapporto diretto tra medico e paziente, e la cura che prende corpo e si sprigiona in tutta la sua forza liberatoria.
Presentiamo in questo volume due dei casi clinici più noti: il caso d'isteria di Dora e il caso di fobia del piccolo Hans.

Bollati Boringhieri